人口減少時代の
都市システムと地域政策

森川 洋 著

古今書院

Urban Systems and Regional Policies in Population Declining Japan

Hiroshi MORIKAWA

Kokon Shoin, Tokyo

はしがき

　人口減少時代を迎えて地域や国土はいかに変化し，それに対していかに対処すべきかはわが国の社会科学にとって大きな課題である．それは人文地理学においても検討すべき重要課題である．人文地理学は地域構造や国土構造の現状分析を主な対象としてきたが，その研究成果を踏まえて，地域構造や国土構造が将来どのように変化するのか，それについてどのような地域政策を講ずべきかはあわせて考察すべき重要な課題である．

　人口減少に伴う地域や国土の変化は種々の面に現れるが，基本的に重要なことは人口減少による人々の居住生活と産業・雇用の変化である．人口減少によって商品販売量が減少したり，労働力不足によってこれまでの事業が成立しなくなったりする一方，小中学校の統合や商店・医療機関などのフル稼働ができなくなったり，廃業も起こるので，住民生活に悪影響を与える．これらの問題は地域を支える中心地（central place）や都市の配置と関係するので，中心地システムや都市システムの観点からの考察が重要となる．本研究はそのような観点から人口減少問題を考察しようというものである．

　著者は，「平成の大合併」について研究していた頃から（森川 2015a），人口減少時代における国土構造に関する考え方やわが国の都市システムの特徴，都市システムの観点からみた地域政策の問題点について，思いつくままに考察してきた．そうした研究のなかでは，情報収拾の過程で新たな発想を思いついたり，考え方にも若干の変更がみられたし，政府の地域政策自体にも変化が現れたので，著者の論文には一貫性に欠けるとみられるかもしれない．したがって，できればこれまでの発表成果を整理して誤解されないようにしたいと考え，本書の執筆を思い立った．

　書名の『人口減少時代の都市システムと地域政策』はそのような経緯を経て名付けたものであるが，本研究でとりあげた問題のすべてが解決されるわけではない．本書によって問題点が鮮明になり，この研究分野における問題意識を少しで

も高めることができれば，望外の幸せである。

　本書の第Ⅰ章では人口減少や人口移動の実態を把握することにより，わが国の都市システムの構造的特徴について考察する。第Ⅱ章では人口減少時代の地域政策に関する多様な発想について紹介するとともに，可能な限りドイツの空間整備政策の目標である「同等の生活条件（gleichwertige Lebensverhältnisse）」の確立を求めようとする著者の見解を披露する。そして最後の第Ⅲ章では，具体的な地域政策について批判的に検討し，総務省や経済産業省で構想された中心都市（中心市）に関する問題点を踏まえて著者の設定案を提示するとともに，人口1万人未満の小規模町村[1]の再編問題についても併せて考察する。

　著者がこれまで発表した論文では，一つの論文の中で実証分析と地域政策とをあわせて考えていたが，本書ではその両部門をそれぞれに分割して説明することになる。その際には，明確に分割することができない部分ができるとともに，関連した説明が遠く離れる場合も現れた。戸惑いを感じられる読者も多いかと思われるが，ご了承いただきたい。

[注]
1) このなかには歌志内市（3,587人，2015年），夕張市（8,845人），三笠市（9,080人）などの市が含まれるが，本書では人口1万人未満の自治体を小規模町村と呼ぶことにする。

目　次

はしがき ─────────────────────────── i

I　人口減少時代の到来と都市システムの構造 ─────── 1
  1. 市町村の現状と将来　1
   1) 市町村人口の現状　1
   2) 2040年における市町村人口　6
  2. 人口移動からみたわが国の都市システム　15
   1) 都市システム研究の重要性　15
   2) 人口移動の一般的特性と市町村の分類　17
   3) 都市システムの構造　27
     (1) 地方中小都市階層の問題点　27
     (2) 県内中心都市と広域中心都市の階層的関係　35
     (3) 三大都市（東京，大阪，名古屋）間の関係　37
   4) 地方都市の特性と人口の転出入パターン　45
     (1) 人口規模と都市機能　45
     (2) 連携中枢都市の転出入パターン　48
     (3) 東北地方の市町村の転出入パターン　50
   5) 小　括　55
  3. 市町村間の年齢階級別人口移動　56
   1) 研究の意義　56
   2) 市町村規模と年齢階級別人口移動　58
     (1) 一般的特徴　58
     (2) 市町村の人口規模との関係　60
     (3) 国土における位置関係　62
   3) 都道府県や市町村からみた年齢階級別人口移動の特徴　67

  (1) 各市町村の若年・壮年・中年人口移動　67
  (2) 高齢者移動　70
  (3) 小　括　74
 4．わが国の地方中小都市の現状―ドイツとの比較において　76
  1) わが国における地方中小都市の衰退　76
  2) わが国地方中小都市の特徴　78
   (1) 人口増減率　78
   (2) 財政力指数　80
   (3) 産業別従業者　81
  3) ドイツの中小都市　85
   (1) ドイツの都市を取りあげる理由　85
   (2) ドイツ中小都市の特徴　86
   (3) ドイツの中小都市に活力を与える要因　91
 5．本章のまとめ　97

II　人口減少時代における地域政策構想と市町村行政の現状 ─── 101

 1．全国総合開発計画から国土形成計画，地方創生戦略へ　101
  1) 全国総合開発計画とその終焉　101
  2) 国土形成計画の概要　104
  3) 地方創生戦略の発表　106
 2．国土計画に対する新たな発想とその問題点　108
  1) 新たな発想　108
  2) これらの主張に対する反論　112
  3) 著者の見解　114
 3．集落維持活動やインフラ施設の現状　121
  1) 集落維持活動　121
  2) 公共施設の状況　124
   (1) 一部事務組合　124
   (2) 病院・介護施設　126
   (3) バス交通　127

3）小　括　129

III　最近の地域政策 ───────────────── 133
　1．定住自立圏構想と圏域設置の問題点　133
　　1）定住自立圏構想と設置の概要　133
　　2）定住自立圏の設置状況　138
　　3）定住自立圏構想と圏域設定の問題点　143
　　4）定住自立圏設定の事例　156
　　　（1）広域生活圏の設定方法　156
　　　（2）中国・四国地方　157
　　　（3）北海道　161
　　　（4）定住自立圏設定の人口限界　165
　　5）小　括　167
　2．連携中枢都市圏構想とその問題点　168
　　1）3省の都市圏構想　168
　　2）連携中枢都市圏設定の目的と現状　171
　　3）連携中枢都市圏構想の問題点　174
　3．地方中小都市の振興―ドイツとの比較において　181
　4．著者の都市圏設定　185
　　1）都市圏設定とその方法　185
　　2）著者の提案する都市圏とその特徴　192
　5．圏外地域や多自然居住地域，過疎地域の諸問題　201
　　1）多自然居住地域とその振興　201
　　2）過疎地域の現状　203
　　3）圏外地域と「小さな拠点」　207
　6．小規模町村のかかえる問題　209
　　1）小規模町村の実態　209
　　2）各タイプの特徴　215
　　3）小規模町村に対する将来のシナリオ　218
　7．本章のまとめ　221

文　献 —————————————————————— 225

あとがき ————————————————————— 235

索　引 —————————————————————— 237

I　人口減少時代の到来と都市システムの構造

1．市町村の現状と将来

1) 市町村人口の現状

　わが国は2008年以後人口減少時代に突入した。2010年の総人口は2005年に比べて若干多かったので，国勢調査が始まって以来初めて人口減少を記録したのは2015年の国勢調査においてである。

　表I-1によって市町村の人口規模ごとに2010～15年における平均人口増減率をみると，2005～10年における場合と同様に，人口規模の大きい都市ほど人口増減率が高く，小規模になるにつれて人口増減率が低下する傾向にある。2010～15年にはすべての人口規模の市町村において平均人口増減率が低下したが，人口100万人以上の大都市では依然として人口が増加するものが多い。一方，人口1万人未満の小規模町村では人口増減率は最も低いが，下げ幅が若干縮小傾向にある町村もある。人口減少が縮小傾向にある町村は40％前後で，残りの60％くらいの町村では人口増減率はますます低下しており，二極分化の方向にあるといえる。下げ幅縮小の町村が人口1万人以上の町村よりも小規模町村において多いのは，田園回帰の現象によるものとみられる。最近では以前とは違って多様な生き方が認められるようになったことや（奥野2008：61，坂本2014b），小規模な非合併町村の自己努力が合併地区よりも強力に働いているものと推測される[1]。

　地域的にみると，2010～15年間に人口増加を示すのは，沖縄県の3.0％をはじめ埼玉，千葉，東京，神奈川，愛知，滋賀，福岡の8都県だけである。一方，人口減少が激しいのは秋田県（-5.8％），福島県（-5.7％），青森県（-4.7％），高知県（-4.7％）の順となり，岩手県（-3.8％）や宮城県（-0.6％）には東日本大震災の影響はそれほど大きくないようにみえる（表III-11参照）。人口増加率と過

表 I-1　2005～10 年と 2010～15 年の人口増加率と市町村規模との関係

市町村規模	市町村数	人口増減率 (%) 2005～10 年	2010～15 年	差	差がプラス %
100 万人以上	12	2.9	0.2	-3.1	41.7
50 万～100 万	17	1.4	0.2	-1.2	23.5
30 万～50 万人	42	1.0	0.3	-0.7	33.3
20 万～30 万人	40	-0.1	-0.7	-0.6	30.0
10 万～20 万人	158	0.0	-1.0	-1.0	31.6
5 万～10 万人	271	-0.7	-2.1	-1.4	20.4
3 万～5 万人	244	-2.2	-3.4	-1.2	27.6
2 万～3 万人	161	-3.9	-4.6*	-0.7*	26.3
1 万～2 万人	295	-4.5	-6.0*	-1.5*	27.7
0.5 万～1 万人	242	-6.0	-7.1*	-1.1*	33.9
0.5 万人未満	238	-8.5	-9.1*	-0.6*	41.9
合　計	1,720	0.2	-0.7	-0.9	

注 1)　*印は 2015 年の速報値では原子力発電所の事故や東日本大震災による異常な人口減少をみせた 13 市町村を除いて計算したもの.
注 2)　差は 2005～10 年と 2010～15 年の人口増減率の差（ポイント）であり，「差がプラス」の市町村比率とはその差がプラスを示す市町村の比率であり，多くは人口減少が下げ止まり傾向にあることを示す．2005～10 年に人口が増加し，2010～15 年に増加率がさらに上昇したものも含まれるが，そのような市町村は沖縄県にみられるだけであり，無視しても差し支えない．
注 3)　市町村数は 2015 年現在.
資料：国勢調査(2010 年，2015 年速報) による.

疎関係市町村率[2)] との相関を求めると r = -0.640（n = 47）となり，相関係数は意外と低い．表 I-2 や表 III-11 に示すように，過疎関係市町村率が 80％を超えるのは北海道（83.2％），秋田県（84.0％），島根県（90.5％），愛媛県（85.0％），高知県（82.4％），大分県（88.9％），鹿児島県（95.3％）であるが，過疎関係市町村だけが人口激減地域とはいえない．今日では従来の人口激減地域以外の市町村でも著しい人口減少が起こっており，第Ⅲ章 5 節で詳述するように，過疎地域指定の重要性が薄いできたようにもみえる．

　もちろん，市町村の人口減少は今後ますます激化する方向にあるが，「下げ止まり」市町村率は国土の中央部において低く，縁辺部の県で高くなる傾向がある．縁辺部の市町村では依然として著しい人口減少がみられるが，その比率はやや低下するので，全国的に人口減少は均衡化する方向にある．これは，表 I-1 でみた

表Ⅰ-2 各都道府県における人口予測（2010～40年）の状況と過疎関係市町村率および2005～15年間の人口推移における「下げ止まり」を示す市町村比率

都道府県	人口増減率 %	2010～40年 県庁都市 人口増減率	県内順位	最下位町村の人口増減率	2010年 過疎関係市町村比率	2005～10年と2010～15年「差がプラス」市町村比率
北海道	-23.9	-10.6	6	-64.4	83.2	40.8
青森	-32.1	-31.4	9	-59.7**	70.0	42.5
岩手	-29.5	-18.2	4	-51.8*	64.7	38.2
宮城	-16.0	-5.5	4	-48.5**	25.7	45.7
秋田	-35.6	-27.2	2	-54.3**	84.0	20.0
山形	-28.5	-17.6	2	-47.6**	60.0	31.4
福島					49.2	40.7
茨城	-18.4	-9.1	7	-48.6	9.1	11.4
栃木	-18.1	-9.3	4	-43.2	11.1	14.8
群馬	-18.8	-17.7	6	-71.0**	40.0	25.7
埼玉	-12.4	-4.4	8	-51.6**	6.3	23.4
千葉	-13.8	-7.8	10	-47.2*	11.1	11.1
東京	-6.5	-6.1	15	-58.6*	15.0	22.5
神奈川	-7.8	-6.0	4	-47.0	0.0	12.1
新潟	-24.6	-17.7	3	-50.8**	46.7	26.7
富山	-23.0	-17.1	3	-44.7	20.0	20.0
石川	-16.7	-9.8	5	-54.5	47.4	26.3
福井	-21.2	-18.9	5	-47.9**	35.2	35.4
山梨	-22.8	-17.6	8	-63.2**	55.6	48.1
長野	-22.5	-20.9	20	-64.0**	48.1	31.2
岐阜	-20.2	-18.5	16	-46.5*	33.3	21.4
静岡	-19.4	-22.0	18	-52.1*	22.9	14.3
愛知	-7.5	-7.8	26	-55.7**	8.8	19.3
三重	-18.7	-19.0	12	-56.5	31.0	13.8
滋賀	-7.2	-3.3	12	-38.4*	10.5	21.1
京都	-15.6	-13.1	5	-54.7**	34.6	15.4
大阪	-15.9	-14.0	13	-45.6	2.3	14.0
兵庫	-16.4	-12.2	8	-43.0	22.0	26.8
奈良	-21.7	-21.5	8	-67.9**	38.5	30.8
和歌山	-28.2	-24.1	4	-51.3	60.0	33.3
鳥取	-25.1	-20.9	3	-54.8**	63.2	42.1
島根	-27.4	-19.4	1	-53.0*	90.5	47.6
岡山	-17.2	-8.2	2	-42.1	74.1	25.9
広島	-16.4	-6.9	2	-55.5*	69.6	43.5

山口	-26.3	-17.6	4	-58.3**	63.2	21.1
徳島	-27.3	-22.0	5	-60.3*	54.2	33.3
香川	-22.4	-16.8	3	-43.2	47.1	35.3
愛媛	-24.9	-15.2	1	-55.4*	85.0	25.0
高知	-29.8	-21.8	2	-65.3**	82.4	29.4
福岡	-13.7	-1.7	6	-43.6**	35.0	26.7
佐賀	-20.0	-19.3	6	-40.2*	45.0	30.0
長崎	-26.5	-25.4	8	-56.1**	61.9	52.4
熊本	-19.3	-10.3	6	-58.1**	60.0	26.7
大分	-20.2	-7.5	1	-50.0**	88.9	16.7
宮崎	-20.7	-11.3	2	-53.6**	65.4	26.9
鹿児島	-23.0	-14.2	3	-52.5*	95.3	34.9
沖縄	-1.7	-8.0	21	-31.6**	43.9	56.1
合計	-17.2				44.7	29.3

＊印は最下位町村の人口増減率が人口 0.5 万～ 1.0 万人の町村，＊＊印は人口 0.5 万人未満の町村であることを示す．
注1)「差がプラス」市町村比率 の説明は表 I-1 による．
資料：社会保障・人口問題研究所（2013），国勢調査（2010 年，2015 年）および過疎地域－Wikipedia による．

人口 1 万人未満の小規模町村の「下げ止まり」傾向とも対応するものと考えられる．

表 I-3 によって，年齢 3 区分ごとにその構成比率や人口増減率（2005 ～ 10 年）を市町村の人口規模別にみた場合にも，特徴ある傾向が認められる．15 歳未満の年少人口比率は人口 3 万～ 100 万人の都市において高く，人口 100 万人以上の大都市と人口 2 万～ 3 万以下の町村部において低下する．人口 100 万人以上の大都市において年少人口比率が低いのは出生率が低い「人口のブラックホール現象」によるものと推測されるが（増田編 2014:34），15 ～ 64 歳人口の大量流入によって年少人口比率が相対的に低下することもありうる．15 ～ 64 歳の生産年齢人口は人口 100 万以上の大都市において著しく高率となり，小規模な市町村ほど低くなる．それとは逆に，65 歳以上の高齢人口の構成比は大都市ほど低く，100 万以上の大都市と 0.5 万未満の小規模町村との間には 15 ポイント以上の差がみられる．

市町村の人口は，年少人口も生産年齢人口も，小規模な市町村になるほど減少するものが多い．それに対して，高齢人口は大都市において増加率が高く，小規模町村では低くなっており，人口 0.5 万人未満の小規模町村ではマイナスとなる．小規模町村では高齢人口が減少する町村が多いために，人口 0.5 万人未満の小規

表 I-3 市町村規模との関係からみた年齢3区分の構成比率とその増減率（2005〜10年）

市町村規模	市町村数	人口増減率	構成比率（%） 15歳未満	15-64歳	65歳以上	増減率（%） 15歳未満	15-64歳	65歳以上	A %
100万人以上	12	2.9	12.7	67.0	19.0	-0.3	-1.0	18.0	0
50万〜100万	17	1.2	13.6	64.8	20.5	-2.8	-3.9	18.3	0
30万〜50万人	43	1.2	13.9	64.9	20.5	-3.1	-3.8	19.4	0
20万〜30万人	39	-0.1	13.6	64.7	21.0	-4.8	-4.8	17.6	0
10万〜20万人	157	0.1	13.8	64.1	21.6	-4.3	-4.0	17.0	0
5万〜10万人	272	-0.5	13.9	62.6	23.2	-5.1	-4.3	15.0	0.7
3万〜5万人	244	-2.2	13.5	60.9	25.3	-7.7	-5.4	10.7	6.1
2万〜3万人	164	-3.8	12.8	59.7	27.3	-10.5	-7.1	8.7	11.0
1万〜2万人	298	-4.4	12.4	58.5	28.9	-11.5	-7.3	6.0	19.5
0.5万〜1万人	244	-5.9	12.1	56.6	31.3	-13.1	-8.6	2.9	35.7
0.5万人未満	238	-8.5	10.8	53.9	35.3	-17.3	-10.7	-1.8	60.9
合計	1,728	-3.4	13.3	64.1	21.9	-9.7	-6.7	8.6	18.8

A：高齢人口（65歳以上）の増減率（2005〜10年）がマイナスを示す市町村数の比率．
注1）年齢「不詳」が含まれるため，構成比率の合計は100%にならない．
資料：国勢調査(2010年)による．

模町村ではマイナスを示す町村比率が60.9%となり，高齢人口が減少している．都道府県単位に人口増減率と年齢3区分の構成比率や増減率との相関をみた場合にも，相関係数が低いのは人口増減率と年少人口比率との相関（$r = 0.383$, $n = 47$）だけで，他はすべて±0.700以上の高い相関がある．とくに人口増減率と年少人口増減率（0.942）や人口増減率と高齢人口増減率（-0.899）との間には高い相関がある．したがって，生産年齢人口だけでなく，年少人口や高齢人口の増減も人口増減率に強く影響を受けるものとみられる．

ところで，増田編（2014：15）は人口減少プロセスには，①高齢人口増加，生産・年少人口減少，②高齢人口維持・微増，生産・年少人口減少，③高齢人口減少，生産・年少人口減少の3段階がある[3]と説明するが，最終的に高齢人口の減少が必ず発生するとは限らない．多くの過疎地域にみられるように，高齢人口ばかりが多い市町村では高齢者が死亡すれば高齢人口は減少するが，高齢人口が減少しても生産年齢人口から新たな高齢者が年々補給される場合には，高齢人口は減少しないからである．とくに田園回帰や引退移動によって前期高齢者が増加する場合もある．

とはいえ，高齢人口の減少の多くは小規模町村において起きており，現状では人口減少プロセスの傾向を完全に否定することはできない。都道府県単位に高齢人口の減少市町村率については表示していないが，山形県（48.6％），福島県（40.7％），鳥取県（42.1％），島根県（61.9％），高知県（41.2％），鹿児島県（53.1％）では著しく高いのに対して，埼玉県，神奈川県，富山県，大阪府のように，高齢人口の減少市町村がまったくみられない府県もある。高齢人口率の低下は国土の縁辺部で高くなる傾向があるし，登米市（人口8.3万人），栗原市（7.4万人），佐渡市（6.7万人）などのように，合併都市のなかにも高齢人口率が低下するものもある。

　以上のように，表I-3でみる限り，人口3万人未満の町村部の人口構造は従属人口指数（人口オーナス）が高く[4]，それよりも大規模な都市と比べると顕著な差があり，年齢人口の構成が健全な状況にあるとはいえない。小規模町村では生産年齢人口の減少率が高く，年少人口や生産年齢人口の比率を低下させており，この悪循環を断ち切ることなしには地域の活性化は困難なものと考えられる。

[注]
1) 松尾・江崎（2010）や岡田知（2014），坂本（2014b）も指摘するように，合併地区の元小規模町村では人口減少の問題は新市町村の最重要課題として扱われない場合が多いので，適切な措置が講じられないことが多い。
2) 過疎関係市町村は過疎市町村のほか，過疎地域とみなされる市町村（みなし過疎），過疎地域を含む市町村（一部過疎）からなり，全国の797市町村（2014年4月現在）が含まれる（表III-11参照）。人口の多い一部過疎の市町には人口増減率が高いものがあり，過疎関係市町村の人口増減率に影響するものと思われる。
3) 五十嵐（2014）は，生産・年少人口減少の代わりに若年人口を指標として3段階からなるとする。その場合に，「維持・微減」は0〜10％の減少，「減少」は10％以上の減少として計算している。
4) ドイツでは，高齢人口に対する財政負担は年少人口に比べて著しく大きいといわれる（BBSR 2012a：89）。わが国でも類似したものと考えられる。

2) 2040年における市町村人口

　将来の人口減少や高齢化はわが国の社会・経済にとって重要な問題であるの

で，各方面から強い関心が寄せられている。2016年の合計特殊出生率は1.46であるが，これを持続可能な2.07まで引き上げたとしても，人口減少はすぐに収まるわけではない。「まち・ひと・しごと創生長期ビジョン」の将来目標によると，2040年に出生率が2.07まで向上すれば2060年には人口は1億人となり，2090年頃には人口減少が停止し，定常状態となるとみられている（閣議決定2014）。

2040年までの人口を市町村単位で予測したものには，国立社会保障・人口問題研究所（2013）がある。その推計値は，原子力発電所の事故によって甚大な被害を受けた福島県を除く都道府県の各市町村について公表され，大きな反響を呼んできた。それはコーホート要因法（場合分け純移動率モデル）を用いて分析し，5歳以上の人口は期首年の男女・年齢別人口を基準として将来の生存率，純移動率の各仮定値を当てはめて推計し，2010～40年間の各市町村の人口推移を検討したものである[1]。

このような人口推計は今日の状況（2010年国勢調査）に基づいて推計されるので，今日の傾向に比べて構造的に著しく変化することは少ない。スーパー・メガリージョン（超巨大都市圏）形成の影響などについては考慮されていない。埼玉県のように，純移動率が高い地域では推計値と実測値との誤差が大きくなる可能性があるが，単調な人口推移をたどる地方圏では両者間の乖離は比較的小さいものと考えられている。しかし，純移動率モデルでは若年層に関する将来予測の誤差が大きく関係するので，都道府県単位の人口推計に比べると，市町村単位の詳細な人口推計においては誤差が大きくなる可能性は否定できない（小池2008）。しかしこのなかには，年間7万人程度の外国人の流入超過も考慮されており，精度はかなり高いものと評価されている（江崎ほか2013）。

本節ではこの人口推計に基づく2040年の人口と高齢化率について考察する。高齢化率の上昇による従属人口指数の上昇は生産力低下に大きく影響するので，高齢化率の増減も注目すべき問題である。もっとも，人口が減少しても，65～75歳の「プレミアム世代」の人口が生産活動に参加できるので，生産年齢人口は変化しないと考える人もあり（徳野2015），論議すべき問題であるが，ここでは触れないことにする。

地域的にみると，人口増減率の高い地域や75歳以上の後期高齢化率の低い市町村は，東京大都市圏を中心に交通に恵まれた海岸部に立地する都市に多くみら

れる。すなわち，東京大都市圏を中心として単純に同心円構造を示すよりも，東京大都市圏を中心としながらも東海道メガロポリス地域[2]に沿って人口減少の少ない地域が分布する。生産年齢人口比率の高い地域についてみても，上記の東海道メガロポリス地域のほかには，地方の大都市に集中するかたちで全国に点在することが予測される（国立社会保障・人口問題研究所 2013：159-163）。それとともに，小規模町村の高齢化（前期高齢者，後期高齢者）率は 2040 年においても依然として高い傾向にあるが，大都市の高齢化率は急速に進み，2010 年の 2 倍以上に上昇するところが多い。先にみたように，小規模町村では人口減少につれて高齢者数も減少し，高齢化率が低下する場合もある（表 I-3 参照）。

　この資料を用いて現状（2010 年）と 2040 年とを比較すると，表 I-4 に示すように，50 万人以上の大都市（-10.5％）と 0.5 万人未満の町村（-40.9％）との間には人口増減率の大きな差異が認められる。合併直後の 2010 年には多かった人口 3 万人以上の都市も 2040 年には 3 万人未満となるものが多くなり，0.5 万人未満の町村数はとくに増加する。2040 年には全国人口は 17.2％減少して 1 億 0728 万人になると推計され，1970 年頃の状態に近づくが，最も減少率の高い秋田県の人口は 1890（明治 23）年頃の人口にまで減少すると考えられる。

　しかし，人口分布は近代化の過程において著しく変化しており，県庁都市とし

表 I-4　2010～40 年における市町村の規模別（2010 年）人口増減率推計（福島県を除く）

	合計	0.5 万人未満	0.5～1 万人	1～3 万人	3～5 万人	5～10 万人	10～30 万人	30～50 万人	50 万人以上
市町村数	1,661	226	225	440	241	265	194	41	29
平均増減率	-27.7	-40.9	-36.4	-31.0	-23.6	-19.6	-16.9	-13.6	-10.5
増減率最高値	29.8	13.8	24.8	15.1	29.8	23.7	10.9	-1.2	3.5
その市町村名	糟屋町（福岡県）	舟橋村（富山県）	川北町（石川県）	滑川町（埼玉県）	糟屋町（福岡県）	豊見城市（沖縄県）	草津市（滋賀県）	柏市（千葉県）	川崎市（神奈川県）
増減率最低値	-71.0	-71.0	-61.0	-64.4	-49.4	-44.4	-44.0	-28.2	-23.6
その市町村名	南牧村（群馬県）	南牧村（群馬県）	福島町（北海道）	夕張市（北海道）	男鹿市（秋田県）	萩市（山口県）	小樽市（北海道）	旭川市（北海道）	東大阪市（大阪府）

注 1）市町村の人口規模は 2010 年の人口によって区分したもの。
注 2）2010 年以降に合併した市町村は省略する。
資料：国勢調査（2010 年）および国立社会保障・人口問題研究所（2013）：日本の地域別将来推計人口（都道府県・市区町村）
　　　（http://www.ipss.go.jp/syoushika/tohkei/Mainmenu.asp）による．

て成長してきた秋田市の人口は大きく増加したのに対して、農村部の人口は当時よりもさらに減少することになり、単純に近代化以前の状態に復帰するわけではない。人口に加えて産業構造や交通条件、高齢化率などの変化を考えると、近代化以前とはまったく異なった別の社会が出現することになる。

　表には示していないが、2040年に人口1,000人未満に減少する町村は35を数え、2010年現在すでに1,000人未満であった25の町村を加えると、60（全市町村の3.6%）の町村が人口1,000人未満となる。最少は2010年現在201人で、2040年には158人への減少が予測される青ヶ島村（東京都）である。人口増減率の最低は2,423人から702人へと71.1%減少する南牧村（群馬県）であり（表I-4参照）、1,643人から527人へと67.9%減少する川上村（奈良県）がそれに続く。その一方で、この30年間に人口が増加する市町村がわずかながら存在する。自然増加率が高い沖縄県—とくに沖縄本島—では、豊見城市（23.7%増）や南風原町（12.7%増）のように人口増加が予測される市町村もある。

　人口予測でとくに問題になるのは、小規模な市町村の動向である。福島県を除くと、2010年には小規模町村は451（27.1%）であったが、2040年には596（35.9%）へと増加する。同様に、人口3万人未満の市町村も891（53.6%）から1,033（62.2%）へと増加することが予測される。

　2040年に小規模町村が多く存在するのは、2010年の時点において小規模町村が多かった都道府県であり、2000年と2040年の小規模町村比率の間にはr＝0.937（n＝46）の著しく高い相関がある[3]。2040年に小規模町村が多くなると予測されるのは、福島県[4]を含めて北海道133（全市町村の74.3%）、長野県49（同63.6%）、高知県24（同70.6%）など「平成の大合併」の進捗率の低かった道県や青森県24（同60.0%）、熊本県24（同53.3%）、鹿児島県22（同51.2%）などに多く、人口減少が激しいと予測される都道府県のすべてにおいて小規模町村が多くなるわけではない。2010〜40年間における小規模町村増加率（ポイント）が高いのは、青森県（27.5ポイント）、岡山県（同22.2）、和歌山県（同20.0）、熊本県（同20.0）などであり、小規模町村が多い道県と急速な増加が予測される道県とは必ずしも一致しない。

　各都道府県における小規模町村の数は「平成の大合併」によって著しく変化した。兵庫県のように人口1万人未満の小規模町村をまったく欠く県もあるが、僻

地の小規模町村では,「合併すれば周辺部に置かれて寂れる」との理由で合併しなかった町村も多い。人口減少は小規模町村ほど深刻なので,第Ⅲ章6節で取りあげるように,小規模町村の将来には大きな課題がある。しかし,合併した小規模町村の中では,「中心的産業」であった町村役場を奪われたため,人口減少が著しい地域が多くみられる。そうした状況は2040年に至るまで継続する可能性が高く,合併市町村は非合併にとどまる小規模町村に比べて状況が改善されたとは思えない[5]。

いうまでもなく,小規模町村の変化だけでなく,すべて市町村の人口増減率(2010〜40年)をみた場合にも地域差がある。表I-2に示すように,人口減少率が10%未満にとどまるのは東京都,神奈川県,愛知県,滋賀県,沖縄県だけで,大阪府は-15.9%で,京都府(-15.6%)を下回るものと予測される。県庁都市は多くの場合各県内における最重要都市であり,人口増減率も高い。県庁都市の周辺には衛星都市が立地するので,県庁都市は常に人口増減率第1位の都市とはいえないが,上位に位置するのが一般的である。松江市や松山市,大分市は周辺市町を抜いて第1位である。それに対して,大都市圏にある県では,活力のある衛星都市が多いため,県内の順位も比較的低位にある。青森市や長野市,那覇市などでも県内での順位が低い。最下位に属するのは人口1万人未満の小規模町村に多いが,粟島浦村(新潟県),小値賀町(長崎県),姫島村(大分県)などを除くと,離島が最下位となる場合は意外と少ない。

なお,2010〜40年間の全国の人口増減率は-17.2%と予測されるが,各市町村の全国平均(x)は-27.7%となり,標準偏差(s)は15.7となる。したがって,$x + s$ = -12.0%以上が人口増減率の高い市町村,$x - s$ = -43.4%をとくに低い市町村とみることができる。$x + s$ = -12.0%の市町村が全体の20%以上を占める都道府県をあげると,愛知県(63.0%),東京都(50.0%),沖縄県(46.3%),滋賀県(47.4%),栃木県(30.8%),神奈川県(30.3%),埼玉県(30.2%),福岡県(28.3%),宮城県(22.9%)となる。これらの都県の多くは国土の中央部に位置するが,自然増加率の高い沖縄県のほかにも,活力に富む広域中心都市をもった福岡県と宮城県が加わる。

人口増減率がプラスの市町村67についてみると,人口100万以上の大都市は川崎市(3.5%増)だけで,人口10万人台の6市(戸田市,成田市,草津市,東

村山市，安城市，三鷹市）が含まれ，愛知県と沖縄県ではそれぞれ11市町村が含まれる。小規模町村のなかには御蔵島村（348人：2010年，東京都）や舟橋村（2,967人，富山県），日吉津村（3,339人，鳥取県）など地域の特殊な事情によって人口増加が期待される。大都市圏では東京特別区や名古屋市周辺には人口増減率の高い市町村が多いのに対して，後述するように，大阪市周辺ではきわめて少ないのが特徴といえる。

一方，$\bar{x} - s = -43.4\%$よりも低い人口増減率の市町村が多く含まれる道県には，徳島県（41.7%），高知県（41.2%），秋田県（40.0%），北海道（39.1%），青森県（35.0%），奈良県（33.3%），岩手県（30.3%），和歌山県（30.0%）がある[6]。これらの県の多くは国土の縁辺部に位置するが，そのすべてがこのグループに属するわけではない。

以上の傾向からして，人口分布は国土の中央部では人口増減率がそれほど低くなく，わが国における人口分布の地域格差は—強力な是正策が講じられない限り—2040年には一層拡大し，是正される方向にはないことが予想される。このような人口推移の傾向からみて，地域の発展を支える都市システムがいかに変化するかが注目される。高い可能性をもっていえるのは，将来著しい人口減少によって小規模な低次中心地の存続が困難になることである。大都市以上に地方中小都市の人口が減少することは，農村部町村に都市的サービスと職場を提供する地方中小都市の衰退が激しいことを意味する。それは地方中小都市の勢力圏下にある農村部町村の衰退が激しいことであり，「同等の生活条件」[7]の確立とは逆行する可能性が強いことを意味する。地域的にみても，これまでと同様に—沖縄県を除くと—国土の中心部よりも縁辺部の人口減少が激しく，これまでの傾向は構造的な変化を伴うことなく継続するものと考えられる。

加えて，今後予測される高齢化率の急速な上昇は地域経済を弱体化する可能性が高い。表 I-5 に示すように，高齢化率の全国平均は27.9%（2010年）から40.7%（2040年）へと上昇する。上昇の全国平均は12.7ポイントで，最大は北海道の16.0から最少は岡山県の9.7までそれほど大きな差はなく，人口増減率と高齢化率（2010年，2040年）との相関は2010年の $r = -0.860$，2040年の $r = -0.904$（$n = 1,661$）と，負の高い相関がある。つまり，人口減少が激しい市町村ほど高齢化率が高いことになる。

表I-5 2010〜40年における市町村の規模別（2010年）高齢化率の変化推計（福島県を除く）

	合計	0.5万人未満	0.5〜1万人	1〜3万人	3〜5万人	5〜10万人	10〜30万人	30〜50万人	50万人以上
2010年の市町村数	1,661	226	225	440	241	265	194	41	29
2010年平均（%）	27.9	35.2	31.7	28.8	26.1	24.0	22.7	22.7	21.1
2040年平均（%）	40.7	45.9	44.7	42.0	38.8	37.1	36.2	35.8	35.5
高齢化率の差（ポイント）	12.8	10.7	13.0	13.2	12.7	13.1	13.5	13.1	14.4
2040年最大値（%）	69.5	69.5	60.5	56.8	53.5	49.1	45.4	43.4	39.9
その市町村名	南牧村（群馬県）	南牧村（群馬県）	那賀町（徳島県）	能勢町（大阪府）	熱海市（静岡県）	志摩市（三重県）	小樽市（北海道）	旭川市（北海道）	札幌市（北海道）
高齢人口上昇率（最大値）	30.6	28.7	30.6	29.5	25.1	21.5	22.0	19.4	19.4
その市町村名	大月町（高知県）	月形町（北海道）	大月町（高知県）	能勢町（大阪府）	小川町（埼玉県）	北広島市（北海道）	三田市（兵庫県）	市川市（千葉県）	札幌市（北海道）

注・資料は表I-4と同一．

　地域的にみると，これまで高齢化率の高かった西日本の上昇は比較的小さく，東日本や大都市圏での上昇が大きくなることが予測される．2040年の人口規模別高齢化率では，小規模市町村は平均値でも最大値でも高率となるが，2010〜40年間のパーセントの差（ポイント）は—高齢人口が減少する市町村があるため—わずかな差をもって50万人以上の大都市の値が高く，高齢化率は平均に近づく傾向にある．地方圏では高齢化率の上昇期が早く，2040年まで上昇を続けているが，「団塊の世代」の高齢化に伴って，遅れて上昇した大都市圏では，人口数が多いだけに社会的にはとくに注目される．表I-5にみるように，各規模最大の高齢化率を示す都市には小樽市，旭川市，札幌市と北海道の都市が多いものと予測される．なお，人口増減率の最も低い南牧村では人口の70%近くが高齢者となる．

　わが国の人口減少や少子高齢化は2040年でもって終わるわけではないが，2040年の時点を目標として考えると，上述したように，全国人口は平均すると1970年頃の状態に戻ることになる．しかし，地方圏では各県ともに県庁都市など県内の主要都市が大きく成長したのに対し，農村部の人口は大幅に減少したので，無住地の拡大が予測される．その一方では，東京都や沖縄県のように，現状をほぼ維持できるところもある．

国土交通省（2014：3-4）の「国土のグランドデザイン2050―対流促進型国土の形成―」では，わが国38万km²の面積に縦横1kmのメッシュをかけると約18万メッシュが居住地域であるが，2050年にはこのうちの約6割の地域で人口が半減以下になり，さらにその3分の1（全体の約2割）では人が住まなくなると推計している。国立社会保障・人口問題研究所（2013）の人口予測が2040年までしか行われていない状況のもとでこの人口予測には疑問もあるが，この予測によると，三大都市圏[8]を除いた36の道県の人口30万人以上の都市圏は，61（およそ各道県当たり二つずつ）から2050年には43（およそ各道県当たり一つずつ）へと，人口減少によって激減することが見込まれるという。

　ただし，以上の人口予測は将来に向けて国民の意識変化がなく，政府や地方行政の施策が今日以上には実施されなかったときの予測値である。女性人口（20～39歳）の予想減少率（2010～40年）が50％を超えると，合計特殊出生率が上昇しても人口の維持が困難であるとして「消滅可能性都市」と名付け，具体的に市町村名をあげた増田編（2014：25）や増田ほか（2014）は大きな反響を呼び[9]，人口減少対策を真剣に考えるようになった市町村も多い。したがって，出生率の改善は一層注目されるようになり，やや改善の兆しもみられる[10]。政府も「地方創生」[11]を中心的課題にかかげ，市町村や県も努力している。後述するように，離島などでは若者の田園回帰の現象もみられるようになった（表I-1参照）。したがって，わが国の人口減少は人口予測どおりには進行しないだろうと考えられるし，国民の多くはそう願っている。

[注]

1) 純移動率モデルにおける純移動率は，移動の確率（当該市町村の人口に対する転入者比率）を示す指標ではないといわれ，地域別転出率を用いたロジャース・モデルに代表される多地域モデルに比べると，若年層に対する推計誤差が大きい。場合分け純移動率モデルは純移動率がプラスの場合とマイナスの場合とを区別して計算する方式で，純移動率モデルのなかでは多地域モデルに近く，実測値との誤差が少ないといわれる（小池 2008）。少ない資料を用いて推計できるため，このモデルはよく利用されている（小池司朗室長の説明による）。
2) リニア中央新幹線が東京・大阪間を約1時間で結び，スーパー・メガリージョンを

形成する（国土交通省 2014：21-22）。
3) 人口推計に用いた基本資料が 2010 年の統計値に限定されており，市町村人口の推移による構造的変化を十分考慮していないことが影響しているのかもしれない。
4) 福島県には 2010 年現在 29（50.0%）の小規模町村があったので，2040 年には大幅な増加が予想される。
5) 町村が合併すれば財政力指数は上昇するので，優遇措置期間を過ぎると地方交付税額が減少し，旧町村からみれば合併前の状況に比べて財政状況はより厳しくなる場合が多い。
6) 増田編（2014）によると，若年女性が 50% 以上減少する「消滅可能性都市（市町村）」が 80% 以上となるのは青森，岩手，秋田，山形，島根の 5 県であり，人口増減率の低い県と完全には一致しない。
7) 「同等の生活条件」の確立とは，教育や医療，買物などが国土のどこに住んでも一定の範囲内で機会の均等性（Chancengleichheit）が守られるように，国土を改変しようとするもので，ドイツでは空間整備の目標とされ，その政策として「点と軸による開発構想（punktachsiales Entwicklungskonzept）」が用いられてきた。点は中心地（zentraler Ort），軸は開発軸（Entwicklungsachse）を指す。
8) 三大都市圏は国土利用計画（全国計画）の閣議決定（2008 年 7 月）において，埼玉県，千葉県，東京都，神奈川県，岐阜県，愛知県，三重県，京都府，大阪府，兵庫県，奈良県の 11 都府県に決定された（総務省 2015c）。以下本研究では三大都市圏（11 都府県）と記し，横浜市を含む三大都市圏への 10% 通勤圏域は三大都市圏と区別することにする。なお，神戸市や京都市なども含めたより広い圏域を三大都市圏とする場合もあり，その都度圏域を指示することにする。
9) 「消滅可能性都市」と名指しされたものは，区も含めると全国 896 に達する。うち 523 は人口 1 万人未満の小規模町村である（「消滅可能性都市 896 全リストの衝撃―523 は人口 1 万人未満の町村―」中央公論 2014-6，pp.32-43）。
10) わが国の合計特殊出生率は 2005 年の 1.26 に比べれば 2013 年は 1.43，2014 年は 1.42 とやや持ち直しの感がある。
11) 東京一極集中の是正と地方の人口減少に歯止めをかけることを目的として，第二次安部改造内閣（2014 年 9 月 3 日）において「まち・ひと・しごと創生本部」が発足した。中山（2015）によると，「国土のグランドデザイン 2050」は将来予想される大都市圏への人口集中を国土計画によって改善するのではなく，その集中を与件とした国土の姿を描いているといわれるが，国土形成計画や連携中枢都市圏構想でも東京一極集中の是正は謳われている。第Ⅲ章 1 節を参照。

2. 人口移動からみたわが国の都市システム

1) 都市システム研究の重要性

　人口減少時代における国土構造の考察においては，その骨格をなす都市システムの研究が重要なものと考えられる。各地域の中心をなす都市は地域の盛衰と深く関係する。しかも，これらの中心都市はネットワークによって相互に連結しており，ある地域の変化はわが国の都市システム全体に影響を与え，国土構造を変化させることになる。したがって，都市システムの研究においては，それを構成する個々の都市の特性の研究とともに，都市間の連結関係に関する研究が必要である。都市間の連結関係は東京一極集中をはじめ都市の成長や特性に多大の影響を及ぼすからである。

　わが国の都市間の連結関係については，大企業の本社・支店などの分析による研究（西原 1981；阿部 1991；森川 1994）や電話通話量による情報の連結構造，鉄道網およびライオンズクラブの普及過程を主とする総合的研究（Murayama 2000）とともに，人口移動に関する研究も行われてきた。著者は人口移動の考察によって，地方の中心都市は周辺地域から人口を吸引して大都市圏に送る「吸水ポンプの役割」を果たしていること（森川 1985），東京周辺の県では県庁都市の地位が崩壊しつつあること（森川 1990）をみいだした。また，銀行の本支店関係の分析によって，図 I-1 に示すような改良プレッド型構造の存在に注目し（森川 1994），森川（2006）では改良プレッド型構造は図 I-2 に示すクリスタラー型構造の下に隠れた存在であると考えた。隠れた存在とは，最大総移動先（結節流，nodal flow）の分析ではクリスタラー型の階層構造がみられるが，第 2 位または第 3 位の総移動先をみた場合に改良プレッド型構造が現れるという意味である。このような考察を踏まえて，本研究では人口移動の分析による都市システムの構造について検討するとともに（森川 2016a），人口減少時代における都市システムの変化について考察する。

　都市システムの全国的な連結構造の分析には国勢調査から資料が得られる通勤・通学や人口移動がよく使用される。国勢調査を用いると連結構造を時系列的に把握することができるが，通勤・通学の資料は都市間の広域的な連結関係を考察することはできないので，本研究では主に人口移動による都市間の連結構造に

16　I　人口減少時代の到来と都市システムの構造

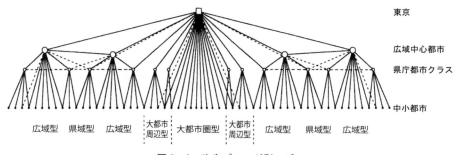

図I-1　改良プレッド型モデル
出典：森川（2012a）p.95 による．

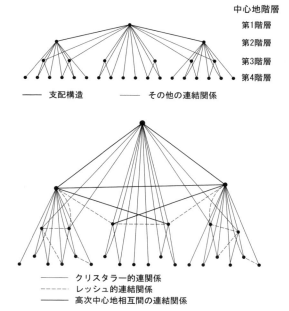

図I-2　クリスタラー型（上）とプレッド型（下）の都市連結システムの比較
出典：Pred（1971）による．

ついて考察する。「平成の大合併」によって市町村自体が変化したので，合併前後の時系列的比較が困難になってきたのは止むをえない。

著者のこれまでの人口移動研究では，総移動率（転入率＋転出率）のうち最も

高い結節流を取りあげて都市の階層的な連結構造を究明することに重点を置き，わが国の都市システムの構造解明に努めてきた。今回の分析では，東京などへの人口流出を考慮して，純移動率（転入率－転出率）の最も高い純移動についても考察に加える。

2010年の国勢調査では5年前の居住地が記録され，5年間に居住地が異なる場合には5年前の前住地から現住地へ直接移動したものとみなして人口移動統計が作成された。若者が4年間で大学を卒業して帰郷するとすれば，この調査では集計されないことになるが，毎年同様な移動が引き続き行われ，同じような移動者が集計できるので，とくには問題にはならない。ただし，2010年の国勢調査では5年前常住地や年齢における不詳率が大都市ほど高い傾向（東京特別区では21.8％，大阪市では16.2％）にあるのは，誤差範囲として注意を要する。

この統計を用いた各都市の人口移動パターンの考察では，東京特別区を含めて転入・転出人口（総移動数）の最も多い市町村を取りあげる。最大の純移動先は総移動数の最も大きい市町村間において発生することが多いが，ときには最大の純移動数を示す市町村とは一致しない場合もある。

2) 人口移動の一般的特性と市町村の分類

表I-6によると，各市町村の人口移動率（2005～10年）の全国平均は21.2％であるが，各都道府県の平均人口移動率は最低の秋田県（14.2％）から最高の東京都（30.2％），沖縄県（28.6％）までさまざまである。一般に，総移動率が高く人口が流動的なのは大都市とその周辺市町村であるが，島嶼部でも高いところがある。表I-7に示すように，人口移動率が30％を超える138市町村のうち112（81.2％）が転入超過を示し，20の離島町村のうち転出超過を示すのは3町村（竹富町，奥尻町，利尻町）に過ぎない。最高の人口移動率を示す三島村（69.4％，鹿児島県）をはじめ，50％以上の町村のほとんどは離島であり，その多くは田園回帰によって人口増加したものと推測される。

もう一つの特徴は小規模な市町村ほど人口移動が狭い範囲に限定され，広域的な連結関係が乏しいことである[1]。矢野（2007）によると，山間部の移動においては距離の逓減効果が強く，大都市圏や県庁都市などでは距離の逓減効果が弱い傾向にあるという。森川（2006）においても多くの大企業支店や国の出先機関が

表Ⅰ-6　市町村の人口移動からみた都道府県の特性

都道府県	市町村数	A	①	②	③	①%	②%	③%
北海道	179	25.6	118	24	18	73.8	15.0	11.2
青森	40	17.8	24	5	4	72.7	15.2	12.1
岩手	34	17.4	22	3	5	73.3	10.0	16.7
宮城	35	19.6	19	9	3	61.3	29.0	9.7
秋田	25	14.2	17	1	3	81.0	4.8	14.2
山形	35	15.3	23	2	2	85.2	7.4	7.4
福島	59	17.3	36	8	6	72.0	16.0	12.0
茨城	44	18.8	18	7	7	56.2	21.9	21.9
栃木	27	18.7	8	5	8	38.1	23.8	38.1
群馬	35	19.1	11	6	8	44.0	24.0	32.0
埼玉	64	22.8	14	24	12	28.0	48.0	24.0
千葉	54	21.2	16	15	14	35.6	33.3	31.1
東京	39	30.2	3	24	7	8.8	70.6	20.6
神奈川	33	24.3	5	16	7	17.9	57.1	25.0
新潟	30	23.1	20	2	4	76.9	7.7	15.4
富山	15	15.8	7	2	2	63.6	18.2	18.2
石川	19	17.9	9	6	2	52.9	35.3	11.8
福井	17	16.9	9	2	2	69.2	15.4	15.4
山梨	27	21.2	10	3	6	52.6	15.8	31.6
長野	77	21.0	32	16	15	50.8	25.4	23.8
岐阜	42	19.7	16	12	8	44.4	33.3	22.3
静岡	35	21.7	8	11	7	30.8	42.3	26.9
愛知	57	23.1	3	30	10	7.0	69.8	23.2
三重	29	19.3	10	10	3	43.5	43.5	13.0
滋賀	19	21.0	4	2	5	36.4	18.1	45.5
京都	26	19.4	12	7	5	50.0	29.2	20.8
大阪	43	22.2	14	13	4	45.2	41.9	12.9
兵庫	41	18.8	22	7	7	61.2	19.4	19.4
奈良	39	20.4	18	6	5	62.1	20.7	17.2
和歌山	30	18.4	14	4	4	63.6	18.2	18.2
鳥取	19	17.4	11	2	3	68.8	12.4	18.8
島根	21	20.4	5	4	5	35.7	28.6	35.7
岡山	27	18.5	15	6	3	62.5	25.0	12.5
広島	23	20.6	13	3	4	65.0	15.0	20.0
山口	19	20.2	7	4	2	53.8	30.8	15.4
徳島	24	18.3	13	6	3	59.1	27.3	13.6

香川	17	20.5	8	1	6	53.3	6.7	40.0
愛媛	20	18.4	10	5	3	55.6	27.8	16.6
高知	34	18.5	19	4	5	67.9	14.2	17.9
福岡	60	24.2	25	23	4	48.1	44.2	7.7
佐賀	20	20.9	9	4	3	56.2	25.0	18.8
長崎	21	22.1	13	5	1	68.4	26.3	5.3
熊本	45	21.4	27	10	4	65.9	24.4	9.7
大分	18	19.7	12	1	2	80.0	6.7	13.3
宮崎	26	22.1	15	2	4	71.4	9.5	19.1
鹿児島	43	26.2	24	6	10	60.0	15.0	25.0
沖縄	41	28.6	10	20	4	29.4	58.8	11.8
合 計	1,727	21.2	778	390	259	54.5	27.3	18.2

A：平均人口移動率（各市町村の（転入＋転出）/2010年人口×100を求めて平均化したもの）
①：中心都市以外の市町村であって，純移動量が一で，最大移動先移動量も一の市町村数
②：中心都市以外の市町村であって，純移動量が＋で，最大移動先移動量も＋の市町村数
③：中心都市以外の市町村であって，①②以外の市町村数
注1）中心都市の定義は本文参照．東京特別区を除く．
資料：国勢調査（2010年）による．

立地する広域中心都市では，一般の県庁都市よりも全国的な人口移動が発達することを指摘したが，Murayama（2000：15）は，時系列的にみた場合にも，上下都市間の垂直的連携関係の衰退につれて同一階層都市間相互の水平的な連結関係が強化される傾向にあることを指摘する．

ところで，最大総移動先（結節流）や最大純移動先について分析する場合には，通勤圏分析でも使用したように（森川2015a：14），二つ以上の市町村から最大総移動先や最大純移動先となる市町を中心都市とする[2]。一つの市町村からだけ最大総移動先（または最大純移動先）となる市町は地形的条件から偶然的に形成された場合もあり，広い圏域をもつ中心都市とはいえない．通常，中心都市は農村部の二つ以上の市町村から最大の移動先や最大の転出超過先となるが，最大の転入超過先となる場合もある．日光市（栃木県）や大町市（長野県）では二つの周辺町村にとって最大の転入超過先となるため，都市人口は転出超過にもかかわらず，中心都市の資格を得ることになる．同様な例は，通勤・通学においても中心性をまったくもたないで，急激な人口流出を示す美郷町（島根県）にも現れる．二つ以上の市町村から転入超過先となる例は大都市圏にはよくみられるし，

表I-7 人口移動率30%以上（2005～10年）をもつ市町村の人口規模別にみた特性

	0.5万人未満	0.5～1万人	1～3万人	3～10万人	10万人以上	合計
人口移動率						
30～34.9%	21	8	20	26	18	93
35～39.9%	9	2	1	8	3	23
40～49.9%	8		4	3		15
50%以上	7					7
転入超過	33	7	19	34	19	112
転出超過	12	3	6	3	2	26
離島	18	2				20
都市近郊		3	11	22	18	54
その他	27	5	14	15	3	64
合計	45	10	25	37	21	138

資料：国勢調査（2010年）による．

一つの市町村からは最大転出超過先となり，もう一つの市町村からは最大転入超過先となる場合もある．本研究では，中心性を欠く美郷町だけを中心都市から除外することにする[3]．

このような定義から得られた中心都市は，表I-8に示ように，その数が都道府県によって大きく異なる．中心都市に従属する市町村数によって大規模・中規模・小規模に分類すると，総移動による中心都市と純移動による中心都市とが異なる場合もある[4]．同様にして，総移動の中心都市では中規模中心都市であったものが純移動では小規模中心都市に格下げされる場合（例：成田市，甲府市，安曇野市，御坊市，丸亀市など）や小規模中心都市から中規模中心都市へと昇格する場合（例：四日市市など）もある．市町村の大合併のために，最大純移動先となる町村数は少なく，中心都市の資格を失うものもある．県庁都市の多くは「大規模中心都市」や「中規模中心都市」に含まれるが，静岡市や津市，大津市のように，総移動と純移動のどちらか一方で辛うじて小規模中心都市の資格をうるだけという場合もある．

表I-8によると，中心都市の数は県によって異なるし，県庁都市の地位もさまざまである[5]。一般的にいえることは，県内に中心都市が多いのは都市密度の高い県や県庁都市に匹敵する中心都市が発達した県である（例：青森県，福島県，群馬県，長野県，静岡県，山口県，沖縄県など）。さらに，大都市圏内に含まれる県でも県庁都市以外に中心都市の資格を得るものが多い。大都市圏内では新たに開発された住宅地を求めて移動する人も多く，通勤圏（2000年）の分析[6]では中心都市といえなかった都市でも，人口移動の中心都市になる場合がある。

　県庁都市の人口吸引力が異常に強く，中規模・小規模の中心都市が少ない県もある。東京都を除くと，岩手，宮城，秋田，栃木，石川，京都，広島，徳島，愛媛，熊本，鹿児島などの府県がそれに該当する。愛媛県では大規模中心都市・松山市のほかには総移動の小規模中心都市・宇和島市があるだけで，松山市は純移動においては県内ほとんどの市町村から人口を吸引する。これらの県には—松山市はこの例に該当しないが—大藩の城下町に県庁が置かれたため県庁都市の規模が大きく，首位都市卓越型（primate city type）を示す府県が多い。

　市町村分類においては，中心都市以外の市町村にも特色がある。それは細かく分けると，

①純移動数においても最大純移動先においても，転出超過となる人口流出型の市町村，

②純移動数においても最大純移動先においても，転入超過となる人口流入型の市町村，

③両者の中間にある市町村，

に3分される。タイプ③は，転入超過であっても最大純移動先に対しては転出超過となったり，転出超過でありながら最大純移動先では転入超過となる場合である。

　これらの市町村の各都道府県における構成比率は，表I-6にみられるように，タイプ①の市町村は地方圏に多く，大都市圏周辺部ではタイプ②や③が多い。タイプ①の市町村率が70%以上に達するのは北海道，東北，九州のほかには新潟県だけで，これらの道県では近隣の中心都市に対して単純に人口流出を示す市町村が多い。その逆に，タイプ①が40%以下となるのは，栃木県，埼玉県，千葉県，東京都，神奈川県と静岡県，愛知県，滋賀県，鳥取県，沖縄県である。大阪府は

表 I-8　各都道府県における人口移動（総移動，純移動）の中心都市の規模分類

都道府県		計	小規模中心都市（2〜4の市町村を従属）	中規模中心都市（5〜9）	大規模中心都市（10以上）
北海道	A	11	深川¹, 留萌¹, 室蘭², 苫小牧², 中標津町	北見¹, 釧路¹	札幌², 旭川², 函館², 帯広²
	B	17	岩見沢², 室蘭², 名寄¹, 滝川¹, 伊達¹, 岩内町, 長万部町, 紋別	北見², 釧路², 苫小牧²	札幌², 旭川², 函館², 帯広²
青森	A	7	五所川原², 十和田¹, 三沢¹	青森¹, 八戸², 弘前², むつ¹	
	B	7	五所川原², 十和田¹, 三沢¹	青森¹, 八戸², 弘前³, むつ¹	
岩手	A	4	大船渡¹, 一関¹, 久慈		盛岡²
	B	2	一関²		盛岡²
宮城	A	3	石巻², 大崎²		仙台³
	B	3	石巻², 白石¹		仙台³
秋田	A	3	横手², 能代²		秋田³
	B	3	大館², 能代²		秋田³
山形	A	7	米沢¹, 酒田¹, 寒河江¹, 長井¹, 東根	新庄²	山形²
	B	5	鶴岡², 寒河江², 東根	新庄²	山形²
福島	A	8	いわき, 須賀川², 喜多方², 富岡町	白河²	会津若松³, 郡山²
	B	7	富岡町, 大熊町	福島², 白河², 須賀川³	会津若松³, 郡山²
茨城	A	10	日立², 土浦², 古河¹, 古河², つくば, 龍ヶ崎, つくば², ひたちなか, 鹿嶋, 筑西, 神栖¹	水戸³	
	B	9	日立², 土浦², 古河², つくば², ひたちなか, 神栖¹, 牛久, 潮来	水戸³	
栃木	A	4	栃木¹, 小山¹, 那須塩原		宇都宮³
	B	4	栃木¹, 日光¹, 下野		宇都宮³
群馬	A	6	太田², 沼田², 館林¹, 富岡¹	前橋², 高崎²	

2. 人口移動からみたわが国の都市システム

埼玉	B	8	川越, 秩父², 所沢, 東松山², 春日部, 坂戸, さいたま, 鴻巣		
千葉	A	7	船橋, 木更津, 柏, 君津	千葉², 茂原², 成田³	
千葉	B	7	船橋, 木更津, 銚子, 松戸, 成田³	千葉², 茂原², 茂原³	
東京	A	5	八王子¹, 立川, 青梅, 昭島		東京特別区³
東京	B	3	八王子¹, あきる野¹		東京特別区³
神奈川	A	3	厚木¹	小田原²	横浜²
神奈川	B	4	川崎¹, 相模原	小田原²	横浜²
新潟	A	4	長岡³, 上越³, 村上¹		新潟²
新潟	B	4	長岡³, 上越³, 村上¹		新潟³
富山	A	3	高岡², 射水	富山³	
富山	B	3	高岡², 砺波¹	富山³	
石川	A	2	小松		金沢³
石川	B	2	小松		金沢³
福井	A	3	小浜, 坂井	福井³	
福井	B	4	小浜, 坂井, 越前	福井³	
山梨	A	6	都留, 韮崎, 南アルプス, 甲斐	甲府, 富士吉田²	
山梨	B	6	都留², 南アルプス, 甲府³, 富士吉田², 甲州, 富士河口湖町		
長野	A	11	上田², 諏訪, 伊那, 駒ヶ根¹, 大町¹, 茅野	松本³, 佐久², 安曇野	長野³, 飯田³
長野	B	10	上田³, 伊那², 須坂¹, 大町¹, 安曇野, 木曽町²	松本³, 佐久²	長野³, 飯田³
岐阜	A	6	高山², 関¹, 可児	大垣³, 美濃加茂¹	岐阜³
岐阜	B	5	高山², 可児	大垣³, 美濃加茂¹	岐阜³
静岡	A	8	浜松², 沼津, 富士, 三島¹, 掛川¹, 藤枝¹, 御殿場¹, 静岡¹		
静岡	B	6	沼津¹, 富士, 掛川¹, 袋井¹, 御殿場¹, 静岡¹		
愛知	A	11	岡崎¹, 一宮¹, 豊川², 半田¹, 豊田², 安城¹, 西尾¹, 常滑, 新城¹, 刈谷, 犬山		名古屋³
愛知	B	12	岡崎¹, 一宮¹, 半田¹, 豊田², 安城, 西尾, 新城, 小牧		名古屋³

県	A/B	数	都市			
三重	A	6	四日市², 松阪², 桑名², 名張¹, 御浜町	伊勢²		四日市²
	B	7	松阪², 桑名², 名張², 御浜町, 津³	伊勢²		四日市²
滋賀	A	5	大津¹, 彦根², 長浜², 近江八幡¹, 東近江²	彦根²		
	B	5	東近江², 守山, 甲賀², 湖南	彦根²		
京都	A	2	木津川			京都³
	B	2	木津川			京都³
大阪	A	10	岸和田, 豊中, 高槻, 枚方, 泉佐野, 富田林, 羽曳野, 泉南	堺		大阪³
	B	9	岸和田, 豊中, 枚方, 泉佐野, 富田林, 吹田, 阪南	堺		大阪³
兵庫	A	5	西宮², 豊岡², 加古川¹		神戸², 姫路³	
	B	4	豊岡², 加古川		神戸², 姫路³	
奈良	A	8	奈良², 大和高田, 大和郡山, 桜井, 生駒, 香芝, 大淀町¹	奈良²	橿原¹	
	B	6	桜井, 香芝, 五条, 葛城	奈良²	橿原¹	
和歌山	A	6	橋本¹, 田辺², 新宮², 上富田町	和歌山², 御坊²		
	B	7	橋本², 田辺², 新宮², 御坊², 岩出, 湯浅町	和歌山²		
鳥取	A	3	倉吉², 鳥取³	鳥取³		米子³
	B	3	倉吉²	鳥取³		米子³
島根	A	4	浜田², 出雲², 益田¹	松江³		
	B	6	出雲², 益田¹, 雲南¹, 隠岐の島町¹	松江³		
岡山	A	3	倉敷², 津山³	津山³		岡山³
	B	3	倉敷²			岡山³
広島	A	2	福山², 東広島	福山²		広島³
	B	3				広島³
山口	A	5	宇部², 岩国², 柳井², 周南¹	山口²		
	B	4	柳井², 周南², 萩²	山口²		
徳島	A	2	阿南²			徳島³
	B	2	阿南²			徳島³

県		数	純移動の最大移動先に基づく中心都市	総移動の最大移動先に基づく中心都市
香川	A	2	丸亀[1]	高松[2], 丸亀[3]
	B	2		高松[3]
愛媛	A	2	宇和島[2]	松山[2]
	B	1		松山[2]
高知	A	2	宿毛[1], 須崎[1], 香南[2], 土佐町, 佐川町	高知[3]
	B	6	宿毛[1]	高知[3]
福岡	A	7	大牟田[1], 飯塚[2], 行橋[1]	久留米[3], 田川[2], 福岡[3], 北九州[2]
	B	7	飯塚[2], 行橋[1], 直方[1]	久留米[3], 田川[2], 北九州[1]	福岡[3]
佐賀	A	3	武雄[1], 鳥栖[1]	佐賀[3]
	B	2	小城[1]	佐賀[3]
長崎	A	2		佐世保[2], 長崎[3]
	B	2		佐世保[2], 長崎[3]
熊本	A	2	八代[2], 荒尾[1]	人吉[2], 熊本[3]
	B	4		人吉[2], 熊本[3]
大分	A	3	別府[2], 中津[2]	大分[2]
	B	3	別府[2], 中津[2]	大分[2]
宮崎	A	4	小林[2], 日向[1], 都城[2]	宮崎[2]
	B	4	日向[1], 都城[2], 延岡[2]	宮崎[2]
鹿児島	A	3	鹿屋[2], 奄美[1]	鹿屋[2], 鹿児島[3]
	B	3	奄美[1]	鹿児島[3]
沖縄	A	6	浦添, 沖縄, うるま, 石垣[1]	名護[2], 那覇[3]
	B	6	浦添, 沖縄, うるま[2], 宜野湾	名護[2], 那覇[3]

A: 総移動の最大移動先に基づく中心都市, B: 純移動の最大移動先に基づく中心都市.
都市名の右肩付き数字 1:通勤圏 (2000年) をもつ小規模中心地, 2:同じく中規模中心地, 3:同じく大規模中心地, 数字のないものは非中心地.
資料:国勢調査 (2000年, 2010年) による.

45.2％とやや高いのに対して，鳥取県が35.7％となるのは意外である。地方圏では県内中心都市や広域中心都市に人口を供給する市町村が多いのに対して，大都市周辺部ではタイプ②・③の市町が多く，移動パターンはより複雑である。

人口移動の中心都市と通勤中心地（2000年現在）[7]とを比較した場合には，表I-8に示すように，両者の間にはそれほど緊密な関係は認められない。両者は調査時点が異なり，合併前後の市町村であるため十分には比較できないが，それでも一般的な傾向を知ることができる。人口移動の中心都市は日常生活圏の中心をなす通勤中心地とは異なるため，通勤中心地でない市町が含まれるし，小規模な通勤中心地の多くが脱落する。両者が完全に整合するのは鳥取県だけで，地方圏の多くの県では，人口移動の中心都市は通勤中心地よりも少数となる。上述したように，愛媛県では通勤中心地の多くが脱落し，人口移動においては松山市と宇和島市だけが中心都市となる。その一方で，大都市圏の都府県では通勤中心地の資格をもたない多くの都市が人口移動の中心都市となる。とくに埼玉，千葉，大阪，奈良の各府県では大都市の通勤圏内に含まれる通勤中心地以外の都市が人口移動の中心都市の資格をうる。

[注]
1) 各市町村の県内移動率は，県の面積や当該市町村の県内における地理的位置によっても変化するので，各県市町村の県内移動率を直接比較することはできないが，同一県内の市町村間の比較はある程度有効である。各県ごとに市町村の県内移動率と人口規模との相関を求めると，大部分の県では高い負の相関を示し，最高は鳥取県のr=-0.825となる。このことは，小規模な町村ほど県内移動率が高いことを意味する。
2) 中心都市は複数（二つ以上）の周辺市町村を勢力圏内に含むべきである。第Ⅲ章2節で述べる経済産業省の都市雇用圏のように，DID人口1万人以上の都市ならば周辺市町村の最大通勤先（2005年）でなくても中心都市とするのはこの原則に反する。
3) 通勤圏（2000年）を欠く市町村すべてを中心都市から除外した場合には，いわき市や紋別市，中標津町など広い市町域をもつために通勤圏を欠く市町が中心都市から除外されることになる。
4) たとえば山形県では，庄内町と遊佐町の最大総移動先となる酒田市が総移動の中心都市となるが，庄内町の最大純移動先は鶴岡市（86人）で酒田市（24人）よりも多いために，酒田市は中心都市の資格を失い，代わりに三川町と庄内町の最大純移動先

となる鶴岡市が小規模中心都市となる．
5) 森川（1990）では単極型，二極型，分極型，広域支配型の 4 類型に区分したのに対して，電話通話の発着関係を分析した Murayama（2000：107）は①県庁都市が県域を支配する県，②副次的な通話中心地をもつ県，③いくつかの通話中心地に分割された県，④東京・大阪の影響が強い県，に類型化しており，本研究の分類と比較的類似する．
6) 中心都市の勢力圏をみるためには通勤圏の分析が有効であるが，「平成の大合併」により勢力圏が市域に取り込まれて異常に小規模な勢力圏をもつ中心都市が増加してきたため，時間的にはやや古いが，本研究では 2000 年の通勤圏を使用し，当時の市町村名を使用することにする．
7) 通勤中心地（2000 年）とは，2000 年の国勢調査に基づいて周辺 2 市町村以上から，最大の通勤先となる市町村である．ただし，最大の通勤率が 5％未満の町村は通勤圏外地域として通勤圏には含めない．

3) 都市システムの構造
(1) 地方中小都市階層の問題点

　上述したように，人口移動の中心都市は最大（総および純）移動先となる二つ以上の市町村をもつことによって規模的には資格をうるが，中心都市間の連結関係は中心都市の人口規模とは別の問題である．表 I-9 に示すように，中心都市がどの都市を上位都市（最大総移動先となる自市よりも人口の多い都市）とするかによって，上位都市に対する連結関係が明らかとなる．先にも触れたように，都市間の連結関係ではクリスタラー型の階層構造のほかにプレッド型構造が知られる．図 I-2 に示すように，プレッド型構造はクリスタラーの階層的モデルに第 2 階層中心都市（わが国では広域中心都市）間の水平的連結関係を加えたものであるが，中央に位置する最高階層の中心都市（東京）を跨ぐ中心都市間の連結関係を除いて，第 2 階層中心都市間の連結関係だけが存在すると考えたのが改良プレッド型構造である（森川 1994）．西原（1981）は企業の事業所網を分析することによってすでにプレッド型構造の存在を認めていたが，著者は改良プレッド型の連結構造はなお弱く，依然として階層構造が卓越するものと考えていた（森川 1994）．しかし森川（2006）においては，クリスタラー型構造の下に改良プレッド型構造は隠れた存在であると考えた．
　改良プレッド型構造に象徴される都市間の水平的連結関係の発達は，都市シス

テムの構造的な差異を示すだけではない．地方中小都市では垂直的連結関係が支配的なのに対して，大規模な都市では水平的連結関係が発達することは，後述する地域政策にも影響する．もし仮に地方中小都市においても水平的連結関係が著しく発達した場合には，上位中心都市を振興してもその影響が勢力圏内にある下位階層の都市に十分には波及せず，中心都市の階層構造に基づく地域政策は意味をもたなくなるからである．しかし，わが国をはじめ多くの国々の都市システムは都市の階層構造が支配的である．

とはいえ，市町村間の人口移動はきわめて複雑であり，中心都市の階層構造を理解するのは容易ではない．中心都市の階層構造として一般に考えられるのは，人口流出型の市町村（タイプ①）を底辺として，その上に地方中小都市，県内中心都市（県庁都市），広域中心都市，東京特別区が配置される構造である．しかし，現実の中心都市の階層的配置のすべてがこのように整然とした配置を示すわけではない．人口流出型の市町村に属するのは農村的な町村だけでなく人口3万人以上の都市も含まれるし，上述したように，都市的サービス機能をもつ通勤中心地が含まれる場合もある．また，人口移動における人口流出型の町村と地方中小都市との中間に通勤中心地が介在して，一つの階層を形成する可能性も皆無とはいえない．人口移動における最大純移動先の分析においても，地方中小都市に従属する小規模な中心都市が現れることもある．たとえば，十和田市の上位都市は八戸市で，八戸市の上位都市は青森市となる．しかし，これらの地方中小都市が2階層をなす構造は全国に一般的にみられる現象ではなく，地方中小都市を2階層に区分して考えるのは適当とはいえない．

もう一つ問題になるのは「平成の大合併」の影響である．非合併のために小規模町村が多く存続する地域では，二つ以上の町村の最大（総および純）移動先となって容易に中心都市の資格を得ることができるが，大規模合併によって最大（総および純）移動先となるべき町村が市域に編入された場合には，中心都市の資格を得ることは困難となり，県によっては地方中小都市の発達が著しく弱い場合もある．

したがって，中心都市の階層関係をより深く検討するするためには，地方中小都市からなる通勤中心地（2000年）を下位中心都市として，その最大総移動先（2010年）を求めるのが有効である．上述したように，人口移動の中心都市には

地域の中心地以外のものが含まれるし，通勤中心地（2000年）を用いるのは市町村合併の影響が強い2010年の通勤資料が通勤中心地の分析に利用できないためである[1]。人口移動における最大総移動先が自中心地よりも人口の小規模な市町村となる場合には上位都市とはいえないので，人口が同規模以上の第2位，第3位の総移動先をもって上位都市とする[2]。本研究では，周辺の二つ以上の通勤中心地の上位都市となる場合を上位中心都市とし，上位中心都市に従属する通勤中心地を下位中心都市と呼ぶことにする。

　表I-9は，通勤中心地（2000年）を下位中心都市と考え，それを人口規模によって区分し，最大移動先の上位都市を上位中心都市と考えて都道府県ごとに示したものである[3]。東京特別区に従属する下位中心都市のなかには，広域中心都市や県庁都市，さらには東京近辺の基礎的な通勤中心地が含まれるので，一表には明示していないが—中心都市の階層構造を理解することができる。表によると，県庁都市を上位中心都市として県内にいくつかの下位中心都市をもつ県が多いが，青森県や群馬県，福岡県などのように二つ以上の上位中心都市をもつ県もある。その一方では，埼玉県，神奈川県，山梨県，奈良県のように，上位中心都市をまったく欠く県もある。山梨県では甲府市に属する通勤中心地は身延町だけであり，甲斐市と山梨市もそれぞれ一つだけの通勤中心地をもつので，上記の定義では上位中心都市とはいえない。甲府市は東京特別区を上位都市とする。静岡県では浜松市と沼津市が上位中心都市となるが，静岡市に属する通勤中心地は藤枝市だけなので，上位中心都市の資格をうることができない。広域中心都市の場合には，北海道の札幌市を除いて，他県の県庁都市を従属することになる[4]。

　表I-9において注目されるのは，青森県や福島県など一部の例外を除くと，東京から離れた地方圏の県庁都市では多くの下位中心都市を従属させる上位中心都市が多いことである。それに対して，大阪市に属する下位中心都市の数は8しかなく，広域中心都市と比べても極端に少ない。本章2節でも述べたように，大阪市の衰退のために総移動数自体が減少しており，奈良県，和歌山県および三重県の一部に下位中心都市をもつだけである。兵庫県では，大阪市は神戸市の最大総移動先になるだけで，他の下位中心都市を含まない。京都府は大阪市とは無縁といってよく，京都市は東京特別区を上位都市とする[5]。

　もう一つ注目されるのは，北海道では旭川市を除くすべての通勤中心地が，人

表 I-9　各都道府県における上位中心都市と下位中心都市との関係

都道府県	上位中心都市		下位中心都市			
			3万人未満	3万〜10万人	10万〜20万人	20万〜50万人	50万人以上
北海道	札幌	19.5	留萌, (富良野), 深川, 砂川, 江差町, 倶知安町, 岩内町, 余市町, 土別, (富良野)	網走, 滝川, 伊達, 室蘭, 岩見沢, 千歳	釧路, 帯広, 北見, 苫小牧	函館, 旭川*	
	旭川	2.5		名寄			
青森	青森	3	五戸町	五所川原, むつ, 三沢, 十和田	弘前	青森*, 八戸, 盛岡*, 秋田*, 郡山*, 山形*, 福島*	
	八戸	3					
岩手	盛岡	8	二戸	大船渡, 久慈, 宮古, 北上	花巻, 一関, 奥州		
宮城	仙台	13		白石, 気仙沼, 登米, 栗原	石巻, 大崎		
秋田	秋田	6		北秋田, 能代, 横手, 大館, 由利本荘, 大仙			
山形	山形	6	長井	新庄, 寒河江, 米沢	鶴岡, 酒田		
福島	福島	2		二本松, 南相馬, 田村, 本宮, 白河, 須賀川	会津若松		
	郡山	5					
茨城	水戸	2		常陸大宮, 常総	日立, 土浦		
	つくば	2					
栃木	宇都宮	3		日光, 真岡	小山		
群馬	前橋	5	草津町, 中之条町	沼田, 渋川, 藤岡, 富岡, 大泉町, 館林	桐生	伊勢崎*, 高崎*, 前橋*	
	高崎	4					
	太田	2				太田*	
	伊勢崎	2					

					市原	札幌*, 仙台*, 宇都宮*, 千葉*, 横浜*, 八王子, 新潟, 静岡*, 相模原, 浜松, 名古屋*, 京都*, 大阪, 広島*, 福岡*
						水戸, つくば*, 富山, 金沢, 熊谷, 平塚, 厚木, 長野, 甲府, 高松*, 高知*, 富士, 沼津*, 那覇*
千葉	千葉	3		茂原, 東金	館山, 匝瑳, 龍ヶ崎, 石岡, 鹿嶋, 都留, 北杜, 守谷, 神栖, 旭, 香取, 秩父, 本庄, 東松山, あきる野, 韮崎, 甲州, 富士吉田, 茅野, 御殿場	筑西, 成田, 青梅, 藤小田原, 甲府, 藤枝
東京	東京特別区	54				
新潟	新潟	13	阿賀野町	阿賀野, 魚沼, 柏崎, 十日市, 村上, 燕, 佐渡, 南魚沼	三条, 新発田	長岡, 上越*
	上越	2		糸魚川, 妙高		
富山	富山	2		魚津	高岡	
石川	金沢	4	羽咋	七尾		
福井	福井	3		小浜, 敦賀, 越前	小松	福井*
長野	長野	8	飯山, 大町, 木曽町	中野, 須坂, 伊那	上田, 飯田, 佐久	松本*
	松本	2				
岐阜	岐阜	5	揖斐川町	美濃, 郡上, 関	大垣	
静岡	浜松	2		湖西	磐田	
	沼津	2	西伊豆町		三島	
愛知	名古屋	19		下呂, 瑞浪, 高山, 中津川, 美濃加茂, 可児, 恵那, 田原, 新城	多治見, 半田, 刈谷, 桑名, 安城, 豊川	津*, 岐阜*, 豊橋*, 一宮, 豊田, 四日市, 岡崎
	豊橋	3			豊川	
三重	津	4	尾鷲, 熊野		松阪, 伊勢	

県	中心都市	数	町村			
滋賀	大津	4		甲賀, 高島, 草津, 近江八幡	長浜, 彦根, 東近江	大津*
京都	京都	8	宮津	福知山, 舞鶴, 京丹後		
大阪	大阪	8	大淀町	橋本, 名張, 伊賀	橿原	奈良, 和歌山*
兵庫	神戸	8	作用町	洲本, 丹波, 豊岡, 朝来, 淡路, 宍粟	三田	加古川, 神戸*
	姫路	2				姫路*
和歌山	和歌山	5	御坊, 串本町	新宮, 海南, 田辺		
鳥取	鳥取	2		倉吉	米子	
島根	松江	6	隠岐の島町	安来, 雲南, 浜田, 益田	出雲	
岡山	岡山	6		高梁, 新見, 備前, 真庭	津山	倉敷, 岡山*
広島	広島	17	安芸太田町, 大崎上島町, 世羅町	庄原, 安芸高田, 三次, 柳井	鳥取*, 松江*, 山口*, 三原, 東広島, 岩国, 広島, 尾道	呉, 福山
	福山	3		府中, 井原		
山口	山口	5		長門, 萩	宇部, 防府, 周南	
徳島	徳島	3	三好	美馬, 阿南		
香川	高松	4	土庄町	坂出, 観音寺	丸亀	高松*
愛媛	松山	10	久万高原町, 愛南町	八幡浜, 大洲, 宇和島, 四国中央, 西予	今治, 西条	松山*

2. 人口移動からみたわが国の都市システム　33

高知	6	安芸, 須崎, 宿毛, 奈半利町, 四万十町	四万十			
福岡	14	壱岐	朝倉, 伊万里	大牟田, 飯塚, 唐津	久留米*, 大分*, 宮崎*, 下関	佐賀*, 長崎*, 熊本*, 北九州*, 鹿児島*
北九州 4 久留米 2			直方, 田川, 行橋 柳川, 八女		佐賀*,	
佐賀	2		鹿島, 武雄			
長崎	6	新上五島町	島原, 五島, 南島原	諫早	佐世保	
熊本	10	水俣, 阿蘇, 高森町, 多良木町	人吉, 玉名, 山鹿, 菊池, 天草	八代		
大分	7	竹田	豊後大野, 国東, 中津, 日田, 佐伯, 宇佐			
宮崎	6	高鍋町	小林, 日南	都城, 延岡		
鹿児島	9	湧水町, 徳之島町	指宿, 南さつま, 出水, 薩摩川内, 奄美	鹿屋, 霧島		
沖縄	3		名護, 宮古島	沖縄		
合計	374	51	176	69	54	24

注1) 下位中心都市を二つ以上もつ上位中心都市だけを示す.
注2) *印は上位中心都市の資格をもつもの.
注3) (富良野) は札幌市と旭川市に同数でもって従属する.
注4) 山梨県では甲府市が上位中心都市でないため, 身延町は通勤中心地を示すため, 表1-8に掲載されていない都市 (市町) が含まれる.
注5) 下位中心都市は通勤中心地を示すため, 静岡県の藤沢市や富山県の砺波市が掲載されないのも同様の理由による.
資料：国勢調査 (2000年, 2010年) による.

口移動においては札幌市に従属する下位中心都市となることである。北海道では市町村面積が広く通勤中心地が形成されにくいこともあるが，旭川市が名寄市と士別市を従属する上位中心都市となるだけで[6]，函館，帯広などの中心都市が周辺の通勤中心地の最大総移動先にはなることなく下位中心都市に甘んずるので，広大な北海道の大部分の地域が札幌市の勢力圏に含まれる。北海道では地方中小都市が通常の県内中心都市を超えて広域中心都市と結合しており，地方中小都市と上位中心都市・札幌市との関係は空間的には疎遠なものとみることができる。北海道がいくつかの県に分割されるとすれば，旭川や函館，帯広などが県庁都市として上位中心都市に成長するであろう[7]。

　以上のように，表I-9によって地方中小都市からなる下位中心都市と県内中心都市（県庁都市）との関係が理解される。通勤中心地を一つしかもたない都市（高岡市，甲府市，静岡市）は上位中心都市とはいえないので，表I-9には記していない。上述したように，その中には中間階層的な都市も含まれるが，全国的には少数に限定され，中間階層としてはとりあげない。

　最後に，将来の人口減少のもとで各中心都市がどのように変化するかについても考察してみた。各中心都市は2010～40年間においてどのように人口が減少するかを予測することは可能である。それによると，表I-4に示したのと同様に，小規模な中心都市ほど人口増減率が低いことになる。下位中心都市のうちでは3万人未満の市町が平均-40.8%減少するのに対して，3万～10万人の都市は-28.1%，10万～20万人の都市は-21.0%，20万～50万人は-19.3%，50万人以上は-10.7%となる。これに対して，上位中心都市の平均人口増減率は-15.0%にとどまるが，その増減率は20万～50万人の下位中心都市とほとんど変わらないことになる。つまり，人口20万～50万人の都市では下位中心都市であっても上位中心都市であっても，人口増減率にはほとんど差がなく，都市機能においても明瞭な差異は認められないものとなる。

　このように小規模な下位中心都市ほど人口増減率が低く，急速に人口が減少することは，その多くが下位中心都市の機能を喪失することを意味する。下位中心都市がなくなるとそこから都市的サービスの供給を受ける多くの住民が，その圏域で就業する農村部の人たちの生活を奪うことになり，国土交通省の「国土のグランドデザイン2050」が示すように，無住地域が大きく拡大する可能性がある。

(2) 県内中心都市と広域中心都市の階層的関係

クリスタラーの中心地理論では，均等に分布する農村的町村に都市的サービスを供給する中心地が等間隔に分布して規則的な階層構造を形成するが（クリスタラー著1968），わが国では農村人口は不均等に分布するし，都市は農村部の需要と密接に関係することなく封建社会のなかで形成され，近代的な国家組織に組入れられて，今日のような階層構造をもつようになった。したがって，地方中小都市のレベルにおいても著しい地域差があり，上述したように，地形的な関係から地方中小都市がさらに小規模な地方中小都市を従属させる場合も起こりうる。しかし，それらは全国的にみられる一般的な現象ではなく，独立した階層の中心地を形成しているとはいい難い。

県内中心都市のなかに県庁都市以外の都市が含まれる県があるが，なかには，八戸市が青森市を上位都市とするように，県内の上位中心都市を上位都市とするものもある。上位中心都市のなかにもランクがあり，副次的中心都市が存在する[8]。また，県内中心都市と広域中心都市との関係も単純ではない。広域中心都市については一般に「札仙広福」の名で知られるが，4市の規模や機能は同一ではない[9]。上述したように，北海道では札幌市，旭川市，函館市，帯広市が大規模中心都市をなし，旭川市が辛うじて上位中心都市になるだけで，函館市と帯広市は地方中小都市を従えることなく，3市はいずれも札幌市を上位都市とする。したがって，少なくとも，函館市，帯広市は一般の県庁都市よりも低いレベルにとどまるものと考えられる。

仙台市は東北地方の他の5県の中心都市の最大純移動先となり，福岡市の場合にも九州地方の他の6県の県庁都市すべての最大純移動先となる。北九州市は福岡市と東京特別区とを上位都市とする。これに対して，広島市の場合には，松江市，岡山市，山口市の最大純移動先ではあるが，鳥取市の最大純移動先では米子市，岡山市，広島市の3市が競合する。他の広域中心都市の周辺地域には人口の流入がみられる市町が多く存在するが，広島市の周辺には少ないし，高次都市機能[10]従業者は仙台市よりもやや少ない。

このほか，四国では高松市を最大純移動先とする都市に徳島市，松山市，高知市があり，高松市は広島市と類似する。ただし，広島市の上位都市は東京特別区であるのに対して，高松市の上位都市は松山市で，松山市と高松市の間に

は相互依存関係があり，高次都市機能従業者数では松山市の方がやや多い[11]。そのほか，金沢市は福井市の上位都市となるが，富山市に対しては総移動数は最大となるだけで，最大の純移動先ではない。以上の結果からすると，福岡市をはじめ札幌市と仙台市が有力な広域中心都市をなし，広島市はそれに次ぐ。高松市は広域中心都市とみなすことができるとしても，さらに低い地位にあるとみることができる。

　大阪市や名古屋市も広域中心都市の一種とみなされる。表には示していないが，大阪市を上位都市とする県庁都市は神戸市，奈良市，和歌山市だけで，大津市は京都市との関係が圧倒的に強い。名古屋市に従属するのは岐阜市と津市だけで，静岡市も浜松市も東京特別区を上位都市とする。したがって，大阪市も名古屋市も広域中心都市以上に広い圏域をもった都市とはいえない。石川（2001：135）が指摘したように，大阪市の衰退は著しく，1980年の時点（森川1985）と比べると人口移動圏は大きく縮小し，純移動数の減少は目を見張るものがあり[12]，活力に富む名古屋市とはきわめて対照的である[13]。

　しかも，広域中心都市間には改良プレッド型構造がみられる。先に指摘したように，大規模な都市になると垂直的連結関係以外に水平的関係が発達する。仙台市では，東北地方の県庁都市（総移動数は盛岡市の8,145人から福島市の4,520人まで）を除くと，総移動数は東京特別区（19,469人），横浜市（8,101人），札幌市（5,596人），名古屋市（2,734人）の順となり，仙台市・札幌市間の総移動数は仙台市・名古屋市間を超える。同様に，広島市では東京特別区（10,892人）に次ぐのは福岡市（5,829人）で，横浜市（4,548人）や大阪市（3,917人）よりも多い。大阪市では，東京特別区，神戸市，京都市を除くと，名古屋市（6,415人），横浜市（6,308人），福岡市（4,453人），広島市（3,917人）の順となる。上述したように，四国では高松市が広域中心都市的な位置にあるが，県庁都市相互間の人口移動が卓越する。四国の県庁都市間の総移動数を超えるのは，東京特別区のほかには松山市・広島市間（3,459人）と高松市・岡山市間（2,984人）だけである。高松市・広島市間は2,463人で，高松市・岡山市間に次ぎ，高松市・大阪市間（2,111人）よりは多い。

　東京大都市圏を跨ぐ仙台市・広島市間（952人）や仙台市・福岡市間（1,463人），仙台市・大阪市（1,117人）の総移動数は少ないところから，プレッド型

構造が成立するとはいえないが，札幌市・仙台市間や広島市・福岡市間，広島市・高松市間の連結関係は緊密であり，改良プレッド型構造が認められる。1980年の時点では大阪市・東京特別区間や大阪市・広島市間の総移動数は名古屋市・東京特別区間や福岡市・広島市間の総移動数よりも多かったが（森川1985），大阪市の衰退によって改良プレッド型構造が顕在化してきたものと考えられる[14]。近隣の広域中心都市間には全国主要都市を渡り歩く転勤族も多く[15]，緊密な連結関係が保持されているものと推察される。したがって，将来道州制が導入されて道州間の交流が増大する場合には，広域中心都市間の水平的な人口移動がさらに増加する可能性があるだろう。大都市になると，東京大都市圏のような巨大な人口吸引力をもつ地域を除くと，垂直的連結関係以外に水平的連結関係も発達するのは重力モデルからも説明されるが，それはクリスタラー型の階層構造の存在を否定するものではない。

　なおもう一つ考えられるのは，東海道メガロポリスの存在である。東京〜大阪間では，メガロポリスの定義にみられるように，線状に連なる大都市が星雲状構造（nebula structure）をなしているとはいえないが，緊密に連結したネットワークが形成され，森川（1985, 1994）で指摘した頃に比べて，地域的ネットワークは強化されているようにみえる。上記のように，大阪・名古屋両市間の人口移動数は1980年頃に比べて増大してはいないが，滋賀県の発展にはめざましいものがある。滋賀県の社会増加率は高く，2010〜40年の人口予測でも-7.2％の減少にとどまり，人口増減率も沖縄県（-1.7％），東京都（-6.5％）に次いで高いといわれる。

(3) 三大都市（東京，大阪，名古屋）間の関係

　先にみたように，大阪市と名古屋市の人口移動圏や人口吸引圏は狭く，広域中心都市との間に大差があるとは思えない。これに対して，東京特別区を上位都市とする県内中心都市は，広域中心都市と緊密な関係にあるものを除くと全国に広がり，東京特別区の首位都市卓越性は著しく高い[16]。

　三大都市の人口移動圏を比較すると，名古屋市との総移動数が多いのは，愛知県内の市町のほかには岐阜県，長野県南部，静岡県西半部，伊賀地方を除く三重県に限定され，大阪市の場合には，三重県の伊賀地方を含む近畿地方のほか，中国・四国地方では東京特別区と競合するところが多い。岡山県の市町村において

東京特別区，大阪市，広島市の三大都市に対する総移動数を比較すれば，広島市が卓越する市町村は 13，大阪市が 11，東京特別区は 3 市町となり，都市部ではとくに広島市に対する総移動数が多いのが注目される。広島県で東京特別区と大阪市との総移動数を比較した場合には，18 対 5 で東京との関係が強い市町が多く，大阪市と緊密な関係にあるのは小規模町村に限定される。

一方，徳島県の市町村において主要都市との総移動数を比較した場合には，高松市が卓越する市町村が 14，大阪市が 8，東京特別区が 2 市町村となり，大阪市との関係が強い市町村が意外と多い。ただし，人口の多い都市部では高松市との関係が強いのに対して，大阪市との関係が強いのは町村部である。転勤族が多い都市部の人口移動では高松市との関係が緊密であるが，町村部では大阪市との伝統的な関係が残存するものと推測され，人口移動圏が移行過程にあるものと考えられる。

三大都市に対する転出入状況は表 I-10 ～ 表 I-12 によって明らかとなる。表 I-10 に示すように，東京特別区は全国の人口 100 万人以上の 8 市からそれぞれ 1,000 人を超える人口を吸引しており，人口 20 万人以上の都市からも人口流入が多いが，小規模な市町村では減少する。東京特別区からの転出超過がみられるのは東京周辺の都市がほとんどで，全国の大都市から人口を吸引するとともに，過密となった人口の一部を周辺市町に分散している。

これに対して，大阪市に 100 人以上転出超過を示す都市は大阪市の勢力圏内にほぼ限定され，勢力圏内の都市でも東京大都市圏や名古屋市に対しては転出超過となる（表 I-11 参照）。名古屋市の場合には，狭い勢力圏内に限定されることなく，大阪市以上に全国の主要都市から人口を吸引しており，名古屋市から東京大都市圏に対しては流出するものの，人口流出を示す勢力圏内の都市は大阪市に比べて少ない（表 I-12 参照）。このようにして，東京特別区の人口吸引力は大阪市（表 I-11）や名古屋市（表 I-12）に比べてはるかに強大といえる。大阪市の活力は 1980 年頃に比べて著しく低下しており，この分析においても三大都市のうち大阪市の人口吸引力はきわめて脆弱なものといえる[17]。

表 I-13 によって三大都市の総移動数をみると，東京特別区（161 万人）と横浜市（72 万人）を加えた東京大都市圏の総移動数は 233 万人で，名古屋市や大阪市の 47 万人の 5 倍以上となり，人口吸引力では 9.7 万人の転入超過で[18]，名古

2. 人口移動からみたわが国の都市システム

表 I-10　東京特別区に対する人口移動

市町村人口規模	東京特別区からの転入超過					東京特別区への転出超過			合計
	3000人以上	1000~3000人	100~1000人	1~100人	0~100人	100~1000人	1000~3000人	3000人以上	
100万人以上	川崎, 横浜, さいたま (3)					広島, 仙台, 名古屋, 神戸, 福岡, 京都, 札幌 (7)		大阪 (1)	11
50~100万人	川口, 船橋 (2)	千葉, 八王子 (2)			浜松 (1)	姫路, 静岡, 新潟, 宇都宮, 熊本, 鹿児島, 岡山, 九州, 松山, 北, 東, 相模原, 大阪 (11)	堺 (1)		17
20~50万人	松戸 (1)	町田, 調布, 柏, 越谷, 藤沢, 府中, 那覇, 草加 (7)	茅ヶ崎, 川越, 所沢, 大和, 松本, 平塚, 上尾, 春日部, つくば, 高崎, 太田, 豊田 (12)	水戸 (2)	沼津, 宮崎, 上越, 呉, 佐賀, 豊橋, 松江, 長岡, 富山, 横須賀 (10)	伊勢崎, 加古川, 岡崎, 福山, 明石, 佐世保, 倉敷, 津, 徳島, 大分, 一宮, 春日井, 旭川, 大津, 福島, 寝屋川, 熊谷, 和歌山, 岐阜, 高知, 八尾, 高松, 長野, 厚木, 八戸, 函館, 郡山, 市原, 宝塚, 前橋, 高槻, 盛岡, 茨木, 秋田, 枚方, 金沢, 尼崎, 奈良, 吹田, 豊中, 福井, 富士, 四日市, 久留米, 山形 (49)	西宮, 市川 (2)		83
10~20万人		13	21	22	59	41			156
3~10万人		6	52	148	294	16			516
1~3万人			10	214	238				464
1万人未満			7	280	184				471
合計	6	28	102	668	786	117	10	1	1,718

注1）市町村合計が 1,718 となり、全市町村数（1,727）と一致しないのは東京特別区への人口移動を欠く市町村が含まれるため。
資料：国勢調査（2010年）による。

40　I　人口減少時代の到来と都市システムの構造

表 I-11　大阪市に対する人口移動

市町村人口規模	大阪市からの転入超過					大阪市への転出超過				合計
	3000人以上	1000～3000人	100～1000人	1～100人	0～100人	0～100人	100～1000人	1000～3000人		
100万人以上	東京特別区		横浜、川崎、神戸、名古屋、さいたま			札幌	仙台、福岡、広島	京都		
	(1)		(5)				(3)			11
50～100万人	堺		川口、船橋、浜松、千葉、八王子	静岡、宇都宮、相模原、新潟、鹿児島		岡山、松山、姫路、北九州	熊本	東大阪		
	(1)		(5)	(5)		(1)		(1)		17
20～50万人		西宮、豊中、尼崎	吹田、茨木、宝塚、高槻、明石、市川、八尾、豊田、松戸、宮崎、春日井	那覇、大分、大津、加古川、松本、金沢、つくば、柏、町田、横須賀、岡崎、平塚、枚方、八戸、盛岡、富山、いわき、岐阜、調布、府中、富士、下関、山、高崎、藤沢、大和、呉、福山、水戸、豊橋、厚木、太田、市谷、福山、佐世保、青森、秋原、上越、長岡、沼津、長野、長崎、倉敷、茅ヶ崎、春日部、松江、福井、寝屋、函館、佐賀、久留米、川、前橋、伊勢崎、草加	高松、徳島、和歌山、奈良				
		(3)	(11)	(38)	(27)	(4)				83
10～20万人			12	97	41	6				156
3～10万人			8	265	235	7				515
1～3万人			1	236	200					437
1万人未満				202	158					360
合計	2	3	42	843	666	21		2		1,579

注1）市町村合計が1,579となり、全市町村数（1,727）と一致しないのは大阪市への人口移動をなく市町村が含まれるため。
資料：国勢調査（2010年）による。

表 I-12 名古屋市に対する人口移動

市町村人口規模	名古屋市からの転入超過				名古屋市への転出超過			合計
	1000～3000人	100～1000人	1～100人	0～100人	100～1000人	1000～3000人		
100万人以上	東京特別区、横浜	川崎、さいたま			大阪、広島、神戸、京都、仙台、札幌	福岡		11
	(2)	(2)			(6)	(1)		
50～100万人		船橋	千葉、川口、相模原、八王子	宇都宮	松山、姫路、北九州、堺、東大阪、熊本、鹿児島、新潟、岡山、静岡、浜松			17
		(1)	(4)	(1)	(11)			
20～50万人	春日井	一宮、豊中、吹田、町田、藤沢、柏、調布	府中、川越、西宮、所沢、熊谷、宝塚、茅ヶ崎、平塚、つくば、越谷、いわき、上越、伊勢崎	市原、倉敷、大和、松戸、加古川、太田、旭川、山形、高崎、横須賀、呉、那覇、八戸、上尾、明石、下関、枚方、水戸、草加、富士、厚木、秋田、館、八尾、松本、高槻、茨木、佐世保、宮崎、佐賀、郡山、市川、沼津、大分、盛岡、福島、青森、前橋、寝屋川、奈良、徳島、久留米、松江	長崎、福山、高松、富山、和歌山、高知、尼崎、福井、長野、大津、岡崎、豊橋、津、四日市、金沢、豊田*、岐阜		83
	(1)	(7)	(13)	(45)	(17)			
10～20万人		8	44	92	12			156
3～10万人	3	13	173	316	11			516
1～3万人		3	155	295				453
1万人未満		1	159	214				373
合計	6	35	548	962	57	1		1,609

注1) 市町村合計が1,609となり、全市町村数 (1,727) と一致しないのは名古屋市への人口移動をもたない市町村が含まれるため。
資料：国勢調査 (2010年) による。

表 I-13 四大都市間の人口移動（単位1000人）

	人口移動合計		自都府県内移動		自都府県内最都市との移動		大都市間の人口移動							
							東京特別区		横浜市		名古屋市		大阪市	
	A	B	A	B	A	B	A	B	A	B	A	B	A	B
東京特別区	1609.8	36.9	198.1	-21.8	19.3	-1.6	—		106.5	-7.7	28.3	2.7	21.5	4.5
横浜市	716.5	60.2	197.0	-5.2	72.5	3.0	106.5	7.7	—		12.6	1.5	6.3	0.9
名古屋市	465.3	15.7	167.1	-12.2	17.0	-1.9	28.3	-2.7	12.6	-1.5	—		6.4	0.2
大阪市	464.5	-12.4	178.0	-8.1	26.2	-3.8	21.5	-4.5	6.3	-0.9	6.4	-0.2	—	

A：総移動量，B：純移動量
資料：国勢調査（2010年）による．

屋市の1.6万人の6.2倍にも達する．大阪市は1.2万人の転出超過で，人口吸引力はマイナスである．大阪市の人口吸引力は第一次石油危機（1973年）以後低下し[19]，その後回復することなく地盤沈下を続けている．したがって，三大都市圏は同列に位置するのではなく，東京大都市圏だけが支配的な大都市圏であって，大阪市や名古屋市との差は大きく，大阪・名古屋両市は福岡，札幌，仙台，広島のような広域中心都市とほぼ同列に位置する広域中心都市の一種と考えられる．大阪・名古屋両市は全国の主要都市との移動数が多いが，総移動数や純移動数は広域中心都市と比べてとくに大きいとはいえない（表I-20参照）．

　以上の考察の結果，中心都市間の階層関係に広域中心都市間の水平的関係を加えた上述の説明を概念的に描けば，―地方中小都市は市町村合併の影響などもあって明確な資料が得られないので省略するが―図I-3のように，改良プレッド型構造をもった国家的都市システムの輪郭が明らかとなる．広域中心都市の中でも福岡市と広島市の間にはランクの差がある．県庁都市においては，①広域中心都市を上位都市とするもの，②東京特別区に直接従属するもの，③大都市圏内にあって県内中心都市の役割を欠くものがあり，都市機能の上にもその特徴が反映されるはずである．

　ところで，将来リニア新幹線が開通してスーパー・メガリージョンが形成されたときには三大都市の関係はどのように変化するであろうか．最高次の都市機能の東京集積は継続するであろうが，バックオフィス的な施設は大阪・名古屋両市

2. 人口移動からみたわが国の都市システム　43

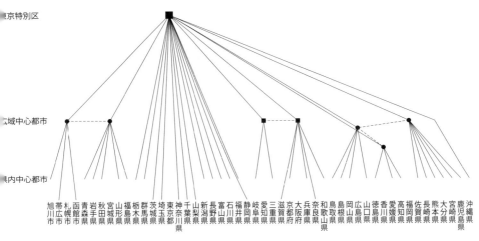

図 I-3　わが国における国家的都市システムの概念図（中小都市を除く）
実線：第1位の総移動先となる都市　破線：第2位の総移動先となる都市（ただし，周辺の小規模市町村との総移動量は除く）
広域中心都市の図形の違いはランクの差異を示し，県中心都市の位置の差異は県中心都市の特性の差異を示す．また，資料上の制約から最下段の地名は（北海道を除き）都府県名を使用する．
出典：森川（2016a）による（一部修正）．

への分散の可能性が高い．そして，それを機に人口交流社会が一層発展することになり，人口の東京一極集中をさらに増進する可能性も高い．また，スーパー・メガリージョンの出現は高次都市機能の集中地域として国土の中央・周辺部間の地域格差を一層顕在化するであろう．

［注］
1) このなかには特殊なケースも含まれる．例えば尾道市(2000年)は通勤中心地でなかったが，通勤中心地であった因島市が尾道市と合併したため，2010年には通勤中心地として評価された．
2) 「同規模以上」の判定は難しく，前橋市と高崎市は相互に上位都市とした．なかには，最大総移動先は人口の多い都市ではあるが，その都市自身は通勤中心地でなく，中心都市といえない場合もある．
3) 本節の骨子は森川（2016a）によるが，下位中心都市の資格条件としては人口移動の

中心都市よりも通勤中心地が適当と考えるため，表 I-9 をその発表後に作成した。
4) 福井市の上位中心都市となる金沢市，高松市の上位中心都市となる松山市は例外といえる。松山市は第 1 位総移動先は今治市，第 2 位が高松市，第 3 位が広島市で，広島市が上位都市となる。
5) 京都市の大阪市・東京特別区との総移動数とみると，2010 年には東京特別区の 13,377 人に対して大阪市は 11,937 人であるが，2000 年には 12,713 人に対して 12,733 人で，わずかながら大阪市との総移動数が多かった。大阪市の衰退過程を示すものといえる。
6) 名寄市と士別市の総移動数は札幌市よりも旭川市の方が多く，富良野市の総移動数 1,132 人は旭川市と札幌市が同数である。なお，士別市は通勤中心地ではあるが，人口移動の中心地とはならないので，表 I-8 には含まれない。したがって，旭川市は著者の設けた規準によると，辛うじて上位中心都市とみることができる。
7) 「北海道を複数の「県」に分割—自民党議員の発言から予想図の作成—」（http//news.livedoor.com/article/detail/10664020/）による。ただし，道東の県庁所在地は帯広市ではなく釧路市とする。
8) 八戸市のほかにも，太田市は伊勢崎市，伊勢崎市は前橋市，上越市は新潟市，松本市は長野市，豊橋市は名古屋市，姫路市は神戸市，福山市は広島市，北九州市と久留米市は福岡市をそれぞれ上位都市とする副次的上位中心都市といえる。福島市と郡山市，前橋市と高崎市はそれぞれ対等の関係にあり，静岡市，浜松市，沼津市もそれぞれ東京特別区を上位都市とするので，3 市間の関係はほぼ対等といえる。
9) Murayama（2000：106, 112）は広域中心都市以上の都市を東京，大阪，福岡，名古屋，札幌，仙台としており，広島は含まれない。日野（2001）も，1980 年代以降における広島の衰退と福岡の成長を指摘している。ただし，阿部（2015）によると，広島の支所数は福岡，仙台に次ぎ，札幌よりも多いという。
10) 本論では平成 21 年経済センサス基礎調査における情報通信業（G），金融業・保険業（J），学術研究，専門・技術サービス（L）の従業者数を合計したものを高次都市機能と呼ぶことにする。
11) 高松市の高次都市機能従業者数（2009 年）は 20,430 人（松山市は 22,098 人）で，広島市の 59,153 人との間には 11 市があり，決して高いとはいえない。
12) 1980 年には大阪市の人口移動圏に属した小浜，長浜，豊岡，新宮などの都市は，2010 年にはすべて大阪市に結節流を向けることなく，その圏域外に属する。先にみた高い 5 年前常住地不詳率が影響しているかも知れない。
13) 大阪市の人口増減率（2005〜10 年）は 1.4%，財政力指数（2010 年度）0.94 に比べて，

名古屋市は2.2%と1.04で，全国的にみても高い方である。また，高山市の最大総移動先が岐阜市を飛び越えて名古屋市であるのも，名古屋市の人口吸引力の強さを示す現象とみられる。
14) こうした関係はすでに2000年の時点でも認められており（森川2006），2000～2010年間にどれだけ変化したかは明らかでない。
15) 国家公務員だけでなく大企業の支店管轄圏も県や「地方」単位からなるものが多く，その圏域内での転勤が多いものと推測される。たとえば，広島・鳥取両市の総移動数は両市間の経済的関係に比べて多いように思われる。
16) とくに注目されるのは，情報通信業従業者（2010年）の42.6%が東京特別区に集中していることである。さらに藤本（2015）によれば，東京都の「情報通信」の売上高の対全国比率は57.1%であるという。東京都における「情報通信」の急成長は大阪市の衰退原因として強く影響したように思われる。
17) 豊田（2016）は，大阪圏では人口のロックイン効果が働き，経済的合理性を超えた過剰な人口が滞留しているとみる。
18) そのほかにも，東京大都市圏内には川崎市（3.0万人），町田市（2.6万人），八王子市（1.8万人），藤沢市（1.0万人）など転入超過が1万人を超える都市がある。
19) 国土交通省国土政策局総合計画課（2015）の図2による。

4) 地方都市の特性と人口の転出入パターン
(1) 人口規模と都市機能

　本節では最大純移動先からみた市町村の転出入パターンについて検討し，東京特別区に対してどのような人口移動がみられるかに注目する。人口移動は都市の人口規模だけでなく機能的特性とも関係するので，都市のもつ都市的機能や高次都市機能についても考察する。第Ⅲ章2節で述べる連携中枢都市圏構想では，三大都市圏を除く上位61市が地方圏の中心都市として指定されているので，まず61市を中心に考察したい。

　61市には札幌市の191.4万人（2010年）から松江市の19.4万人まで，人口的に大きな差があるばかりでなく，人口増減率（2005～10年）においてもつくば市（7.0%）と呉市（-4.4%）の間には著しい差異が認められる。さらに，都市的職業（2010年）[1]では福岡市の336,136人から伊勢崎市の28,788人まで，高次都市機能（2009年）では福岡市の109,513人から伊勢崎市の3,660人まで，そ

れぞれ大きな差異があり，同じような機能をもった同一レベルの都市集団とみることはできない。高次都市機能の比率が高いのはつくば市（21.9%）や那覇市（13.1%），福岡市（12.6%）であり，全従業者の10%を超えるものには県庁都市が多い。逆に低いのは伊勢崎市（3.9%），富士市（4.3%），太田市（4.4%），姫路市（4.9%）などである。

都市人口に都市的職業を加えて描いた順位曲線をみると，図 I-4 に示すように，上位10位までの都市が急速に低下するのに対して，それ以下の都市ではわずかな差をもって連続的に低下する。したがって，上位10位までの都市とそれ以下の都市とを人口によって2分することができる。しかし前者の都市グループにも差があって，①札幌市と福岡市，②広島市と仙台市，③北九州，新潟，浜松，熊本，静岡，岡山の6市のように3グループに細分される[2]。これら上位に位置する都市の多くは県庁都市であるが，北九州市や浜松市のように，県庁都市以外の都市も含まれる。高次都市機能についてみた場合には，上位4市のほかにも，高次都市機能従業者の上位25市のところにもやや段差がある。

「平成の大合併」時に誕生した政令指定都市や中核市，特例市[3]のなかには，大規模な市町村合併によって大幅な人口増加に努めた都市も多いので，都市的機

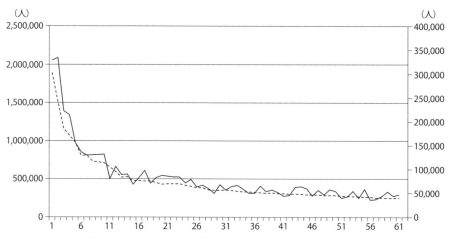

図 I-4 連携中枢都市の人口の順位曲線とそれに対応する高次都市機能の保有状況
 破線：人口の順位曲線（左目盛），実線：高次都市機能（右目盛）
 資料：経済センサス基礎調査（2009年），国勢調査（2010年）による．

表Ⅰ-14 人口規模別にみた市町村の主要業種（民営）従業者比率（%）

市町村 人口規模	G+J+L	D	E	H	I	M	N	P	R
100万人以上	11.4	6.9	10.2	6.2	23.1	10.7	4.4	8.8	10.0
50万～100万	7.2	7.7	14.7	6.5	23.0	9.9	4.7	11.1	8.1
30万～50万人	7.3	7.3	14.5	6.3	22.3	10.4	5.1	11.1	7.8
20万～30万人	7.4	7.2	16.8	6.1	22.1	9.9	5.2	10.9	7.5
10万～20万人	5.6	7.3	20.6	6.3	21.3	9.6	5.0	11.0	6.3
5万～10万人	4.3	8.1	22.5	6.1	21.4	9.2	5.1	11.0	5.5
3万～5万人	3.8	8.8	23.9	5.8	21.1	8.5	4.8	11.5	5.1
2万～3万人	3.2	9.6	23.0	5.3	21.0	9.0	4.7	11.9	4.9
1万～2万人	3.1	10.9	23.3	5.3	19.9	8.6	4.8	11.0	5.0
1万人未満	2.3	14.4	18.0	4.9	17.7	11.3	4.3	10.1	5.1
合　計	3.7	10.4	20.9	5.6	20.1	9.7	4.7	10.9	5.4
変動係数	1.01	0.50	0.58	0.62	0.24	0.70	0.53	0.48	0.46

注1）D：建設業，E：製造業，H：運輸，郵便業，I：卸売業，小売業，M：宿泊業，飲食サービス業，N：生活関連サービス業，娯楽業，P：医療，福祉，R：サービス業（他に分類されないもの），G+J+L：高次都市機能（G：情報通信業，J：金融業，保険業，L：学術研究，専門・技術サービス業）
注2）市町村名は2010年現在に調整．統計数値は2009年．
資料：経済センサス基礎調査（2009年），産業（小分類）別民営事業所数・従業者数―市区町村，国勢調査（2010年）による．

能を伴わない都市が含まれる可能性がある．しかし，都市人口と都市的機能の順位曲線を対比する限り両者の対応関係は良好で，各都市は人口に相応した都市的職業をもち，その地位にふさわしい都市機能をもつものといえる．

　もう一方では，人口20万人以上の都市が連携中枢都市圏の中心都市として適当かどうかが問題となる．高次都市機能についても検討すると，表I-14にみるように，人口20万人以上とそれ以下との間には高次都市機能において顕著な差が認められ，全産業従業者に対する高次都市機能従業者の比率が著しく低下する．東北地方の市町村を事例として高次都市機能を構成する業種ごとにみると，表I-15のように，情報通信業従業者は都市の小規模化に伴って急激に減少するのが注目される．わが国では大規模な都市ほど人口増加がみられ[4]，地方中小都市や農村部町村では人口減少が顕著であるが，それは高次都市機能の保有状況を反映したものと考えられる．

表Ⅰ-15 東北地方市町村の人口増減（2005〜10年）と高次都市機能（2009年）の保有状況（平均）

市町村規模	市町村数	平均人口	人口増減率%	G	J	L	高次都市機能合計	比率%
仙台市	1	(1,045,986)	2.0	22,537	18,457	20,363	61,357	11.2
30〜50万人	3	334,854	-2.1	2,612	4,620	4,186	11,418	7.3
20〜30万人	5	276,463	-2.0	2,943	5,257	3,258	11,457	8.6
10〜20万人	9	133,134	-4.0	458	1,413	997	2,868	5.0
3〜10万人	54	53,240	-3.5	76	403	320	799	3.7
1〜3万人	78	17,720	-5.4	15	85	108	207	3.0
1万人未満	78	5,737	-7.4	11	18	27	44	2.1

G〜Lは表I-14参照.
注1）2010年までに合併した川井町と本吉町については調整した．
資料：表I-14と同一．

（2）連携中枢都市の転出入パターン

このような状況を踏まえて61市の純移動についてみると，表I-16に示すように，27市（44.2%）が転出超過を示し，移動パターンによって次の五つのタイプに分類される．

A：近隣の都市から人口を吸引して東京特別区へ多くの人口を流出する広域中心都市．
B：広域中心都市への人口流出が最も多い近隣の都市．
C：近くに広域中心都市が存在しないため，東京特別区への転出超過が多い都市．
D：県内の市町村への転出超過が最も多い都市．
E：東京特別区からの転入超過がみられる都市．

タイプAには札幌市（東京特別区へ2,935人），仙台市（同2,477人），新潟市（同594人），岡山市（同723人），広島市（同1,560人），高松市（同310人），福岡市（同2,879人）が含まれ，札幌市，仙台市，広島市，福岡市は東京特別区に対して1,000人以上の人口を流出する．これらの広域中心都市は近隣の都市から人口を吸収しながら東京特別区に対して大量の人口を供給する巨大な「吸水ポンプ」の機能をもった都市である．

これに対して，タイプBは東京特別区への人口流出以上にタイプAの広域中心都市に対して人口を流出するもので，東北地方では青森市（仙台市へ1,332人，

表Ⅰ-16 連携中枢都市（61市）の人口移動パターン

	A	B	C	D	E	合計
転入超過	札幌, 仙台, 新潟, 広島, 高松, 岡山, 福岡	盛岡, 山形, 松江, 長岡, 富山, 金沢, 岐阜, 静岡, 浜松, 倉敷, 佐賀, 大分, 宮崎	宇都宮, 富士, 伊勢崎, 甲府, 松山	前橋, 津, 四日市	水戸, つくば, 高崎, 太田, 豊田, 松本	34
転出超過		函館, 旭川, 青森, 八戸, 秋田, 福島, 郡山, いわき, 上越, 福井, 沼津, 姫路, 和歌山, 呉, 福山, 下関, 北九州, 久留米, 長崎, 佐世保, 熊本, 鹿児島	長野, 鳥取, 徳島, 那覇	高知		27

A～Eは本文にて説明.
資料：国勢調査（2010年）による.

東京特別市へ 513 人）をはじめ 8 市すべての最大の流出先は仙台市であり，九州でも 9 市すべてが東京特別区よりも福岡市への流出が多い．札幌市や広島市なども同様の吸引力をもった都市といえる．県内の長岡市と上越市から人口が流入する新潟市や徳島市と高知市から人口が流入する高松市も同様の性格をもった小規模な広域中心都市である．岡山市の場合には倉敷市から人口流入があるだけで，広域中心都市としての性格は弱く，タイプ C との中間的存在である[5]．

タイプ C は付近に広域中心都市が存在しないため，東京特別区に直接人口を供給する都市である．松山市では広島市や高松市にも人口を供給するが，東京特別区への人口流出がやや多い．新潟市や岡山市の場合には，県内に人口 20 万人以上の連携中枢都市圏の中心都市がなかったならばこのタイプに含めることもできる．那覇市のような例外もあるが，宇都宮市や富士市，甲府市，長野市など東京の近くにある都市の多くがこのタイプに属する．

タイプ D は県内の近隣市町村への転出超過が東京特別市よりも多いものである．前橋市（高崎市へ），津市（松阪市へ），四日市市（菰野町へ），倉敷市（岡

山市へ），高知市（高松市へ）などがこれに属するが，前橋市と倉敷市は近隣の連携中枢都市圏の中心都市との人口交流が大きいのに対して，津市と四日市市は付近の小規模な都市との人口交流が盛んである[6]。東京特別市からの転入超過を示すタイプEには，水戸市（東京特別区から16人）やつくば市（同201人），高崎市（同170人），太田市（同150人）など東京周辺の都市のほかにも，豊田市（同47人），松本市（同336人），那覇市（同383人）がある。

以上のように，61の連携中枢都市圏の中心都市はそれぞれ機能を異にし，東京特別区に対する人口流出入の状況もさまざまである。タイプAとCは東京特別市への人口流出が多い「吸水ポンプ」であって，「人口のダム」の役目を果たしているとはいえない[7]。タイプEの都市では東京特別市から人口流入がみられるが，「人口のダム」ではなく，東京の溢出人口を受け止めているに過ぎない。

東京特別区との人口交流が緊密なのは広域中心都市（タイプA）であり，比較的小規模な中心都市（タイプB）は広域中心都市（タイプA）への人口流出が多い。ただし，広域中心都市から距離的に離れていて人口交流が乏しい都市（タイプC）には，東京特別区との直接的な人口交流が緊密となる。61市のうちではいわき市のように通勤圏を欠くものもあるが，多くは広い通勤圏をもった都市である。

（3）東北地方の市町村の転出入パターン

連携中枢都市圏の61の中心都市よりも小規模な人口20万人未満の地方都市の人口流出入パターンについて東北地方を事例として検討すると，次のように類型化される（表I-17）。

U：近隣の市町村から人口を吸引して東京特別区への人口流出が最も多い広域中心都市。

V：仙台市へ人口を最も多く流出している都市。10万人以上の都市では周辺市町村からの人口流入がある。

W：県内中心都市などへの人口流出が多い都市。タイプVと同様に，10万人以上の都市では周辺市町村から人口が流入する。

X：県内の市町村への人口流出が最も多いが，県内人口移動では転入超過をなす市町村。

Y：県内の市町村への人口流出が最も多く，県内人口移動でも転出超過をなす市町村。

表 I -17　東北地方における市町村の人口移動パターン

	U	V	W	X	Y	Z
20万人以上	仙台 (55)	青森 (11), 八戸 (6), 盛岡 (21), 秋田 (13), 山形 (8), 福島 (4), 郡山 (7), いわき (2)				
10〜20万人		弘前 (8), 花巻 (0), 鶴岡 (1), 酒田 (2)	一関 (3), 奥州 (1), 大崎 (4), 石巻 (3), 会津若松 (11)			
3〜10万人		十和田 (1), 北上 (1), 横手 (1), 湯沢 (1), 潟上, 南陽, 喜多方 (1), 相馬 (1), 南相馬 (2)	五所川原 (3), 三沢 (1), むつ (4), 宮古 (1), 久慈 (3), 釜石 (1), 白石 (2), 角田 (1), 能代 (3), 由利本荘 (1), 大仙 (2), 米沢 (4), 天童 (1), 東根 (2), 新庄 (6), 寒河江 (2), 白河 (3), 須賀川 (1)	(2)	12 (5)	11
1〜3万人		東北, 五戸, 大槌, 中山, 白鷹, 桑折, 矢吹, 美郷	陸前高田 (1), 長井 (1), 棚倉 (1), 石川 (1), 富岡 (1)	1	45 (7)	12
1万人未満		田舎館, 井川		3	61	9
合計	1	31	28	4 (2)	118 (12)	32

U〜Zは本文にて説明.
注1) U〜W欄の（カッコ）内の数字はその市町村への流入超過が最も多い市町村の数.
注2) X・Y欄の（カッコ）の数字は宮城県内の市町村で仙台市に転出超過となっている市町村 (仙台市を県庁都市とみなす). 塩竈市, 気仙沼市, 登米市, 栗原市, 柴田町は仙台市への流出超過を示すのでタイプYにとどめたが, タイプYとタイプVの厳密な判定は困難である.
資料：国勢調査（2010年）による.

Z：近隣の市町村から流入超過となっている市町村.

タイプUとタイプV, Wは表I-16のタイプAとタイプB, Cにそれぞれ該当する. タイプAに属するのは東北地方では仙台市だけであり, 東京特別区に対する転出超過は2,477人である. 仙台市の純移動は5,995人の転入超過であるが, 県内移動では441人の転出超過となり, 県内の名取市に対しては最大2,383人の転出超過となる.

表I-18に示すように, タイプVの都市の東京特別区に対する転出超過は平均

190人に過ぎず，21市（人口3万人以上）を合計しても3,685人となり，仙台市からの転出超過分の2倍にも達しない。タイプWの28市の東京特別市への転出超過の合計は1,011人に過ぎない。したがって，東北地方から東京特別市への転出超過において仙台市がいかに大きな役割を果たしているかがわかる。タイプVはまた仙台市に対して転出超過の最も多い市町村であり，東北地方では人口20万人以上の連携中枢都市圏の中心都市（仙台市を除く）はすべてこのタイプに属するが，人口3万人以上の通勤中心地だけでなく，人口1万人未満の田舎館村や井川町までもタイプVに属する。人口3万人未満でこのタイプに属する10市町村は，仙台市に対する人口流出が最も多いが，いずれも100人未満で，量的には多いとはいえない。これらの町村は県庁都市の周辺にあって，県庁都市や地方中小都市との人口交流の中では一方的な人口流出ではないため，人口流出数が少なくなっているのである。タイプVのうち人口3万人以上の21市では仙台市への人口流出が平均482人に対して，3万人未満の10町村の平均は35人に過ぎない。

タイプWは県内中心都市などへの転出超過は多いが，一つ以上の近隣辺市町村から最大の流出先となっている地方中小都市である。なかには新庄市のように，非合併の近隣6町村から人口を吸引するものもある。このタイプに属する28市町のうち20（64.5％）は県庁都市への人口流出を最大とするものであり，県庁都市に匹敵する郡山市をこれに含めると25（83％）となる。その一方では，西郷村への転出超過が最も多い白河市のように，特異なものもある。タイプWの都市では県内最大の流出先に対して平均173人の転出超過を示し，仙台市に対する平均196人の流出に及ばないのが注目される。

タイプXは県内の市町村への人口流出が最も多いが，県内移動は全体的には転入超過をなす6市町村のみである。それに対して，タイプYは県内のある市町村への転出超過が最も多く，県内人口移動でも転出超過をなすもので，農村部のほとんどの町村がこのタイプに属する。このタイプでは県内最大の転出先に対して平均114人，仙台市に対して平均33人の転出超過を示し，転出入合計でも県内移動においても転出超過であり，人口減少の一途をたどる町村といえる。その中には，黒石市やつがる市などのように，人口3万人以上の都市も含まれる。

タイプZは近隣の都市からの転入超過のみられる市町村で，滝沢村（現滝沢市）や多賀城市，本宮市などのように衛星都市として発展しているものが多い。

表I-18　東北地方における各人口移動パターンの平均値（単位：人）

タイプ	市町村数	合計 A	合計 B	県内移動 A	県内移動 B	県内最大都市との移動 A	県内最大都市との移動 B	仙台市との移動 A	仙台市との移動 B	東京特別市との移動 A	東京特別市との移動 B	東京特別市との移動 C
U	1	69,887	5,995	63,829	-441	6,665	-323			19,469	-2,477	―
V	21	29,771	-1,122	11,893	908	2,493	-85	2,356	-482	1,574	-190	-3,685
W	28	10,545	-923	5,665	-247	1,571	-173	827	-196	411	-33	-1,011
X	6	2,148	51	1,477	59	557	-34	36	-8	62	4	22
Y	130	2,326	-353	1,430	-220	530	-114	126	-33	85	-3	-373
Z	32	5,805	564	3,817	567	1,824	341	186	-30	150	-9	-314
V1	10	2,216	-171	1,462	-27	511	-6	88	-35	80	-4	-40

U～Zは表I-17と同一．V1はVに含まれる例外的な市町村（人口3万人未満）．
A：総移動量，B：純移動量，C：東京特別区に対する流出人口合計．
資料：国勢調査（2010年）による．

　以上のような分類によって，連携中枢都市圏の中心都市よりも小規模な市町村の人口移動の状況が明らかとなる．上述したように，東京大都市圏に対して人口を流出する最大の都市は広域中心都市・仙台市であり，その供給量は群を抜いて大きい．仙台市に人口を供給する県庁都市など連携中枢都市圏の中心都市があり，さらにそれらの都市に人口を供給する地方中小都市がある．そしてその周辺には，それらの都市に人口を供給する農村的な市町村があるので，模式化すれば図I-5のようになる．西日本では大阪市や名古屋市があるので人口移動パターンはより複雑化するが，基本原理は変わらないものと考えられる．表I-18に示すように，X，Y，Zの各タイプの各市町村から直接東京特別区へ転出超過を示す人口はわずかであり，仙台市に対する人口流出も大きいとはいえない．地方中小都市のもつ人口移動圏から上位都市への人口流出はわずかなのに対して，広域中心都市（仙台市）から大量の人口が東京に向かって供給されており，仙台市は東北地方における最大の「吸水ポンプ」であって「人口のダム」ではない．

　なお，広域中心都市の下には県庁都市が位置するが，県内における都市システムの構造は県によって異なる．宮城県をはじめ岩手県や秋田県では県庁都市の勢力が強く，地方中小都市の発達が弱いが，青森県や福島県では県庁都市に匹敵する有力な地方中小都市がある．しかし，タイプYの市町村率は宮城県の48.6％

54　Ⅰ　人口減少時代の到来と都市システムの構造

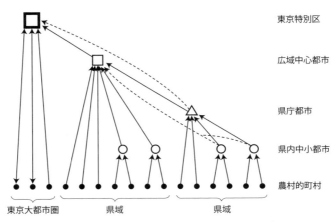

図Ⅰ-5　東北地方を中心とした人口純移動モデル
出典：森川（2015b）による．

から青森県，秋田県の 60.0％までにとどまり，広域中心都市の立地する宮城県が少し低いだけで，東北地方各県間における都市システムの構造的差異が著しく大きいとはいえない。

［注］
1）従業地の管理的職業，専門的職業，事務従事者を合計したものである。
2）この区分は後述の経済産業省の都市雇用圏の階層区分（3 圏，14 圏，35 圏）とは整合しない（経済産業省 2014）。
3）人口 30 万以上を中核市，20 万以上を特例市とする制度は 1996 年に施行されたが，2015 年以後中核市の人口規模が 20 万以上に緩和され，特例市は廃止された。2016 年 4 月現在 47 の中核市がある。
4）わが国の都市化が激しい時代には，人口 5〜20 万人の衛星都市の人口増減率が高かったが，最近では衛星都市の成長が比較的鎮静化したため，大都市ほど人口が増加する傾向にある。
5）岡山市の総移動は広島市が 7,018 人，東京特別区が 5,143 人で広島市の方が多いが，純移動では広島市へ 58 人の流出超過に対して東京特別区は 723 人で，東京への流出が多い。なお，倉敷市とは 1,035 人の流入超過となる。
6）津市では第 2 位の流出先は名古屋市であるが，四日市市では第 2 位の流出先は鈴鹿市で，第 3 位の流出先が名古屋市となる。

7) 詳しくは第Ⅲ章2節において検討するが，人口移動のこのような状況からみると，連携中枢都市圏の中心都市が東京大都市圏に対して「人口のダム」の役目を発揮するのは容易なこととは思えない。

5) 小 括

　森川 (1985) において「吸水ポンプ」型の人口移動[1]と名づけたように，東京特別区は大阪市・名古屋市からの大量の人口流入をはじめ地方の大都市からの人口吸引を主とするもので，地方中小都市や農村部町村からの流出は比率的にも低く，量的にも少ない[2]。人口移動は低所得地域から高所得地域へ向けて流れるといわれるが，移動人口の中心をなすのは進学・就職移動を除くと，高学歴者を中心とする職種を同じくする人々である[3]。

　これに関連して，中川 (2016) は次のように述べている。高度経済成長期にはすべての教育歴の人が東京大都市圏に移動して定着したが，1980年代以降は金融・保険・不動産業に代表されるホワイトカラーの雇用が増加し，域外への工場移転などによってブルーカラーの新規雇用が減少した結果，東京大都市圏に流入する域外出身者の多くは大学卒業者となった。したがって1970年代までは，若者の選択的移動（selected migration）と高齢者の残留による地域格差は拡大したが，職業を問わず多くの人々が東京へ移動することによって労働市場に関する地域格差はそれほど拡大しなかったとみられる。しかしその後は，高学歴者に特化したさらに選択的な人口移動による労働市場の地域格差の拡大も加わった。しかも男女を比較すると，女子の方が人口移動の選択性が高いという。高次都市機能従業者が乏しい地方の中小都市や農村部町村から大都市への直接移動者が少ないのは，こうした教育歴や職種の関係によるものと推測される。人口移動にとって所得条件は重要な要素ではあるが，その多くは職業を通して行われるわけである。

　今日でも大都市圏（11都府県）への転入には進学移動が全移動者数の約20%（男性は21%，女性は19%）を占めるが，非大都市圏から大都市圏への進学移動は1990年代前半以降やや減少傾向にあり，地元県内大学への進学は多くの県で増加傾向にある（清水2013，清水・板東2013）[4]。

　以上の人口移動の分析を通じていえることは，わが国の都市システムは東京を頂点として広域中心都市（大阪市, 名古屋市も含めて），県内中心都市（県庁都市），

地方中小都市，町村役場集落（小規模町村を含む）からなる階層性が発達していることである。しかも，地方中小都市は上位都市としての県内中心都市に強く従属するのに対して，県内中心都市や広域中心都市は上位都市に対する従属とともに，相互間の水平的連結関係を維持する。広域中心都市間には水平的連結関係からなる改良プレッド型モデルが，第2次的な存在として認められる。各階層の都市は人口規模と関係しており，県内中心都市の下限は人口20万人前後にあるといえるが，後述するように，各都市が立地する国土の位置関係によっても相違する。

[注]
1) 1980年の国勢調査の分析では，各都市について東京都に対する最大総移動数（結節流）を求めたものであった。その場合にも，東京特別区に対する人口流出が大部分を占めており，各市町村について東京特別区を最大純移動数を求めた本研究と比べて，実質的な差異は少なかったように思われる。
2) 東京を頂点とする人口吸引構造を模式的に描くと図I-5に示すようになる。これは，県内中心都市や広域中心都市から東京への人口流出した後を地方中小都市や農村部からの吸引によって補うという点では，同一の人が段階的に移動するステップワイズ移動（step-wise migration）とは異なるものである。
3) 年齢階級的には東京特別区で大量の人口が流入するのは若年人口と壮年人口であり，中年人口や高齢人口は転出超過を示す（表I-20参照）。
4) こうした傾向とは別に，2002年における大学立地の規制撤廃は，大学の都心回帰をもたらし，現在国が推進している地方創生とは逆行したものといえる。

3. 市町村間の年齢階級別人口移動

1）研究の意義

前節では，市町村間の人口移動の分析を通してわが国の都市システムの構造について考察し，東京大都市圏に対する人口集積のメカニズムを明らかにした。東京大都市圏への流出は広域中心都市や県内中心都市（県庁市都市）からが多く，地方中小都市や農村部市町村からの流出は量的に少ないだけでなく，比率においても低いことが判明した。本節では，人口規模や地理的位置との関係において年齢

階級別人口移動の特徴を検討し，前節とは別の視角から市町村の人口移動の実態を考察する。高齢者移動は人口減少社会の考察にとってきわめて重要な問題であるので，とくに注目する。

年齢階級別人口移動においては，第Ⅰ章1節においてみた年齢3区分とは違って，若年人口（15〜29歳）[1]，壮年人口（30〜49歳），中年人口（50〜64歳）と高齢人口（65歳以上）に階級区分して考察し，随伴移動に属する年少人口（0〜14歳）については省略する。先にも述べたように，国勢調査では2005年と2010年の居住地を比較して変更がある場合に，2005年の居住地から2010年の居住地に向けて直接移動したとする[2]。したがって，2010年の若年人口（15〜29歳）は2005年には10〜24歳だった人たちである。5年前に10歳だった人が15歳になる間の移動は随伴移動であるが，同一の年齢階級に属する14歳の人は5年後には19歳になり，この間に，高校卒業後本人の意思に基づく人生初の移動を経験する人が多く含まれる。図Ⅰ-6に示すように，人口移動の中心をなすのは

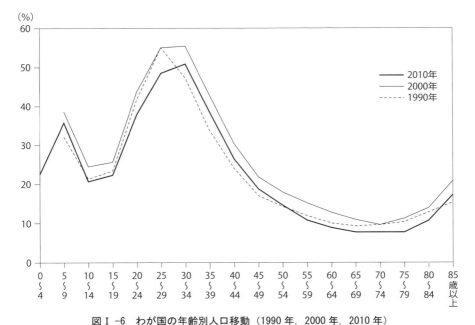

図Ⅰ-6 わが国の年齢別人口移動（1990年，2000年，2010年）
資料：総務省統計局：統計局ホームページ／1 男女別・年齢別人口移動および国勢調査（2010年）・移動人口の男女・年齢等集計結果による。

若年人口や壮年人口の移動であり，中年期に向かうに従って移動数は減少するが，高齢期の移動は高齢人口移動転換によってやや増加する傾向にある。

国勢調査（2010年）では各市町村の年齢階級別移動者の転出入先までは公表していないが，県内・県外移動の区別や年齢階級を除いた全体的な転出入先の数値が得られるので，各年齢階級ごとにどこにどのように移動しているかをある程度推測することができる。本研究の目的はわが国の都市システムの特性究明にあるが，各市町村の人口移動が人口規模や国土の位置によっていかに異なるかを明らかにしておきたい。まず，年齢階級別人口移動の一般的特徴について考察し，その後に各市町村の人口移動について検討することにする。

[注]
1) 若年人口を15～34歳とすることもあるが，就職後のUターンや転勤移動の混入をできるだけ排除するために，本研究では15～29歳とする。
2) わが国の人口移動調査には，国勢調査のほかに住民基本台帳があるが，後者は移動者数ではなく移動件数であり，同一人が1年間に複数回市町村の境界を超えて移動した数を集計するので，両者の転入者数の整合性は高くない（大友1996：39）。

2）市町村規模と年齢階級別人口移動
(1) 一般的特徴

わが国の人口移動は，先にみたように，高度経済成長期には地方圏から大都市圏に向かって大量の若年人口が移動したが，大都市圏の転入超過は第一次石油危機によって急速に減少した後，1980年代には東京大都市圏を中心として拡大傾向にあり，さらにバブル経済が終焉した1990年代には縮小に転じた。しかし，今日でも東京大都市圏の転入超過や地方圏における地方中小都市や小規模町村の転出超過は依然として続いている[1]。また図I-6に示すように，移動者数の1990～2000年間の比較では，壮年人口や中年人口の移動がやや増加傾向にあったが，2010年には元に戻るとともに，各年齢人口ともに移動者数が若干減少している[2]。

年齢4階級ごとに転入超過と転出超過に区分すると，表I-19に示すように，転入超過（社会増加）を示す市町村の合計は715に対して，転出超過（社会減少）は1,013となる。若年人口の移動では転出超過の市町村が多いのに対して，壮年・

表 I -19 市町村の人口規模と各年齢階級の転出入超過比率

市町村の人口規模	市町村数	合計 入超	合計 出超	若年人口 入超	若年人口 出超	壮年人口 入超	壮年人口 出超	中年人口 入超	中年人口 出超	高齢人口 入超	高齢人口 出超
100万人以上	12	11	1	12	0	5	7	4	8	8	4
		91.7	*8.3*	*100.0*	*0*	*41.7*	*58.3*	*33.3*	*66.7*	*66.7*	*33.3*
50～100万人	17	12	5	14	3	13	4	8	9	14	3
		70.6	*29.4*	*82.4*	*17.6*	*76.5*	*23.5*	*47.1*	*52.9*	*82.4*	*17.6*
30～50万人	43	26	17	28	15	24	19	20	23	30	13
		60.5	*39.5*	*65.1*	*34.9*	*55.8*	*44.2*	*46.5*	*53.5*	*69.8*	*30.2*
20～30万人	39	23	16	20	19	23	16	17	22	26	13
		59.0	*41.0*	*51.3*	*48.7*	*59.0*	*41.0*	*43.6*	*56.4*	*66.7*	*33.3*
10～20万人	157	94	63	69	88	97	60	95	62	88	69
		59.9	*40.1*	*43.9*	*56.1*	*61.8*	*38.2*	*60.5*	*39.5*	*56.1*	*43.9*
5～10万人	272	141	131	101	171	171	101	201	71	155	117
		51.8	*48.2*	*37.1*	*62.9*	*62.9*	*37.1*	*73.9*	*26.1*	*57.0*	*43.0*
3～5万人	244	113	131	57	187	145	99	189	55	132	112
		46.3	*53.7*	*23.4*	*76.6*	*59.4*	*40.6*	*77.5*	*22.5*	*54.1*	*45.9*
2～3万人	164	58	106	29	135	84	80	118	46	76	88
		35.4	*64.6*	*17.7*	*82.3*	*51.2*	*48.8*	*72.0*	*28.0*	*46.3*	*53.7*
1～2万人	298	100	198	41	257	154	144	213	85	128	170
		33.6	*66.4*	*13.8*	*86.2*	*51.7*	*48.3*	*71.5*	*28.5*	*43.0*	*57.0*
0.5～1万人	244	58	186	16	228	117	127	172	72	94	150
		23.8	*76.2*	*6.6*	*93.4*	*48.0*	*52.0*	*70.5*	*29.5*	*38.5*	*61.5*
0.5万人未満	238	79	159	53	185	120	118	158	80	61	177
		33.2	*66.8*	*22.3*	*77.7*	*50.4*	*49.6*	*66.4*	*33.6*	*25.6*	*74.4*
合計	1,728	715	1,013	440	1,288	953	775	1,195	533	812	916
		41.4	*58.6*	*25.5*	*74.5*	*55.2*	*44.8*	*69.2*	*30.8*	*47.0*	*53.0*

注1) 入超:転入超過の市町村数, 出超:転出超過の市町村数.
注2) イタリックは流入市町村と流出市町村の比率.
資料:国勢調査(2010年)による.

中年人口の移動では転入超過の市町村が多い。若年人口が転入超過を示す440の市町村のうち,その市町村率が50%を超えるのは人口20万人以上の都市であり,それ以下の小規模な市町村では転出超過が多くなる。壮年人口では人口3万人未満の市町村では転出入超過がほぼ拮抗しているが,転入超過の市町村が60%を超えるのは人口5万～20万人と50万～100万人の都市である。これに対して,

中年人口の転入超過が60％以上となるのは人口20万人未満の市町村であり，地方の地方中小都市や農村部町村から若年人口は流出するが，壮年期にはUターンやIターンが始まり，中年期には地方中小都市や農村部町村の転入超過が卓越するのである。ただし，高齢人口については，後述するように，中年人口とは異なる動きがみられる。

通常，Uターン者の帰還時期は就職後の比較的早い時期が大勢を占めるものと考えられているが（中川 2001；江崎 2002；貴志 2014），今日では定年が近づいた中年期になって増加する傾向が認められる。石川（2016）は国勢調査（2010年）の分析によって60～64歳階級の人口が地方圏のほとんどすべての道県において転入超過を示すことを指摘する。地方出身の「団塊の世代」に含まれるこのコーホート人口は1960年代以降三大都市圏に移動して定年まで居住し，退職を機にその一部が地方の出身地にUターンしたもので，転入超過の比率は東日本（北海道・東北・北陸の11道県）では低く，UターンにIターンが加わる西日本において高い傾向がある。

(2) 市町村の人口規模との関係

各年齢階級ごとに転出入超過の市町村数は市町村の人口規模によって異なるので，まず市町村の年齢別人口移動や社会増減とその人口規模との関係について検討する。

上述したように，人口20万人以上の都市の大部分において若年人口の転入超過がみられ[3]，小規模な市町村ほど若年人口の転入超過市町村率は低下する（表I-19参照）。ただし人口0.5万～1.0万人の町村では，若年人口の転出超過は90％以上となるのに対して，人口0.5万人未満の極小規模町村では，離島などへの田園回帰によって転入超過町村比率はやや上昇する[4]。したがって，地方中小都市や農村部町村から大規模な都市に向かう人口流出が依然として継続するなかにあって，人口0.5万人未満の極小規模町村への田園回帰だけが最近顕在化した現象といえる。

一方，壮年人口は多くの人口規模において転入超過町村比率が50％以上となる。50％未満にとどまるのは人口100万人以上の大都市と0.5万～1万人の小規模町村だけであり，その他の市町村では壮年期のUJIターン者が流入するものが多い。

これに対して，転出入超過の市町村率が注目されるのは中年人口である。中年人口の転入超過の市町村率は人口 20 万人以上の都市では低く，20 万人未満の地方中小都市や小規模町村では UJI ターン者が多くなる。人口 0.5 万～5 万人の市町村では 70％以上が中年人口の転入超過を示す。一方，表 I-20 に示すように，若年人口（13.3 万人）を大量に吸引してきた東京特別区の場合には，2.7 万人の壮年人口と 1.8 万人の中年人口を流出する。

中年人口において転入超過の高い市町村率を示す地方中小都市や小規模町村は，石川（2016）が指摘したように，定年直前・直後の中年期になって引退移動者が多いことを意味する。しかし図 I-6 には，壮年人口・中年人口の移動者数の増加傾向はみられない。田原（2007）によると，引退移動とは職業生活や子育ては一区切りついたが，まだ健康で，ある程度の収入が保障されている 50 歳代から 60 歳代の人々が，現役時代とは異なるライフスタイルを求めて，充実した第二の人生を実現するために行う移動である。欧米諸国では半世紀以上も前から確認されている現象が最近わが国でも現れてきたのであり，今後増加するものと考えられている。このような現象は，非正規雇用の増加や終身雇用制度や年功序列制の弛緩など労働市場が変化し，未婚化や少子化など家族形態が変化したことと

表 I-20　大都市（人口 100 万人以上）の年齢別純移動数（人）とそのタイプ

大都市	人口	社会増減	若年人口	壮年人口	中年人口	高齢人口	移動タイプ
東京特別区	8,945,695	36,850	132,726	-26,955	-18,180	-41,604	C
横浜市	3,988,773	60,187	44,355	18,634	-6,407	660	B
大阪市	2,665,314	-12,441	25,080	-19,871	1,388	-5,021	C
名古屋市	2,263,894	15,748	24,305	-399	-931	-2,861	C
札幌市	1,913,545	16,576	8,172	-2,644	1,829	7,566	C
神戸市	1,544,200	15,125	6,824	3,353	95	1,550	A
京都市	1,474,015	3,800	20,706	-12,301	-127	-1,120	C
福岡市	1,463,743	18,536	20,356	-2,984	745	1,370	C
川崎市	1,425,512	30,372	30,122	4,645	-373	1	B
さいたま市	1,222,434	26,702	15,187	10,501	-1,097	309	B
広島市	1,173,843	8,487	7,421	2,333	-1,360	419	B
仙台市	1,045,986	5,995	12,611	-4,938	-537	1,343	C

注 1）移動タイプ名は本文（p.67）にて説明．
資料：国勢調査（2010 年）による．

表 I-21 市町村規模と年齢階級別転出市町村率との関係（要約）

市町村の人口規模	社会増減	若年人口	壮年人口	中年人口	高齢人口
50万人以上	＋	＋	＋	－	＋
20万〜50万人	＋	＋	＋	－	＋
5万〜20万人	＋	－	＋	＋	＋
1万〜5万人	－	－	＋	＋	－
1万人未満	－	－	＋	＋	－

＋：転入超過市町村率50％以上． －：同50％未満．
資料：表 I-19 の要約．

無関係ではないからである．

それに対して，高齢人口では転出超過の市町村は転入超過市町村よりもやや多いだけで，転出入人口はほぼ均衡している．そのうち，転入超過の市町村率が最も高いのは人口50万〜100万人の大都市であり，小規模な市町村ほど比率は低下する傾向にある．したがって，上述した中年人口の帰還移動が小規模な市町村に向かって卓越するのとは逆に，高齢人口では転出超過がみられるのである．ただし，東京特別区では2005〜10年間に41,604人，大阪市では5,021人の転出超過となる（表 I-20 参照）．

これまで四つの年齢別人口階級を中心に市町村規模との関係をみてきたが，表 I-19 の結果を市町村の人口規模ごとに転入超過の市町村率を考慮して要約すると，表 I-21 のようになる．人口20万人以上の都市では中年人口の転入超過市町村率が50％を下回るが，人口の社会増加率はプラスというほぼ共通した特徴を示す．一方，人口5万〜20万人と人口5万人未満の市町村の間には，人口の社会増減の違いはあるが，共通性も多い．森川（2015b，2016a）において指摘したように，わが国の市町村では人口20万人前後に機能的な境界線があり，人口移動においてもそうした特性を反映しているようにみえる．

(3) 国土における位置関係

先にみたように，年齢別人口移動は市町村の人口規模と密接な関係があるが，市町村が立地する国土の位置によっても影響を受ける．わが国では東京大都市圏の発展につれて，東京からの距離による市町村発展の差異が顕著にみられるよう

になり（森川 1998：211），同一人口規模の市町村でも国土における位置関係によって機能や役割が異なり，人口移動の特性も異なることになる。

　したがって，市町村の人口移動を検討する際には人口規模とともに国土における位置関係を考慮する必要がある。その際問題になるのは，人口の社会増加地域や大都市圏地域をいかに区分するかである。表I-22にみられるように[5]，東京都，神奈川県，愛知県では転入超過の市町村率が高いが，大阪府では全国平均の40.9％に近い41.9％しかなく，代わりに沖縄県や滋賀県などが高率となる。したがって本研究では，人口の社会増減の市町村率を重視し，埼玉県，千葉県，東京都，神奈川県，静岡県，愛知県，滋賀県，沖縄県の8都県をもって人口の社会増加地域とする[6]。この社会増加地域の人口20万人未満の市町村について，表I-19と同様の表を作成すると表I-23のようになる。0.5万人未満の極小町村23のなかには沖縄県の離島町村10が含まれる。

　表I-23によると，人口10万〜20万人の都市ではそのうち40.1％が社会増加地域に属するが，小規模な市町村になるにつれて社会増加地域の市町村は低率となり，小規模な市町村は少数となる。この表によると，社会増加地域ではほとんどすべての年齢階級において転入超過の市町村率は，表I-19に示す全国平均に比べて高い。表I-19と表I-23を比較すると，全国平均（人口20万人未満）よりもわずかでも低率を示すのは，人口0.5〜2万人の壮年人口，5万人以上の中年人口，0.5万人未満の高齢人口だけで，他の年齢階級では格段に高率となり，社会増加地域とその他の地域との間には歴然とした人口移動の差異が認められる。

　したがって，同一の人口規模をもった市町村でも，社会増加地域の市町村は他府県に比べてほとんどすべての年齢階級において市町村率が高く，移動パターンの異なる地域といえる。この地域の市町村—とくに小規模な市町村について—は他地域の同一の人口規模の市町村よりも上位の人口規模の市町村に匹敵するものであり，これまでにもみてきた国土における市町村の位置関係を考慮すべきという著者の考え（森川 2015b，2016a）は証明される[7]。ただし，社会増加地域は三大都市圏（11都府県）とは一致せず，社会増加地域を採用するか三大都市圏[8]をとるかは問題である。社会増加地域8都県のなかでも，その中核を占める東京都，神奈川県，愛知県の3都県を特別に考慮する必要もあるだろう。また大都市圏を都府県域に限定せずに，大都市圏単位でより厳密に設定するという選択もある。

表 I-22 都道府県の転入超過市町村率と人口移動類型の構成比率

都道府県	市町村数	転入超過市町村	%	A	%	B	%	C	%	D	%	E	%	F	%
北海道	179	45	25.1	16	8.9	6	3.4	12	6.7	55	30.7	27	15.1	63	35.2
青森	40	8	20.0	1	2.5	0	0	1	2.5	9	22.5	11	27.5	18	45.0
岩手	34	4	11.8	3	8.8	0	0	1	2.9	9	26.5	15	44.1	6	17.6
宮城	35	11	31.4	5	14.3	0	0	3	8.6	9	25.7	12	34.3	6	17.1
秋田	25	2	8.0	0	0	1	4.0	0	0	15	60.0	2	8.0	7	28.0
山形	35	4	11.4	2	5.7	0	0	0	0	9	25.7	7	20.0	17	48.6
福島	59	14	23.7	5	8.5	0	0	0	0	23	39.0	16	27.1	15	25.4
茨城	44	18	40.9	13	29.5	0	0	2	4.5	9	20.5	12	27.3	8	18.2
栃木	27	16	59.3	4	14.8	4	14.8	1	3.7	12	44.4	4	14.8	2	7.4
群馬	35	18	51.4	9	25.7	0	0	0	0	9	25.7	8	22.9	9	25.7
埼玉	64	43	67.2	17	26.6	8	12.5	8	12.5	15	23.4	7	10.9	9	14.1
千葉	54	33	61.1	14	25.9	2	3.7	7	13.0	17	31.5	10	18.5	4	7.4
東京	40	36	90.0	19	47.5	4	10.0	11	27.5	2	5.0	3	7.5	1	2.5
神奈川	33	27	81.8	8	24.2	5	15.2	8	24.2	9	27.3	1	3.0	2	6.1
新潟	30	8	26.7	3	10.0	0	0	0	0	14	46.7	9	30.0	4	13.3
富山	15	6	40.0	1	6.7	0	0	0	0	8	53.3	4	26.7	2	13.3
石川	19	8	42.1	3	15.8	1	5.3	3	15.8	6	31.6	3	15.8	3	15.8
福井	17	4	23.5	1	5.9	0	0	0	0	9	52.9	4	23.5	3	17.6
山梨	27	12	44.4	4	14.8	0	0	3	11.1	9	33.3	8	29.6	3	11.1
長野	77	28	36.4	4	5.2	3	3.9	4	5.2	38	49.4	21	27.3	7	9.1
岐阜	42	20	47.6	8	19.0	3	7.1	1	2.4	15	35.7	5	11.9	10	23.8
静岡	35	24	68.6	8	22.9	4	11.4	0	0	15	42.9	6	17.1	2	5.7
愛知	57	49	86.0	27	47.4	9	15.8	8	14.0	7	12.3	4	7.0	2	3.5
三重	29	17	58.6	10	34.5	0	0	0	0	10	34.5	4	13.8	5	17.2

3. 市町村間の年齢階級別人口移動　65

滋賀	19	14	73.7	6	31.6	3	15.8	1	5.3	5	26.3	2	10.5	2	10.5
京都	26	9	34.6	3	11.5	1	3.8	4	15.4	9	34.6	4	15.4	5	19.2
大阪	43	18	41.9	3	7.0	8	18.6	14	32.6	5	11.6	4	9.3	9	20.9
兵庫	41	16	39.0	5	12.2	3	7.3	1	2.4	15	36.6	8	19.5	9	22.0
奈良	39	11	28.2	2	5.1	0	0	3	7.7	9	23.1	12	30.8	13	33.3
和歌山	30	10	33.3	2	6.7	0	0	1	3.3	13	43.3	7	23.3	7	23.3
鳥取	19	3	15.8	1	5.3	0	0	0	0	8	42.1	9	47.4	1	5.3
島根	21	10	47.6	2	9.5	0	0	1	4.8	16	76.2	2	9.5	0	0
岡山	27	11	40.7	3	11.1	0	0	0	0	13	48.1	10	37.0	1	3.7
広島	23	8	34.8	3	13.0	2	8.7	2	8.7	9	39.1	4	17.4	3	13.0
山口	19	8	42.1	3	15.8	0	0	0	0	8	42.1	0	0	8	42.1
徳島	24	9	37.5	2	8.3	0	0	0	0	13	54.2	5	20.8	4	16.7
香川	17	7	41.2	3	17.6	1	5.9	1	5.9	7	41.2	4	23.5	1	5.9
愛媛	20	9	45.0	3	15.0	0	0	0	0	9	45.0	6	30.0	2	10.0
高知	34	9	26.5	1	2.9	0	0	2	5.9	16	47.1	12	35.3	3	8.8
福岡	60	30	50.0	10	16.7	2	3.3	2	3.3	21	35.0	14	23.3	11	18.3
佐賀	20	5	25.0	3	15.0	0	0	0	0	9	45.0	6	30.0	2	10.0
長崎	21	5	23.8	1	4.8	1	4.8	0	0	8	38.1	8	38.1	3	14.3
熊本	45	13	28.9	5	11.1	0	0	1	2.2	20	44.4	15	33.3	4	8.9
大分	18	6	33.3	3	16.7	0	0	0	0	6	33.6	7	38.9	2	11.1
宮崎	26	6	23.1	0	0	0	0	0	0	16	61.5	9	34.6	1	3.8
鹿児島	43	15	34.9	1	2.3	0	0	0	0	29	67.4	12	27.9	1	2.3
沖縄	41	27	65.9	12	29.3	1	2.4	3	7.3	21	51.2	0	0	4	9.8
合計	1,728	714	40.9	262	15.2	72	4.2	109	6.3	618	35.8	363	21.0	304	17.6

注1) A〜Fは本文 (pp.67-68) にて説明。
注2) 転入超過数0人は転出超過として扱う。
資料：国勢調査 (2010年) による。

表 I-23　社会増加地域における市町村の人口規模と各年齢階級（人口20万人未満）の転出入超過比率

市町村の人口規模	市町村数	合計 入超	合計 出超	若年人口 入超	若年人口 出超	壮年人口 入超	壮年人口 出超	中年人口 入超	中年人口 出超	高齢人口 入超	高齢人口 出超
10～20万人	63	54	9	47	16	47	16	36	27	41	22
	(40.1)	85.7	14.3	74.6	25.4	74.6	25.4	57.1	42.9	65.1	34.9
5～10万人	79	64	15	55	24	59	20	52	27	55	24
	(29.0)	81.0	19.0	69.6	30.4	74.7	25.3	65.8	34.2	69.6	30.4
3～5万人	46	37	9	24	22	35	11	40	6	36	10
	(18.9)	80.4	19.6	52.2	47.8	76.1	23.9	87.0	13.0	78.3	21.7
2～3万人	20	13	7	9	11	14	6	15	5	14	6
	(12.2)	65.0	35.0	45.0	55.0	70.0	30.0	75.0	25.0	70.0	30.0
1～2万人	26	14	12	8	18	13	13	19	7	18	8
	(8.7)	53.8	46.2	30.8	69.2	50.0	50.0	73.1	26.9	69.2	30.8
0.5～1万人	23	9	14	2	21	11	12	21	2	13	10
	(9.4)	39.1	60.9	8.7	91.3	47.8	52.2	91.3	8.7	56.5	43.5
0.5万人未満	23	16	7	13	10	17	6	18	5	5	18
	(9.7)	69.6	30.4	56.5	43.5	73.9	26.1	78.3	21.7	21.7	78.3
合計	280	207	73	158	122	196	84	201	79	182	98
	(17.3)	73.9	26.1	56.4	43.6	70.0	30.0	71.8	28.2	65.0	35.0

注1）イタリックは転入市町村と転出市町村の比率.
注2）入超：転入超過の市町村数,出超：転出超過の市町村数.
注3）（カッコ）の数字は表I-19の全国の市町村数に対する比率.
資料：国勢調査（2010年）による.

[注]

1) 貴志（2014）によると，東京大都市圏では，①1970年代初頭まで，②1980年頃から1990年代初頭，③1990年代後半以降の3回の人口集中期があるが，第3回目は経済の好況によっては説明されないという．
2) 人口移動には自市町村内移動の移動も含まれているので，「平成の大合併」の影響によるとはいえない．その一方で，国勢調査の不詳比率が高いのでその影響は否定できない．
3) 人口20万人以上の都市でも，37市は若年人口が転出超過となる．その中には，青森，秋田，福島，前橋，福井，長野，大津，和歌山，徳島，高知，長崎，宮崎，鹿児島，那覇などの県庁都市が含まれる．
4) 先にも触れたように，東京都の島嶼部や知夫村，海士町（島根県），三島村，十島村

（鹿児島県），南大東島村（沖縄県）などでは人口の社会増加がみられるが，利尻町・礼文町（北海道）や与論町（鹿児島県），竹富町，久米島町（沖縄県）などのように社会減少の町村もあり，島嶼部のすべての市町村の人口が社会増加を示すわけではない。高齢人口の移動では転出超過の町村が多い。ただし，2015年の国勢調査では社会増加を示すのは神津島村と小笠原村（東京都）および竹富町，与那国町だけである。
5) 表I-22のタイプA〜Fについてはpp.67-68で説明する。
6) 2015年の国勢調査では静岡県は社会減少となる。
7) ドイツの中小都市においても，立地する大空間的位置（大都市からの距離）によってその機能的特色が大きく変化するといわれる（BBSR 2012a：17, 72）。
8) 定住自立圏構想では，大阪市，名古屋市，京都市，横浜市，神戸市，川崎市，千葉市，さいたま市，堺市，相模原市および東京特別区に対する中心市の通勤通学者比率が10％を越える場合を三大都市圏としているが，地域境界の設定については検討の余地がある（第Ⅲ章1節参照）。

3) 都道府県や市町村からみた年齢階級別人口移動の特徴

これまでの考察は年齢階級別人口移動の一般的特性を中心にしたものであったが，次には，各市町村が年齢階級別にみてどのような人口移動をしているかを検討する。その場合には，若年人口，壮年人口，中年人口の移動と高齢人口の移動とは異なる動きをしているので，両者を区別して考察するのが適当と考える。

(1) 各市町村の若年・壮年・中年人口移動

上記の分析からも明らかなように，各市町村の転出入超過の主流となるのは若年人口の移動であり，壮年人口や中年人口のUJIターンは若年人口の移動に関連したものといえる。したがって，各市町村の若年・壮年・中年人口移動を類型化する場合には，表I-22や表I-24に示すように，次の6タイプが考えられる。

A：若年人口，壮年人口，中年人口の移動すべてにおいて転入超過を示す市町村。
B：若年人口，壮年人口は転入超過で，中年人口が転出超過となる市町村。
C：若年人口が転入超過で壮年人口は転出超過となり，中年人口では転入超過か転出超過を示す市町村。
D：若年人口は転出超過で壮年人口は転入超過であるが，中年人口には転入超過か転出超過となる市町村。

表 I-24　市町村の人口規模別にみた若年人口・壮年人口・中年人口の移動

市町村の人口規模	計	A	%	B	%	C	%	D	%	E	%	F	%
100万人以上	12	1	8.3	4	33.3	7	58.3	0	0	0	0	0	0
50～100万	17	7	41.2	3	17.6	3	17.6	3	17.6	0	0	1	5.9
30～50万人	43	12	27.9	5	11.6	10	23.3	7	16.3	3	7.0	6	14.0
20～30万人	39	13	33.3	3	7.7	5	12.8	7	17.9	1	2.6	10	25.6
10～20万人	157	30	19.1	17	10.8	21	13.4	48	30.6	21	13.4	20	12.7
5～10万人	272	61	22.4	17	6.3	26	9.6	94	34.6	49	18.0	25	9.2
3～5万人	244	41	16.8	7	2.9	8	3.3	97	39.9	54	22.1	37	15.2
2～3万人	164	19	11.6	4	2.4	7	4.3	62	37.8	39	23.8	33	20.1
1～2万人	298	32	10.7	2	0.7	4	1.3	119	39.9	80	26.8	61	20.5
0.5～1万人	244	15	6.1	1	0.4	3	1.2	102	41.8	66	27.0	57	23.4
0.5万人未満	238	31	13.0	9	3.8	15	6.3	79	33.2	50	21.0	54	22.7
合計	1,728	262	15.2	72	4.2	109	6.3	618	35.8	363	21.0	304	17.6

注 1）A～F は本文にて説明．
注 2）転入超過数 0 人は転出超過として扱う．
資料：国勢調査（2010 年）による．

E：若年人口と壮年人口は転出超過で，中年人口が転入超過となる市町村．
F：若年人口，壮年人口，中年人口の移動すべてにおいて転出超過を示す市町村．
これらのタイプは，若年人口が転入超過となるタイプ A～C と転出超過となるタイプ D～F に大別することもできる．

このような分類によると，表 I-20 に示す人口 100 万人以上の 12 市区はタイプ A～C に分類される．若年人口の転入超過数では東京特別区が最も多いが，壮年人口や中年人口が転出超過となるので，タイプ C に属する．したがって，社会増減の人数ではタイプ B の横浜市が東京特別区を抜いて最大となる．大阪市の場合にもタイプ C に属するが，壮年人口の著しい転出超過のため社会減少となる．その点では，大阪市と東京特別区とは同一のタイプとはいえない．東京特別区は若年人口と壮年人口が転入超過であるのに対して，大阪市では大学を卒業した若者の多くが大阪市に就職した後間もなく他に転出するものと推測される．大都市では壮年人口と中年人口の転出超過が多いなかにあって，すべての年齢階級において転入超過となるタイプ A に属するのは神戸市だけである．

人口規模と移動パターンとの関係をみた表 I-24 によると，全体的には，若年人口転出超過型（タイプ D〜F）の市町村が多く，若年人口転入型（タイプ A〜C）の市町村は少ない。タイプ B とタイプ C に属する市町村はとくに少ない。ここで問題になるのは，若年・壮年・中年人口の移動における各タイプの市町村が人口規模や国土の位置といかなる関係にあるかである。表 I-24 によって市町村の人口規模との関係をみると，タイプ A〜C ともに人口ほぼ 20 万人以上の都市において比率が高く，小規模な市町村において低下する傾向がある。タイプ B とタイプ C との間にはそれほど大きな差異はないが，人口 100 万人以上の大都市ではタイプ C の方が高い比率を示す。

タイプ B やタイプ C とは逆に若年人口は転出超過であるが，壮年人口や中年人口において転入超過となるタイプ D〜F の市町村率は，人口 20 万人未満の市町村において上昇する。表には示していないが，これらのタイプでは人口 20 万人か 10 万人くらいの市町村を境にして若年人口が転入超過と転出超過とに分かれ，若年人口が流出する市町村のなかには 40 歳までに UJ ターンによって帰還するものが多い。人口 20 万人くらいの都市を境にして市町村の特性が異なることは，先に述べた人口増減率をはじめ，人口移動の形態や高次都市機能の従業者率などにおいてもみられる現象である（森川 2015b，2016b）。

もう一つ問題になるのは，都道府県別にどのようなタイプの移動が卓越するかである。これまでにも指摘したように，表 I-22 によると国土の中央部・縁辺部間の差異がみられる。若年人口転入超過型（タイプ A）が卓越するのは東京都（47.5％），愛知県（47.4％）を筆頭に茨城県，群馬県，埼玉県，三重県，滋賀県であり，大阪府では若年人口は転入超過で中年人口が転出超過となるタイプ C が卓越する。これに対して，若年人口が転出超過で壮年人口の転入超過が多いタイプ D が卓越するのは 33 県（うち 4 県は同率のタイプ）となる。このなかには，栃木県，千葉県，神奈川県，静岡県，福岡県，沖縄県のように，若年人口が転出超過にもかかわらず社会増加が多い県もあるが，多くは社会減少を示す県である。

若年人口・壮年人口が転出超過で中年人口だけが転入超過となるタイプ E が卓越するのは，岩手，宮城，鳥取，長崎，大分（うち長崎県はタイプ D と同率）の 6 県である。そしてさらに，若年・壮年・中年のすべての年齢階級において転出超過市町村が卓越するタイプ F には北海道，青森県，山形県，奈良県が含ま

れる[1]。これらの道県は——高齢者をも含めて——あらゆる年齢階級において転出超過が卓越する市町村が多い地域であるが，人口増減率（2005～10年）では北海道は-2.2%，青森県は-4.4%，山形県は-3.9%，奈良県は-1.4%で，最高の人口減少率を示す秋田県（-5.2%）よりは上位にある。

このようにして，国土の中央部・縁辺部間の差異はある程度認められるが，東京都を中心とした典型的な同心円構造ではなく，東京都と愛知県を中心とする二極構造からなる。縁辺部では壮年人口が帰還するタイプDが多いが，東北・北海道ではタイプEやFが多く，壮年・中年人口の帰還は乏しい。

(2) 高齢者移動

高齢化社会を迎えて高齢者対策が重視される今日，高齢者の移動が注目されるようになった。先にも触れたように，高齢者の移動率はかつては年齢の上昇に伴って低下していたが，少産少死型への人口転換が生じた頃から高齢者移動の上昇傾向が現れ，高齢期の反騰現象がみられるようになった。反騰現象は東京大都市地域では1970年代にすでに発生したといわれ（Otomo 1981），1980年代には県内市町村間移動としてわが国全域に広がり（内野 1987；Otomo 1992），1990年代には都道府県間の5年間の移動においても認められるようになった（大友 1999）。したがって，高齢者移動への関心が高まり，研究が盛んになったのは最近のことである（田原・岩垂 1992；Liaw 2002；石川 2016）。平井（2007）は都道府県間の高齢者移動において，前期高齢者（65～74歳）は大都市圏から非大都市圏への移動が主であるが，主に女性からなる後期高齢者（75歳以上）の移動では，逆に大都市圏地域が非大都市圏地域からの移動者を受け入れるパターンが形成されることを指摘した。

2010年の国勢調査において高齢者の転出入超過の市町村率を求めると，先にも触れたように，50%以上の高齢者が転入超過を示すのは人口3万人以上の都市であり，人口50万～100万人クラスの都市では最高比率82.4%となる（表I-19参照）。いうまでもなく，小規模町村から大規模な都市に向かって移動する高齢者が多いためである。ただし社会増加地域についてみると，高齢者の転入超過市町村率（20万人未満の市町村）は人口3万～5万人クラスの衛星都市で最高の78.3%を記録し，全国的傾向とは異なる移動パターンがみられる（表I-23参照）。

高齢者の移動は前期高齢者のアメニティ移動や引退移動と後期高齢者の「呼び

寄せ移動」や施設入居移動からなるので，前期高齢者と後期高齢者の移動に区分して考察することにする．前期高齢者と後期高齢者の移動を組み合わせると，

G：前期高齢者・後期高齢者ともに転入超過の市町村．
H：前期高齢者は転入超過，後期高齢者は転出超過の市町村．
I：前期高齢者は転出超過，後期高齢者は転入超過の市町村．
J：前期高齢者・後期高齢者ともに転出超過の市町村．

に分類される．表I-25によって人口規模別に転出入超過市町村率をみると，全国合計では前期高齢者が転入超過する市町村率は 34.4 + 29.1 = 63.5％となるのに対して，後期高齢者の転入超過は 34.4 + 9.2 = 43.6％となり，やや低下する．平井（2007）が指摘したように，前期高齢者では転入超過であるが，後期高齢者になると転出超過となる市町村が多くなる．

各市町村をタイプG～Jに類型化すると，前期高齢者・後期高齢者ともに転入超過を示すタイプGの市町村の平均比率は，人口100万人以上の大都市を例外として，大規模な都市ほど上昇するのに対して，前期高齢者・後期高齢者と

表I-25 市町村の人口規模別にみた前期高齢者・後期高齢者の移動タイプ

市町村の人口規模	計	G	%	H	%	I	%	J	%	H+I	%
100万人以上	12	4	33.3	0	0.0	4	33.3	4	33.3	4	33.3
50～100万	17	10	58.8	0	0.0	5	29.4	2	11.8	5	29.4
30～50万人	43	20	46.5	4	9.3	12	27.9	7	16.3	16	37.2
20～30万人	39	16	41.0	7	17.9	11	28.2	5	12.8	18	46.2
10～20万人	157	69	43.9	26	16.6	27	17.2	35	22.3	53	33.8
5～10万人	272	113	41.5	75	27.6	33	12.1	51	18.8	108	39.7
3～5万人	244	98	40.2	84	34.4	15	6.1	47	19.3	99	40.6
2～3万人	164	59	36.0	54	32.9	7	4.3	44	26.8	61	37.2
1～2万人	298	94	31.5	108	36.2	14	4.7	82	27.5	122	40.9
0.5～1万人	244	69	28.3	78	32.0	17	7.0	80	32.8	95	38.9
0.5万人未満	238	43	18.1	67	28.2	14	5.9	114	47.9	81	34.0
合　計	1,728	595	34.4	503	29.1	159	9.2	471	27.3	662	38.3

注1）G～Jは本文にて説明．
注2）転入超過数0人は転出超過として扱う．
資料：国勢調査（2010年）による．

もに転出超過となるタイプJはその逆に小規模町村ほど高率となる。大規模な都市のなかには前期・後期ともに高齢者の転入超過がみられるタイプGが多いが，人口100万人以上の12市区のうちではタイプGは札幌，神戸，福岡の3市だけで，東京特別区，大阪市，名古屋市，京都市はタイプJとなり，横浜，川崎，さいたま，広島，仙台の5市はタイプIに属し，タイプHは皆無である。とくに東京特別区では前期高齢者は19,760人，後期高齢者は21,844人，合計41,604人という大量の転出超過となり，高齢者にとっては住みにくい都市といえる。

これに対して，前期高齢者は転入超過で後期高齢者は転出超過となるタイプHは，人口0.5万〜5万人の市町村で30％を超えて多く，逆に前期高齢者は転出超過で後期高齢者が転入超過となるタイプIは人口20万人以上の都市に多い[2]。タイプHが比較的小規模な市町村に多いのはアメニティ移動や引退移動によるものと考えられる。人口3万人未満の市町村では，タイプHでもタイプJでも後期高齢者の転出超過の市町村が増加し，成人子供の「呼び寄せ移動」や施設入居移動などにより，施設の整った都市に向かって流出する—主として女性の—高齢者が多いことを示唆する。

こうした傾向は都道府県別にみた場合にも認められる。表I-26によると，タイプGの卓越地域は茨城県から兵庫県にかけて国土の中央部に広く分布するが，宮城県，福岡県，佐賀県もこのタイプに属する。それに対して，タイプHは西日本の市町村に多く，その他の地域では秋田県（タイプJと同率），福島県，新潟県，富山県が含まれるだけである。タイプJは北海道や東北に多く，そのほか石川県，奈良県，広島県が加わる。そして，タイプIに属するのは大阪府だけとなる。

したがって，国土の中央部から縁辺部に向かって傾斜する圏構造の存在をある程度認めることができる[3]。ただし，縁辺部といっても東北・北海道と西南日本とでは状況が異なり，前期高齢者のアメニティ移動・引退移動が顕著なのは西南日本であり，壮年人口の帰還にみられたのと同様に，東北・北海道には認められない。とくに北海道ではタイプJの市町村が60％にも達するが，札幌市はタイプGに属し，7,566人の高齢人口を吸引するので[4]，北海道各地から高齢者の多くが札幌市に流入し（石川2016），道外に流出する高齢者はそれほど多くないものと推測される。タイプJに属する東京特別区の場合にも，東京都をは

表Ⅰ-26 都道府県における前期高齢者・後期高齢者の移動状況

都道府県	市町村数	G	%	H	%	I	%	J	%
北海道	179	33	18.4	22	12.3	13	7.3	111	62.0
青森	40	14	35.0	8	20.0	2	5.0	16	40.0
岩手	34	10	29.4	10	29.4	1	2.9	13	38.2
宮城	35	14	40.0	9	25.7	4	11.4	8	22.9
秋田	25	5	20.0	8	32.0	4	16.0	8	32.0
山形	35	10	28.6	11	31.4	1	2.9	13	37.1
福島	59	19	32.2	22	37.3	3	5.1	15	25.4
茨城	44	31	70.5	5	11.4	4	9.1	4	9.1
栃木	27	16	59.3	9	33.3	0	0	2	7.4
群馬	35	13	37.1	10	28.6	1	2.9	11	31.4
埼玉	64	34	53.1	5	7.8	20	31.3	5	7.8
千葉	54	35	64.8	14	25.9	3	5.6	2	3.7
東京	40	20	50.0	4	10.0	3	7.5	13	32.5
神奈川	33	13	39.4	4	12.1	8	24.2	8	24.2
新潟	30	6	20.0	16	53.3	3	10.0	5	16.7
富山	15	3	20.0	7	46.7	2	13.3	3	20.0
石川	19	6	31.6	5	26.3	1	5.3	7	36.8
福井	17	6	35.3	4	23.5	1	5.9	6	35.3
山梨	27	11	40.7	7	25.9	1	3.7	8	29.6
長野	77	35	45.5	26	33.8	3	3.9	13	16.9
岐阜	42	13	31.0	11	26.2	5	11.9	13	31.0
静岡	35	16	45.7	8	22.9	3	8.6	8	22.9
愛知	57	18	31.6	7	12.3	16	28.1	16	28.1
三重	29	13	44.8	9	31.0	0	0	7	24.1
滋賀	19	7	36.8	4	21.1	5	26.3	3	15.8
京都	26	5	19.2	5	19.2	5	9.2	11	42.3
大阪	43	7	16.3	5	11.6	17	39.5	14	32.6
兵庫	41	13	31.7	8	19.5	8	19.5	12	29.3
奈良	39	10	25.6	6	15.4	8	20.5	15	38.5
和歌山	30	8	26.7	13	43.3	1	3.3	8	26.7
鳥取	19	6	31.6	7	36.8	1	5.3	5	26.3
島根	21	6	28.6	12	57.1	0	0	3	14.3
岡山	27	6	22.2	18	66.7	1	3.7	2	7.4
広島	23	7	30.4	7	30.4	1	4.3	8	34.8
山口	19	4	21.1	9	47.4	1	5.3	5	26.3
徳島	24	8	33.3	9	37.5	0	0	7	29.2

香川	17	4	23.5	7	41.2	2	11.8	4	23.5
愛媛	20	5	25.0	10	50.0	0	0	5	25.0
高知	34	12	35.3	16	47.1	0	0	6	17.6
福岡	60	26	43.3	18	30.0	2	3.3	14	23.3
佐賀	20	8	40.0	7	35.0	1	5.0	4	20.0
長崎	21	6	28.6	8	38.1	1	4.8	6	28.6
熊本	45	17	37.8	23	51.1	1	2.2	4	8.9
大分	18	5	27.8	11	61.1	0	0	2	11.1
宮崎	26	7	26.9	12	46.2	0	0	7	26.9
鹿児島	43	10	23.3	31	72.1	1	2.3	1	2.3
沖縄	41	14	34.1	15	36.6	1	2.4	11	26.8
合計	1,728	595	34.4	502	29.1	159	9.2	472	27.3

注・資料は表 I-25 と同一.

じめ周辺県がすべてタイプ G に属することからすると，東京特別区を流出した高齢者の多くは都内や周辺県内に定着するものと考えられる[5]。石川（2016）も 60～64 歳階級の引退移動について，東京から 1～2 時間圏のところに別荘地が多く[6]，高い転入超過率の市町が多いことや，東日本（北海道・東北・北陸計 11 道県）では低く，西日本で高い傾向があることを指摘する。

(3) 小 括

本節では，市町村の年齢階級別移動の一般的特徴について考察し，人口規模や国土の位置との関係についても検討した。表 I-19 によると，若年人口は大規模な都市ほど転入超過市町村率が高い傾向が認められるのに対して，壮年人口の移動パターンは—移動数自体は中年人口の移動数よりもやや多いが—中年人口と類似する。中年人口の転入超過市町村率は人口 10 万人未満の市町村では 70％を超え，人口 3 万～5 万人クラスの市町村で最も高率を示し，UJI ターンが卓越する。それに対して，高齢人口では転入超過市町村率が最高を示すのは人口 50 万～100 万人の大都市であり，小規模な市町村から大都市に向かって移動がみられ[7]，高齢人口の移動転換と呼ぶことができる。

ただし，高齢者移動を前期高齢者と後期高齢者に分けてみた場合には，表 I-25 に示す 4 タイプに区分される。タイプ I の市町村数は少ないので，実質的には 3 タイプとみることもできる。前期高齢者の流入の多いのは人口 0.5 万～5 万人の

市町村で，0.5万人未満の小規模町村では前期高齢者の転入超過比率はやや低下し，タイプJが卓越する。引退移動者にとっては—自然は豊かであっても—都市的サービスの不足する人口0.5万人未満の小規模町村は敬遠される傾向があり，田園回帰の現象が卓越するのは若年人口や壮年人口においてである。

なお，表I-19の結果を要約した表I-21によると，若年人口の転入超過市町村率は人口20万人前後の都市を境として変化し，それ以下の市町村では若年人口の転入超過は減少する。しかし，人口5万～20万人クラスの都市では，若年人口は転出超過であっても壮年・中年人口の転入超過によって人口の社会増加を維持するものが多く，社会減少が卓越するのは人口5万人未満の市町村となる。

人口は同一規模の市町村であっても，市町村の立地する国土の位置によって人口移動の状況は変化する。若年人口の転入超過市町村率が高いのは国土の中央部である（表I-22参照）。ただし，大阪大都市圏の衰退のため，三大都市圏（11都府県）[8]と地方圏という区分は適当でない。三大都市圏の代わりに社会増加地域8都県をとりあげると，ほとんどの年齢階級別市町村において転入超過比率は全国平均よりも高率を示し，通常よりも大規模な人口の市町村と対応する。

それとともに，転入超過市町村率の分析を通じて判明したのは，中年人口では大都市から地方中小都市や農村部町村への帰還傾向がみられることである[9]。もう一つはそれと関連した現象と考えられるが，平井（2007）が指摘したように，前期高齢者の小規模市町村への帰還と後期高齢者の小都市や農村部町村から大都市への移動がある[10]。

さらに表I-25によると，アメニティ移動や「呼び寄せ移動」，施設入居移動の実態が明らかとなる。石川（2016）が指摘するように，前期高齢者の移動には地域的な差異があることは地方圏における高齢者施設の整備をはかる際に考慮すべき問題といえる。

[注]
1) これらのタイプ分類は市町村率によるため，条件不利地域の小規模町村が非合併のまま存続する道県が過剰に反応する傾向は否定できない。また，1市町村の差異によってタイプが決定される場合もある。
2) 松岡（2015）によると，日本人の高齢期の居住環境として，自然環境の恵まれたと

ころを望む人は 13.8% に対して，文化，商業施設が豊富で公共交通機関が充実したところを望むのは 63.5% であったという．
3) 住民基本台帳（2014 年）の分析による平井（2015）でも，高齢者移動の活発な地域は東京大都市圏，大阪大都市圏と北海道，宮城県，愛知県，福岡県など広域中心都市を有する県である．
4) 表 I-20 に示すように，人口 100 万人以上の大都市で高齢人口をこれほど吸引する都市は他にはない．
5) 神奈川県，埼玉県，千葉県でも高齢者は転入超過を示す（平井 2015）．
6) 富裕な人々の別荘だけでなく，東京から近距離にあるため二地域居住の人も多いであろう．
7) 第 I 章 1 節で指摘した大都市における高齢人口増加率が高いことには，高齢者の流入人口が関係するものと考えられる．
8) 第 I 章 1 節注 8)（p.14）で述べたように，11 都府県の全域を三大都市圏に含めるのは適当とはいえない．
9) ただし，図 I-6 によると 1990～2010 年間には中年人口の帰還現象は，最近成長しているようにはみえない．したがって，欧米諸国にみられる早期退職移動がわが国でも発達してきたとはいえないようである．
10) 大都市圏に居住する成人子供が多いという理由のほかに，大都市圏の自治体では行政の高齢者向けの独自サービスが他の自治体よりも優れていることが，大都市への後期高齢者移動に影響するものと考えられる（浦川 2011）．

4. わが国の地方中小都市の現状—ドイツとの比較において

1) わが国における地方中小都市の衰退

第 2 節の人口移動の分析においてみたように，東京特別区をはじめ，地方には—大阪市・名古屋市をも含めて—広域中心都市が発達し，さらに大部分の県では県内中心都市が成長してきたので，これらの都市によってわが国の都市システムの骨格が形成されている．そして，これらの都市は勢力圏（人口移動圏）内の市町村から人口を吸引して東京その他の大都市に人口を送出する「吸水ポンプ」の役目を担っている．第 I 章 1 節でみたように，これらの都市は今後の人口減少時

代においても人口減少は比較的少なく，それほど厳しい影響を受けないものと考えられる。その一方で，広域中心都市や県内中心都市の下に位置する人口3万～20万人の地方中小都市[1])や農村部町村では深刻な状況が予想される。地方中小都市は，国家的都市システムのなかでは県内中心都市と農村部の小規模町村との中間に位置する都市であり，地域の中心都市として重要な役割をもつものである。その多くは県内中心都市や広域中心都市に対して人口を流出する一方，周辺の小規模町村から通勤・通学者を受け入れ，人口を少しは吸引するものもある。地方中小都市は農村部町村をその生活圏内に取り込んでいるので，地方中小都市が経済的に発展すれば，地方圏全域の活性化に大きく貢献するものと考えられる。

ただし，人口3万～20万人クラスの都市は人口的にも大きく異なり，表I-1に示す人口増減率においても著しい差があるので，本研究では，人口規模によって3万～10万人，10万～20万人に区分して扱うことにする。

地方中小都市の多くは城下町や港町，宿場町，市場町，門前町などに起源をもち，地域の中心都市として重要な役割を果たしてきたが，明治以後近代化の過程において，大都市，県内中心都市（県庁都市など）や一部の工業都市の成長とは対照的に，—大空間的位置にもよるが—自己の生活圏域を守りながらも相対的には衰退過程をたどってきたものが多い[2)]。中央集権体勢のもとで急速な発展を遂げたわが国では，中央政府による上からの近代化のために，後述するドイツのように，地域経済に根ざして個性的な成長を遂げた地方都市は多くない。そのため，近代工業の設置によって急成長をとげた地方中小都市を例外として，その多くは成長から取り残されてきた。

所得・資金の経済循環構造を中心地理論や都市システム論の階層構造を援用して説明した矢田（1988：224-234；2015：376-385）によると，資本主義の発展に対応した都市化のもとでは大規模な地域的循環や広域中心都市の経済循環の比重が増大し，大都市や広域中心都市は急速に発展したのに対して，地方中小都市のもつ狭域的経済循環は発展からとり残されることとなった。地方中小都市は大都市圏との距離によって，そのすべてが同じように衰退に向かっているわけではないが，資本主義的な経済発展のもとでは地方圏における地方中小都市の衰退は構造的に避けられない。それに加えて，地方中小都市は都市システムのなかでは県内中心都市との上下関係が強く，その他の都市との連結関係が弱いため，

グローバル化が乏しいことがその発展にとって不利に働くものと考えられる。

以下において，わが国における地方中小都市の実態を究明し，わが国とは対照的な位置にあるドイツの地方中小都市と比較してみたい（森川 2016b）。

[注]
1) ドイツでは人口 0.5 万〜2 万人を小都市，2 万〜10 万人を中都市と呼ぶが，わが国では地方中小都市に関する明確な定義はないので，本研究では人口的には 3 万から 20 万人までとする。なお，わが国では衛星都市と区別するために地方中小都市としたが，衛星都市の少ないドイツでは中小都市と呼ぶことにする。
2) わが国の市町村はフルセットの行政機能をもつため，行政機能の発展につれてかつては地方中小都市から供給されていた都市的サービスを自町村内で自給するようになり，地方中小都市の発展に悪影響を及ぼすこととなったとみられる。

2）わが国地方中小都市の特徴
(1) 人口増減率

　表 I-27 は市町村の人口規模別人口数，平均人口増減率（2005〜10 年），平均高齢化率および平均財政力指数についてみたものである[1]。表から明らかなことの第一は，人口 20 万人以上の都市に全人口の 52.2％が居住し，100 万都市の人口の合計は 22.5％となり，全人口の 4 分の 1 に近い人々が 100 万都市で生活しているのに対して，人口 3 万〜20 万人の中小都市の人口は 39.2％であり，このなかには大都市周辺の衛星都市[2] も含まれることである。もう一つは，大都市ほど平均人口増減率が高く，人口 20 万〜30 万人クラスの都市にわずかな人口減少（-0.1％）がみられるだけで，人口 30 万人以上の都市では全国平均人口増減率 0.2％よりも高い。それに対して，本格的な人口減少がみられるのは人口 10 万人未満の市町村である。人口 1 万〜2 万人および 1 万人未満の市町村の平均人口増減率は -4.5％と -7.3％で，著しい減少となる。

　高齢化率も大都市ほど低いのに対して，人口 1 万人未満の小規模町村では高齢人口がほぼ 3 分の 1 を占める（表 I-3 参照）[3]。高齢者が多い市町村ほど経済活動が不活発となり，激しい人口減少を招くことになる。ただし，表 I-27 は都市を人口規模別にみたもので，このなかには大都市近郊の衛星都市も含まれる。

表Ⅰ-27 わが国市町村の人口規模別人口数，平均人口増減および平均財政力指数

市町村の人口規模	市町村数		都市人口（1,000人）(2010年)			人口増加率(2005-2010年)	財政力指数(2010年度)	変動係数
		%		%	累加%			
100万人以上	12	0.7	28,827	22.5	22.5	2.9	0.89	0.133
50万～100万	17	1.0	11,641	9.1	31.6	1.4	0.86	0.137
30万～50万人	43	2.5	16,691	13.0	44.6	1.0	0.88	0.192
20万～30万人	39	2.3	9,775	7.6	52.2	-0.1	0.86	0.216
10万～20万人	157	9.0	21,845	17.1	69.3	0.0	0.87	0.247
5万～10万人	272	15.7	18,875	14.7	84.0	-0.7	0.70	0.243
3万～5万人	244	14.1	9,447	7.4	91.4	-2.2	0.59	0.249
2万～3万人	164	9.5	4,087	3.2	94.6	-3.9	0.51	0.205
1万～2万人	298	17.2	4,101	3.5	98.1	-4.5	0.46	0.270
1万人未満	482	27.9	2,698	1.9	100.0	-7.3	0.29	0.257
合計	1,728	100.0	128,057	100.0		0.2	0.53	0.312

注1）表I-1と一部重複する．
資料：国勢調査報告（2010年），総務省：地方公共団体の主要財政指標一覧（2010年）
（http//www.soumu.go.jp/iken/shihyou_ichran.html）による．

1990年以前には急成長を遂げていた衛星都市は今日では人口増加率が低下する傾向にはあるが（森川1998：55），埼玉，千葉，東京，神奈川，愛知，滋賀，大阪，福岡，沖縄の都府県では人口増減率がプラスとなり[4]，人口20万人未満の中小都市や小規模町村でも平均人口増減率は全国平均の0.2%を超える．平均高齢化率が低い府県についてみると，沖縄県（16.7%）に次いで愛知県（20.0%），滋賀県（20.5%），東京都（20.8%），埼玉県（21.0%）の順となり，人口増減率にほぼ対応したものとなる．

都道府県ごとに人口増減率と人口10万～20万人の都市の平均人口増加率との相関係数を求めると$r = 0.747$（$n = 42$）となるのに対して，人口3万～10万人の都市の平均人口増加率との相関では$r = 0.803$（$n = 47$）となる[5]．人口増減率がプラスの都府県では地方中小都市の人口増減率も高く，地方中小都市の人口増減率がその都道府県を代表しており，今日でも大都市近郊には人口増減率のやや高い衛星都市があるようにみえる．

図I-7によると，人口3万～10万人の都市の人口増減率が最も低いのは秋田

80　I　人口減少時代の到来と都市システムの構造

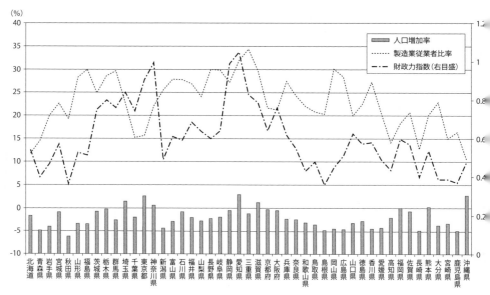

図I-7　中小都市（3〜10万人）の人口増加率，製造業従業者比率，財政力指数の都道府県間比較
注：製造業従業者比率は2009年現在．ただし市町村は2010年に調整．
資料：国勢調査（2010年），経済センサス基礎調査（2009年），総務省：平成22年度財政指数表による．

県の-6.2%，青森県，鹿児島県の-4.9%，長崎県の-4.8%となり，人口増減率は国土の中央部から縁辺部に向かって—完全に同心円状とはいえないが—低下する傾向にある．先にも述べたように，わが国の都市の人口増減率は市町村の人口規模によって異なるだけでなく，地理的位置とも関係するのである．

(2) 財政力指数

　市町村の財政状況を代表する財政力指数は，多くの場合，住民の生活の豊かさを反映したものである．市町村の財政力指数（2010年度）の平均値を都市規模別に示した場合にも（表I-27参照），財政力指数が高いのは大都市で，人口10万人以上の都市ではいずれも0.85を超え，人口規模による財政力の格差は少ないが，人口10万人未満の市町村では0.70未満となり，人口規模の縮小とともに急速に減少する．人口1万人未満の町村では平均0.29となる．

　もちろん，財政力指数も大都市圏やその周辺では高く，国土の縁辺部では低下

する。人口3万～10万人クラスの地方中小都市について都道府県単位で平均財政力指数をみると[6]，愛知県1.05，神奈川県1.00から鹿児島県0.37，秋田県0.36まで大きな差が認められる（図I-7参照）。したがって，人口増減率においてみたように，同じく人口3万～10万人の地方中小都市（平均財政力指数0.64）といっても，都道府県が存在する国土の位置関係によって大きく異なる。財政力指数は市町村の合併によって上昇したところもあり，低い状態にとどまる「合併への制約が大きい地域」[7]の非合併小規模町村との間には著しい差がある。ただし，原子力発電所や大工場の立地する市町村は国土の縁辺部にあっても特別に高いので，図I-8に示すように，財政力の異なる町村が隣接することになる。

財政力指数と人口増減率との相関係数は$r = 0.675$（$n = 1,727$，東京特別区を除く）で，比較的強い正の相関がみられる[8]。経済的に豊かな住民の多い市町村では財政力が高く，転入者の流入も多く，人口増減率も高まるものと考えられる。ただし，原子力発電所の立地する市町村のように，居住条件に恵まれないところでは人口増加はみられず，この原則には従わない。

(3) 産業別従業者

大都市・地方中小都市間における規模的差異や国土の中央部・縁辺部間の地理的差異は，人口増減率や財政力指数だけでなく，都市のもつ産業別従業者比率にも反映される。経済センサス基礎調査（2009年）によって主要9産業の平均従業者（民営事業所）比率を人口規模別に求めると，表I-14のようになる。平均従業者率が全産業の4.7%を占める生活関連サービス業・娯楽業（N）と2.95%を占める教育・学習支援業との間には顕著な段差がみられるので，平均従業者率が3%未満の産業は省略することにする。農林漁業は合計しても37.8万人(0.6%)にしかならないので省略する。その一方で，情報通信業（G），金融・保険業（J），学術研究，専門・技術サービス業（L）の3業種の従業者数は合わせると509.4万人（8.7%）となるので，第I章3節2)でもみたように，高次都市機能として考察の対象とする。

表I-14によって，これら主要産業の平均従業者比率を市町村規模ごとに考察すると，先にも述べたように，高次都市機能は大都市に集中しており，地方中小都市になるにつれてその従業者比率は低下する。サービス業（他に分類されないもの）も大都市ほど従業者比率が高い傾向があり，高次都市機能とやや類似

82　Ⅰ　人口減少時代の到来と都市システムの構造

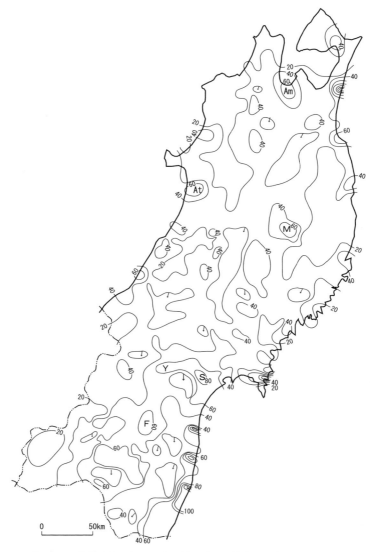

図Ⅰ-8　東北地方における市町村の財政力指数の分布（2000年度）
AM：青森市，At：秋田市，F：福島市，M：盛岡市，S：仙台市，Y：山形市
出典：森川（2015a）p.41 による．

する。従業者比率が9業種中最も高い卸売業・小売業（I）は人口2万人以上の市町村ではそれほど変動はないが[9]，それ以下の小規模町村では急減する。これとは逆に，建設業従業者比率は人口2万人未満の町村において急に増加しており，農村部における建設業就業者の増加が推測される[10]。

その他の業種で最も特徴的なのは製造業（E）である。製造業従業者比率は人口1万〜20万人クラスの地方中小都市では20%を超え，卸売業・小売業の従業者率よりも高率となるが，大都市や人口1万人未満の小規模町村では低下する。したがって，製造業は卸売業・小売業とともに地方中小都市の雇用を支える主要産業といえる。ただし，人口3万〜10万人クラスの地方中小都市についてみると，従業者率は湖西市（67.3%，静岡県）から熱海市（2.5%），国立市（2.3%，東京都）まで市町村によって著しい差異がある。したがって，中心地論において論じられてきたように（森川 1974：79），製造業は中心機能とは違って都市形成因子（stadtbildende Faktoren）ではなく，都市人口の集積地をつくるだけの特殊因子（singuläre Faktoren）であることが確認される。

図 I-7 をみても，地方中小都市の製造業従業者の平均比率は国土の縁辺部では低いが，30%を超えるのは三重県（34.3%），愛知県（32.1%），岡山県（30.1%）だけで，東京大都市圏ではない。一方，人口3万〜10万人クラスの地方中小都市における高次都市機能従業者の平均比率は，人口増減率や財政力指数の場合と同様に国土の中央部で高まる傾向はあるが[11]，それほど顕著な地域差はみられない。

その他の産業部門では，宿泊業・飲食サービス業の平均従業者比率は小規模町村と大都市でやや高いが，運輸・郵便業や生活関連サービス業・娯楽業，医療・福祉の平均従業者比率は，卸売業・小売業とともに都市規模による変動は少ない。

都道府県ごとに人口3万〜10万人の地方中小都市について相関係数を求めると，絶対値が0.500以上になるのは，製造業と医療・福祉（r = -0.728，n = 47），地方中小都市人口増減率と財政力指数（同 0.720），製造業と卸売業・小売業（同 -0.708），卸売業・小売業と医療・福祉（同 0.574），財政力指数と卸売業・小売業（同 -0.541），宿泊業・飲食サービス業と生活関連サービス業（同 0.529）だけである。上記のように，財政力指数が高く豊かな都道府県ほど地方中小都市の人口増減率が高くなるのは当然のことであるが，製造業従業者率の高い県ほど医療・福祉の

従業者が少ない傾向にあるのは意外である。地方中小都市において製造業と卸売業・小売業の従業者率の間に負の高い相関があるのは，両産業のいずれかが地方中小都市を支える主要産業のためと考えられる。製造業従業者率と財政力指数との間には低い相関（r = 0.407）しかないが，財政力指数と卸売業・小売業との間には負の相関（同 -0.541）がみられるのは，卸売業・小売業従業者の多い地方中小都市では製造業が未発達のため卸売業・小売業や医療・福祉の従業者比率が上昇したものと推測される。ただし，製造業および卸売業・小売業従業者率は，地方中小都市の人口増減率との間にともに相関（同 0.047, -0.067）がなく，産業構造が地方中小都市の人口増減率に影響することは少ないものといえる。

　以上の分析の結果，わが国の地方中小都市は人口増減率も財政力指数も低く，大都市のような活気がなく，就業機会は主に製造業や卸売業・小売業からなり，高次都市機能の従業者が少ないことが明らかとなる。先にも述べたように，東京特別区への人口流出が多いのは，高次都市機能従業者の多い広域中心都市や県内中心都市であって，高次都市機能従業者が少ない地方中小都市や小規模町村からは少ない（森川 2015b, 2016a）。地方中小都市と大都市との直接的な人的交流が少ないのは，地方中小都市はわが国経済の中枢部とは疎遠な関係にあることを意味する。

　もっとも，地方中小都市の人口増減率や財政力指数は国土の中央部と縁辺部で大きく異なるし，それぞれの産業従業者比率においても地域差がみられ，地方中小都市の衰退要因は人口規模だけにあるわけではない。

［注］
1) 人口 3 万人，2 万人，1 万人と細かく区分したのは，後述のドイツの都市との比較のためである。
2) 後述するように，昼夜間人口比率 1.0 未満をもって衛星都市とみなすことが多いが，このなかには通勤圏をもち中心機能をもつものがあるので，適当な指標とはいえない。
3) 人口 1 万人未満の小規模町村の中には，南牧村（57.2%，群馬県）や金山町（55.1%，福島県）のように，高齢化率（2010 年）が 50% を超える町村が 11 もあるが，都市との合併によって高い高齢化率が隠された旧町村もある。その一方では小笠原村（9.2%，東京都）など 15% 未満のものが 4 町村もある。

4) 本章3節2)で述べた社会増加地域は，大阪府と福岡県を除き，静岡県を加えた8都県からなる。
5) 同じく，人口1万～3万人の市町村の平均人口増加率と県の人口増加率との相関はr = 0.761（n = 47）であるが，人口1万人未満の町村ではr = 0.262（n = 46）となる。小規模町村の相関係数が低いのは前期高齢者の田園回帰の影響とみられる。
6) 人口3万～10万人クラスの地方中小都市の数は都道府県によって異なり，鳥取県では2市があるに過ぎない。また人口10万～20万人クラスの都市を対象としないのは都市を欠く県が多いためである。
7) 自治省は「合併への制約が大きい地域」を設けていたが，各都道府県の「平成の大合併」において考慮された地域は皆無であった（森川2015a：434）。
8) 都道府県別の分析でも人口3万～10万人の都市の平均財政力指数と人口増減率との間にはr = 0.737，平均高齢化率の間にはr = -0.672の強い相関があり，3指標間には密接な関係がある。
9) 大型量販店の出現後も地方中小都市の小売業従業者にはそれほど変化はないが，大都市の商業資本の進出が著しい。
10) 下平尾（1995）は東北地方の地方中小都市の衰退の1因として周辺地域の農林業の衰退をあげており，矢田（2015）も上記のように，基礎的所得循環（La循環）としてとりあげているが，今日では農林業就業者は著しく減少しており，農林業衰退の地方中小都市に対する影響は以前よりも低下し，建設業の影響が強化されているものと推測される。
11) 地方中小都市で高次都市機能の比率が高いのは東京都6.1%，福井県5.8%，静岡県5.3%，京都府5.0%の順となり，最低は三重県の2.6%である。

3) ドイツの中小都市
(1) ドイツの都市を取りあげる理由

　上述したように，地方中小都市が雇用を創出して活性化すれば，周辺農村を一体とした勢力圏を力づけることになり[1)]，地域格差を是正して国土の効率的な利用にも貢献するであろう。

　しかし，わが国の地方中小都市のなかには衰退の途をたどるものが多く，将来の人口減少社会においては人口減少の急速な進展が予想され，こうした目標とはかけ離れた状況にある。最近においても交通の改善や大都市資本の進出によって地方中小都市の小売商業は衰退し，プラザ合意（1985年）以後グローバル化に

よる工場の海外進出によって産業の空洞化もみられる[2)]。周辺農村の農林業も活性化の方向に進んでいるとはいえず，農村部町村が地方圏を活性化させる原動力にはなりそうもない。そうしたなかでも，地方中小都市が周辺地域の中心として福祉施設を整備し，高齢者—とくに後期高齢者—の大都市への流出を阻止することが課せられた重要任務といえる[3)]。全総時代には「国土の均衡ある発展」に努力してきたが，大都市と地方中小都市や農村部町村との地域格差を是正するには至らなかった。上記の矢田（2015：111）の説明にみられるように，資本主義発展の経済原理からみて地方中小都市の衰退は当然のことであった。

しかし，世界の先進国のなかには—少なくともこれまでのところ—中小都市の衰退がみられなかった国がある。それはドイツである。ドイツでは活力ある中小都市が多いし[4)]，空間整備政策において，ヨーロッパで最も特色ある政策を展開してきたのもドイツである（ARL 2011：757-796）。以下においてドイツの都市の実態を紹介し，わが国の地方中小都市との差異を見極め，わが国の地域政策への導入についても考察したい。

(2) ドイツ中小都市の特徴

ドイツの都市の人口推移を人口規模別にみると，表 I-28 のようになる。ドイツでは，旧西ドイツは 1970 年代に，旧東ドイツは再統一後の 1990 年代に，それぞれ市町村の再編（Neugliederung）が行われたが（森川 2005）[5)]，わが国の「平成の大合併」に当たるような戦後 2 度目の市町村再編は実施されていない。ドイツでは今日のわが国にみられるような市町村合併による都市人口の増大や市域の拡大は少なく，都市数も都市人口もわが国に比べて著しく少ないのが特徴である。大都市と呼ばれる人口 10 万以上の 80 市（2010 年現在）は中都市（2 万〜10 万人）[6)]以上の 668 市のうちの 12.0％に当たり，その総人口 2,549 万人は全人口の 31.1％に相当する。50 万以上の都市人口は全人口の 16.2％に過ぎない。これに対して，わが国の 10 万以上の都市は 268（人口 2 万以上の市町村 948 のうちの 28.3％）で，その人口は全人口の 69.3％に当たり，50 万以上の大都市人口は 31.6％となる（表 I-27 参照）[7)]。したがって，ドイツの人口 10 万人以上の都市人口比率はわが国の半分程度で，ドイツ人の多くは今日でも 10 万人未満の中小都市や農村自治体の居住者ということになる。

もう一つの特徴は，中小都市の人口増減率が平均して高いことである。表 I-28

表I-28 ドイツ都市の人口規模別人口および平均人口増減

市町村の人口規模	都市数		都市人口 (1,000人)(2010年)			人口増加率 (%)			
		%		%	累加%	1980-90年	1990-00年	2000-10年	1980-2010年
100万人以上	4	0.6	7,607	9.3	9.3	1.3	0.4	5.7	7.3
50万〜100万	10	1.5	5,652	6.9	16.2	-2.2	-1.6	2.9	-0.9
30万〜50万人	6	0.9	2,175	2.7	18.9	-0.4	-1.1	-0.6	-1.8
20万〜30万人	18	2.7	4,376	5.3	24.2	1.7	-4.1	0.6	-2.0
10万〜20万人	42	6.3	5,684	6.9	31.1	1.7	0.5	0.8	3.4
5万〜10万人	107	16.0	7,259	8.9	40.0	2.6	2.0	-0.9	1.1
3万〜5万人	210	31.4	8,096	9.9	49.9	2.9	5.2	2.0	10.9
2万〜3万人	271	40.1	6,595	8.1	58.0	3.9	6.9	1.0	12.7
合計	668	100.0	47,444	58.0		3.0	4.6	1.0	9.4

注1) 2013年の都市人口まで記載された資料のうち，2010年現在の人口2万以上の都市について集計した．人口増加率の資料が不備な5市（2万〜3万人）を除く．
注2) 都市人口は全人口（8,175.2万人）に対する比率（%）を示す．
資料：Liste der Groß- und Mittelstädte in Deutschland —Wikipedia（2015年）による．

によって1980〜2010年の人口増減率をみると，人口20万〜100万人の大都市が人口減少を示すのに対して，人口2万〜5万の中都市では人口増減率が最も高く，10%以上となる．わが国よりも大都市が少ないので，大都市による衛星都市の成長は少なく，中小都市の多くは自力成長の都市である．旧東ドイツでは，表I-29に示すように，再統一前の1980〜90年間には2大都市（ドレスデン，ライプチヒ）と中小都市において人口が減少したが，再統一直後の10年間にはすべての規模の都市において著しい人口減少がみられた．したがって，中小都市の5分の2を占める縮小都市（schrumpfende Stadt）の多くは旧東ドイツにある[8]．旧東ドイツでは，大都市を例外としてすべての市町村で強い縮小過程に直面している．旧西ドイツでは成長都市が多いが，小規模町村ほど，そして大規模中心地から離れるほど強い縮小過程にある（BBSR 2012a：81）．

人口100万人以上の4大都市（ベルリン，ハンブルク，ミュンヘン，ケルン）の人口は，2000〜10年の最近10年間には平均5.7%と増加率が最も高いが，人口2万〜5万人の都市も1.0〜2.0%の人口増減率を示し，人口減少がみられる人口30万〜50万人，5万〜10万人都市のなかにあって，人口増減率が低い都

表Ⅰ-29　旧東ドイツ都市の人口規模別人口数および平均人口増減

市町村の人口規模	都市数		都市人口 (1,000人)(2010年)			人口増加率 (%)			
		%		%	累加%	1980-90年	1990-00年	2000-10年	1980-2010年
100万人以上	1	1.0	3,461	21.2	21.2	12.6	-1.5	2.3	13.5
50万〜100万	2	2.0	1,046	6.4	27.6	-7.1	-3.0	7.7	-2.9
30万〜50万人									
20万〜30万人	5	5.0	1,115	6.8	34.4	5.6	-14.4	-1.8	-11.8
10万〜20万人	3	3.0	364	2.2	36.6	5.5	-8.0	6.9	3.7
5万〜10万人	12	12.0	872	5.3	41.9	-0.8	-12.6	-6.2	-18.9
3万〜5万人	35	35.0	1,331	8.2	50.1	-3.8	-5.4	6.8	-1.4
2万〜3万人	43	43.0	1,044	6.4	56.5	-3.7	-10.7	14.7	-12.1
合計	101	100.0	9,223	56.5		-2.7	-8.5	8.3	-7.7

注1) 2013年の都市人口まで記載された資料のうち、2010年現在の人口2万以上の都市について集計した。人口増加率の資料が不備な5市（2万〜3万人）を除く。
注2) 都市人口は全人口（1,632.9万人）に対する比率（%）を示す。
資料：表I-28と同一。

市階級とはいえない（表I-28参照）。わが国の人口10万人未満の市町村では、上述のように、小規模になるほど人口減少率が高いのと比べると大きな違いである。

とはいえ、旧西ドイツでも旧東ドイツでも都市と農村を比較すると、GDPの傾斜が認められ、知的サービスや研究開発機能従業者比率においても農村は都市よりも低いといわれ（BBSR 2012b：19）、都市・農村間の基本的特性はわが国などと比べてもそれほど変わらないようにみえる。

わが国では戦後の高度経済成長期に、農村や地方中小都市から大都市圏や広域中心都市などに大量の人口が流出し、農村部町村の過疎化の進展を助長したが、旧西ドイツの農村部でも戦後の復興期には若者の人口流出はみられたものの[9]、わが国のように農村部から大量の人口流出はなく、「奇跡の経済復興」に必要な労働力は外国人労働者（Gastarbeiter）に求められた。彼らは特定の工業都市に吸引され、次第に分散していったが、1973年の新規雇用停止処分（Anerbenstopp）以後、その多くは移民となって定着した。しかし、移民が大都市の人口増加に大きく貢献したわけではない。今日のドイツ農村―とくに豊かな西南部地域―では、農村といってもわが国のように高齢者による零細な農業

表 I -30 ドイツ各州における出荷額最大 500 社の立地都市数（2005 年）

州	合計 A	合計 B	2～3万人 A	2～3万人 B	3～5万人 A	3～5万人 B	5～10万人 A	5～10万人 B	10～20万人 A	10～20万人 B	20～30万人 A	20～30万人 B	30～50万人 A	30～50万人 B	50～100万人 A	50～100万人 B	100万人以上 A	100万人以上 B
BW	99	23	44	5	33	5	13	7	5	3	2	1	1	1	1	1	1	
Bayern	55	18	31	3	7	2	9	6	5	4	1	1			1	1	1	1
Bremen	2	1							1						1	1		
Hamburg	1	1															1	1
Hessen	58	15	30	1	16	7	7		3	3	1	1			1	1		
NS	87	15	37	5	30	1	12		6	6	1	1			1	1		
NW	205	37	68	2	61	7	47	7	14	9	6	3	5	5	3	3	1	1
RP	20	7	5	2	7	1	4	2	4	2								
Saarland	10	3	3	1	6	1			1	1								
SH	20	3	10		5		3	1			2	2						
Berlin	1	1															1	1
BB	25	1	12		9	1	2		2									
MV	9		2		2		4				1							
Sachsen	23	2	10		7		3				1	1			2	1		
SA	16	1	10		1		1				2	1						
Thüringen	19	1	9		6		2		1		1	1						
全国	650	129	271	19	210	25	107	26	42	28	18	12	6	6	10	9	4	4
％		19.3		7.0		11.9		24.3		66.7		66.7		100.0		90.0		100.0

BW：バーデン・ヴュルテンベルク州，NS：ニーダーザクセン州，NW：ノルトライン・ヴェストファーレン州，
RP：ラインラント・プファルツ州，SH：シュレスヴィヒ・ホルシュタイン州，BB：ブランデンブルク州，
MV：メクレンブルク・フォアポメルン州，SA：ザクセン・アンハルト州

注1）A：都市数，B：そのうち出荷額最大 500 社の本社をもつ都市数．製造業以外の大企業は除く．
注2）各都市のもつ本社数や業種は省略する．
資料：Hänsgen, et.al, Hrsg. (2010) の図 3.3 (S.63) からの集計による．

経営は少なく（Brachat-Schwarz 2006）[10]，農業の衰退が中小都市の経済に影響することもない．農村部でも交通の便がよく，安価な地価を利用して工場など事業所の進出がみられる．

　Blotevogel（1982）が説明した多極分散型の「頭の丸い」都市システムには，再統一後においても大きな変化はみられない．大企業の立地状況もわが国とは著しく異なる．製造業出荷額上位 500 社（2005 年）の立地都市を示した表 I-30 によると，その分布には著しい偏りがあり，旧西ドイツの 6 大都市（ハンブルク，

デュッセルドルフ,ケルン,フランクフルト,シュトゥットガルト,ミュンヘン）に4分の3以上が立地する（Hänsgen, Hrsg. 2010：62-63）[11]。したがって,製造業の大企業本社が大都市に立地する傾向は否定できない。人口30万人以上の20市のうちではドレスデン市を除くすべての都市に大企業本社が立地する。しかしその一方で,人口3万～5万人の都市の11.9%に大企業本社が1社以上立地するし,人口2万～3万人の都市でも7.0%に立地する[12]。わが国では40%を超える大企業本社が東京特別区に集中しており（阿部2014a,b）[13],人口2万人程度の町村に立地する大企業は皆無といえよう。

その一方で,旧東ドイツに立地する大企業本社はきわめて少ない。シーメンス社をはじめベルリン企業の多くは国土の分裂時に旧西ドイツに移転したので（山本 1993:85-120）,現在では大企業本社のベルリンへの立地は少ないし,旧東ドイツの国営企業は民営化の過程で分裂して規模を縮小した。

労働力の確保と交通インフラの利便性において大都市は有利といわれるが,ノルトライン・ヴェストファーレン州商工会議所が人口2万～10万人の中都市を対象に実施した「企業の主要立地要因」調査によると,表I-31に示すような細かな条件が掲げられる。そこでは,行政の対応や交通条件は重視されるが,同一業種の集積による利便性や大都市への近接性など大都市への集中を推進するような条件はみられない。

表I-31 ノルトライン・ヴェストファーレン州の中都市における「企業の主要立地要因」

順位	事　項	順位	事　項
1	広域的交通条件	11	都市行政とのコミュニケーション
2	行政の企業優遇条件	12	認可手続きの期間
3	賃金水準（人件費）	13	専門家の利用性
4	企業へのアクセス	14	都市行政のサービス
5	諸提案とのつきあいの柔軟性	15	労働力の得やすさ
6	労働力の質	16	都市の経済振興
7	電気・ガス料金	17	都市内部道路
8	事業所税率	18	都市行政の経済性（節約）
9	アウトバーンへの接続	19	土地取得
10	地域的な道路状況		

資料：Mittelstädteranking Nordrhein-Westfalen, IHK zu Düsseldorf―IHK.de (Adobe PDF) S.8 による。

また，大学の立地数をみると（Hänsgen, Hrsg. 2010：94），最も多く集中するのはベルリン（23校）であるが，古い大学は地方の中小都市に立地したため，中小都市にも有名大学が立地する。旧西ドイツでは空間整備政策のもとで1970年代に新設された大学は中心地を考慮して全国に比較的均等に分布しており，旧東ドイツにも多くの大学が立地する（図表省略）。東京都における私立大学の集中[14]が東京一極集中を主要原因の一つとされるわが国の場合とは大きく異なる。

(3) ドイツの中小都市に活力を与える要因

以上のように，ドイツでは経済活動，文化活動を問わず，わが国とは違って著しく分散的であり，中小都市にも重要な任務が与えられている。中小都市（0.5万〜10万人）には全人口の61％が居住しており，地域の拠点（Ankerpunkt）として経済・社会の発展に決定的な重要性をもつといわれる（BBSR 2012a：18）。表 I-28 に示すように，ドイツの中小都市に人口増加がみられる要因については，次のようにまとめることができる。

①ドイツは古い歴史に根ざした連邦国家であり[15]，わが国のような社会経済的活動の一極集中はみられないし，都市システムの形態も大きく異なる。ドイツでは人口10万人以上の都市人口比率が低く，人口100万人以上の大都市も少なく，高次都市機能も大都市に集中していないと考えられるので，中小都市は大都市に対してそれほど劣勢とはならない。その点では，ヨーロッパ大都市圏（europäische Metropolregion）[16]の発展は今後の中小都市の成長に影響を及ぼす可能性がある[17]。

②わが国では，高度経済成長期以後の経済成長やサービス経済化は経済の全国的循環の比重を高め，地方経済における域内循環は相対的に低下した（矢田 2015：111）。全国的な大型量販店の登場により地方中小都市にはシャッター通りが現われ，地方中小都市の衰退を促進した。それに対して，大都市の少ないドイツでは中小都市の役割が相対的に大きく，所得循環も狭い地域に限定されない。表 I-30 に示すように，製造業出荷額上位500社の企業本社が中小都市にまで立地するのはその証拠と考えられる[18]。

③都市機能についてみると，上位階層の都市ほど多様な機能をもち，経済競争にも強く，人口増加率も高いはずである。しかし，ドイツには長い歴史を経

て成長してきた中小規模の世界的にも有名な一流企業の多くが中小都市に立地しており，中小都市の活力の源となっている。これらの企業は，ほぼ均等に分布する大都市に空路により容易に到達できるというメリットもある[19]。また後述するように，イタリア，フランス，ドイツなどのヨーロッパ諸国では，地域資源と技能熟練を重視した地域内循環型の文化型産業も重視した二本足の産業振興策を実施しているため，わが国とは違って，小零細企業の比重が21世紀に入ってからも低下していないといわれる（吉田2015）。

　表I-31にも示すように，大都市における集積の利益がそれほど重視されないのは，優れた交通条件によるものと考えられる。もちろん，大都市との競合関係において中小都市はまったく対等の関係とはいえないが[20]，集積の利益は良好な交通条件によって補完されているようにみえる[21]。

　④ドイツでは1965年の空間整備法の制定以後，一貫して「点と軸による開発構想」を採用して「同等の生活条件」の確立に努力してきた。中小都市は上位中心地（Oberzentrum），中位中心地（Mittelzentrum），基礎中心地（Grundzentrum）としてそれぞれ重要な任務を持ち[22]，政策的にも保護されてきた。認定された中心地において不足した公的施設は補われるし，新規の公的施設は上位階層の中心地から設置されるし[23]，大型量販店の出店にも空間整備政策による規制が強く作用する（Priebs 2013：227-230）。

　このようにして，民間事業所の立地においても中心地階層の評価が影響するので，各自治体はできるだけ上位の中心地の認定を望むことになる。一旦認定された中心地階層は長期間固定されるので，都市の自由な発展を妨害する政策という批判もあるし，国土の全域にわたって「同等の生活条件」を維持するよりも地域に適合した機能の発展を目指すべきだという声もあったが（森川1988：43），ドイツではこの政策は依然として重視されている。旧西ドイツ地域においては過疎地域の分布がごく限られた条件不利地域に限定されるのは，その成果といえるであろう[24]。ただし，2006年の空間整備閣僚会議（MKRO）では，①成長とイノベーション，②生活基盤（Daseinsvorsorge）の維持，③資源保護と文化計画の構築という三つの目標が定められ，「同等の生活条件」に当たるのは②の目標である（BBSR 2012b: 211-216）。「同等の生活条件」と並んで成長目標が大きくとりあげられ，目標の内容も時代とともに変化してきた。

⑤わが国ではプロイセンに倣って導入された郡制が1923年には廃止されたが，ドイツでは今日まで存続する。郡には郡役場があり，郡所属市町村の行政を支援する。州と市町村の中間にあって自治権をもつ郡役場が置かれた郡役所都市（Kreisstadt）は，行政中心地として大きな役割を果たすのに対して，郡制を廃止したわが国ではその機能の多くは県庁都市に吸収されてしまった。郡制廃止以後には町村は（市制）都市と基本的には同格に扱われることとなったが，現実には劣勢に立たされた。町村には職員数がとくに増加したわけではなく，旧郡役所都市の衰退は著しい。ドイツでも市町村合併の際には郡の合併も同時に行われ，2・3の郡が統合されたので，郡役所が廃止された都市は不利益を被ったが，郡役所の機能はいずれかの中小都市にとどまり，職員の雇用は郡内で維持されてきた。

このように，ドイツの中小都市はわが国とは著しく異なった条件のもとで成長してきたとみることができる。ドイツでは大都市の一極集中が未発達な状況下において一極集中の抑制に努めてきたが，その政策を東京一極集中の是正策として，わが国でもそのまま採用することができるだろうか[25]。今から道州制を採用して地方分権国家を樹立したとしても，東京一極集中が問題なく解決されるとは思えない[26]。「同等の生活条件」の確立を目標とするドイツの空間整備政策を採用しても，深刻な一極集中問題に悩むわが国において，ドイツと同様の成果を得られるかどうかは疑問である。わが国の地方中小都市は大都市との強い競合下にあって劣勢に立たされているので，振興策の効果が生じにくいと考えられるからである。

当然のことながら，ドイツでも将来の人口減少を見越して中小都市の振興策が考えられている。中都市（人口2万～10万人）の強みは，大都市とは違って上下両極端の社会階層に属する市民が少なく，全体としてバランスがとれた社会である。市民の多くはスポーツクラブなどの活動を通じて自市に対する愛着が強い（BBSR 2012a：56）。また，中都市の中には健全経営の中小企業が多く，経済的に恵まれた都市が多いし，小回りがきく都市政策を実施することもできる。中都市の政策は大都市を模倣するものではなく，ヒトやモノ，資本，情報の流動性を強化し，居住環境や企業立地条件の質を高めることによってストレスの多い大都市や退屈な農村生活を望まない人々を吸収すれば，将来の道が開けるだろうと考

えられている（Blotevogel 2014）。

　一方，Priebs（2015）は，インナーシティの改善，空屋の管理，交通アクセスの強化，連邦・州の政策，広告宣伝，文化事業の開催などによる地方中小都市の発展策を考えており，わが国の振興策と本質的な差異はないようにみえる。

　わが国の地方中小都市の多くは国家的都市システムの底辺近くにあって，これまでの経済発展の中で衰退の一途をたどってきた。地方中小都市の勢力圏の圏外にある地域はもちろんのこと，勢力圏内にも過疎地域が広がり，人口減少期を迎えて「消滅可能性都市」の到来が危惧されている（増田編 2014：29）。地方中小都市が「消滅」すれば，そこから生活に必要な都市的サービスを受ける圏内の農村部町村が衰退するのは論を待たない。

［注］
1) 上述したように，大阪市や名古屋市を含めた広域中心都市は東京特別区への人口流出が盛んであり，通常の振興策では「人口のダム」の形成は困難とみられることからすると，地方中小都市の活性化は県内中心都市や広域中心都市との人口交流を活発にするとしても，その間に起こる人口流出を抑制できるかどうかは疑問である。しかし，地方中小都市の活性化は周辺地域の定住を促進することには貢献するであろう。
2) 企業の海外生産比率はプラザ合意以後上昇を続けており，輸送機械（全生産量の40.2％），情報通信機械（28.3％），搬用機械（26.6％）が海外生産で生産され，内需産業は次第に縮小している（入谷 2015）。さらに，1990～2013年間に正規職員・従業員は全国では194万人も減少し，非正規労働者は1,025万人に激増し，社会保障制度は脆弱化した（鶴田 2015）。
3) 政府の「地方創生」策においては，地方中小都市への高齢者や児童のための福祉施設を設置することによって，福祉サービス業の雇用力が増大することに期待している。しかし，先に述べた高齢人口の移動状況（2010年）からすると，農村部町村や地方中小都市の高齢人口はより大規模な都市に向けて転出超過がみられるので，地方中小都市への福祉施設の整備が高齢者の転出超過を抑制し，多くの高齢人口を収容することによって雇用創出をもたらすかどうかは疑問である。
4) Blotevogel, H. H. 教授からの私信によると，国際的に比較しても，ドイツのように中小都市が大きな役割もつ国は少ないとのことである。
5) ただし，森川（2005）に示すように，州によっては市町村連合（Gemeindeverband）が形成されたところもあり，すべての市町村が合併して統一自治体（Einheitsgemeinde）

になったわけではない。
6) Blotevogel（2014）のように，ノルトライン・ヴェストファーレン州の現状からみて人口4万～20万人を中都市とすることを提案する人もあるが，一般的には人口2万～10万人の都市が中都市である。
7) ドイツでは大都市の生活条件がとくに優れているとはいえないようである。失業者が多いし，家賃が高く，住居は狭く，緑に恵まれず，所得も有利とはいえない。しかし，都市の魅力や教育，就業地には優れるため単身居住の人が多い。生活環境がよいのは大都市郊外であり，中小都市の居住満足度も高い方である（BBSR 2012a：71）。
8) 連邦空間整備研究所（BBSR）では，①最近5年間の人口増減（％），②人口1,000人当たりの転出入（3年間平均），③最近5年間の就業者増減（％），④失業率（2年間平均），⑤人口当たりの税収，⑥人口当たり購買力（ユーロ）の6指標を設定し，5～6指標が全体の25％以下にあるとき「強い縮小」，1～3の場合は「弱い縮小」に区分する（BBSR 2012a：81）。
9) 1950年代末には人口流出が農村問題となり，農村の中心集落の整備が大きな課題であったし，1963年の空間整備報告書には農村地域における集落構造の欠陥が指摘されたこともあった（Blotevogel 1995）。ドイツでは1960年代・70年代には都市農村傾斜，1980年代には南北傾斜，1990年代以降は東西傾斜が顕著であるといわれる（BBR 2005：107）。
10) ただし人口密度の低い旧東ドイツ中北部の農村では，旧西ドイツの農村とは大きく異なり，高齢化と人口減少が著しい（BBSR 2012a：86）。
11) しかし，大企業本社が最も多く立地するハンブルク市でも37社（最大500社のうちの7.4％）に過ぎない。
12) 表I-30は著者が「ドイツ・アトラス」図3.3に記載された地名から作成したものである。なお，図3.3は2002年の状況を示した「ナショナル・アトラス」（Leibniz-Institut für Länderkunde, Hrsg. 2004：14-15）の2005年版を示したものである。人口2万人未満の市町村に立地する大企業は集計から除外した。
13) わが国では複数本社制を採用する大企業が多く，第二本社が事実上の本社とみなすと東京の本社数は50％近くにもなる（阿部 2014a,b）。
14) 学校基本調査（2015年度）の「大学の都道府県別学部学生数」によると，東京都の大学・大学院学生数は65.5万人（うち91.9％は私立大学）で全体の25.6％（人口では10.2％）を占めており，東京一極集中の原因の一つには私立大学の東京集中が考えられる。かつて恩師故Schöller, Peter教授（ルール大学）が「日本には私立大学の大都市への設置規制はないのか」といわれたのを思い出す。設置制限法が制定された

のは高度経済成長期が終焉した1975年のことであった．なお，ドイツでは私立大学は増加傾向にあるとはいえ，きわめて少ない．
15) ドイツは中世以来小国分立の状態にあり，中央集権制度が採用されたのはナチ時代（1933〜45年）だけであった．
16) ヨーロッパ大都市圏の導入はHARA（BMBau 1995）の重要任務の一つであったといわれる．1995年の空間整備閣僚会議（MKRO）においては6市に加えて，ザクセン三角地帯が可能性をもつ都市として指定されたが，2005年には4地区が新たに追加されて11となった（ARL 2011：28）．
17) ただしBlotevogel, H. H. 教授からの私信によると，今日みられる再都市化（Reurbanisierung）は大都市によっても異なり，発展がめざましいのはベルリン，ハンブルク，ライプチヒ，ケルンなどで，ルール地域の大都市は停滞的である．したがって，中小都市に対する影響も大都市によって異なるだろうとのことである．また大都市の人口増加は長続きしないものと予測されている（BBSR 2012a：60）
18) 今日，経済活動の活発なバイエルン州において大企業本社の立地が—ノルトライン・ヴェストファーレン州などに比べて—比較的少ないのは意外に思える．
19) Blotevogel, H. H. 教授の説明による．なお，空間整備報告書（2011年）によると，上位中心地への距離はだいたい50 km以下で，全人口の2/3は乗用車で30分以内，97％は60分以内で到達でき，30分以内にアウトバーンに到達できる人は94％，いずれかの国際空港に車で60分以内で到達できる人は全人口の70％以上に達するという（BBSR 2012b：80-84）．
20) もちろん，ドイツにおいても矢田（2015：111）の示した競争原理が完全に無視されるわけではない．ノルトライン・ヴェストファーレン州では2010年以後中小都市の18〜25歳人口の流出による人口減少が著しい（Blotevogel, 2014）．人口減少や買物慣行の変化（通信販売の増加）などによって中小都市（0.5万〜10万人）は衰退傾向にあることが，Priebs（2015）によっても指摘されている．
21) ドイツでは人口減少や事業所の廃止・縮小のために，辺地農村の通勤者の通勤距離が延長されるといわれ，通勤率が低下するわが国の辺地農村とは異なる状況がみられる（BVBS 2006：27）．
22) 中心地の認定は各州によって行われるので，全国118の上位中心地（ベルリンを含む，2011年）には人口10万人未満の都市も含まれる（BBSR 2012b：33）．
23) シュレスヴィヒ・ホルシュタイン州やテューリンゲン州のように，通常の市町村財政調整（kommunaler Finanzausgleich）に加えて，中心地を支援する州もある．
24) 中位圏（Mittelbereich）の中心地とその圏域農村の人口増減にはとくに強い相関は

なく，中心地が圏域町村の人口増減に直接影響を与えるとはいえないが，ドイツにおいて小規模町村からの人口流出は少なく，過疎地域が限定された地域にとどまるのは空間整備政策の成果であると著者は考えてきた。

25) Blotevogel（1995）は，急速に発達した巨大都市をもつ第三世界の空間計画にとっては，都市システムの分散化を通じてのみ深刻な地域格差が緩和されるので，中心地概念はとくに重要であるとしているが，一旦形成された一極集中現象を分散化させるのは容易なことではないと著者は考える。

26) 佐々木信（2015：82）によると，考えられる道州制には①中央集権型道州制，②地域主義型道州制，③連邦型道州制があり，氏は②をわが国にとって最適なものと考える。それは，府県制に代えて都道府県を統合するとともに，国の出先機関を包括して国からの行財政権限を移し，内政の拠点性をもつ広域自治体で，道州間の財政調整をも考慮する。

5. 本章のまとめ

本章では，主として人口増減や人口移動を通してわが国の都市システムの現状について考察した。そこでは，わが国の国土の骨格をなす都市システムがいかなる構造をもつのか，それはドイツと比べてどのような特徴が認められるのか，人口減少時代に対応してどのように変化しつつあるのか，などについて検討した。

本書のタイトルは『人口減少時代の都市システムと地域政策』としたが，2040年の状況に関する考察は国立社会保障・人口問題研究所（2013）の人口予測に基づくだけであり，人口移動の現状分析によって得られた都市システムに関する現状から推測するにとどまる。その結果をもとに，第Ⅱ章と第Ⅲ章では地域政策について考察する。もちろん，人口減少時代における地域政策は都市システムの問題だけではないが，都市システムを改善し整備することがきわめて重要であると考える[1]。

本章の考察を通じて理解されたことを整理すると次のようになる。

①わが国では，小規模な市町村ほど人口増減率が低く，過疎地域以外にも人口減少の激しい市町村が現れるようになった。しかし，2005〜10年と2010〜15年を比べると人口減少率が縮小した町村もあり，一景気変動による一時的な現象

かもしれないが―人口の激減地域では「下げどまり」傾向もみられる。また小規模な市町村ほど年少人口率や生産年齢人口率が低く，高齢人口率が高いが，小規模町村では高齢者の減少によって高齢人口の増減率（2005〜10年）が低下するものもある。しかし，中年人口から新たな高齢人口が供給されれば高齢人口の減少は起こらないので，小規模町村のすべてが，増田編（2014：15）が指摘する人口減少の第3段階に到達するわけではない。

②国立社会保障・人口問題研究所（2013）の人口推計によると，2010〜40年間の全国の人口増減率は17.2％の減少に過ぎないが，地方中小都市や小規模町村では人口減少率が高く深刻なものとなる。地方中小都市の人口減少はその勢力圏にある農村部町村の衰退を助長し，地方圏の広大な地域が限界集落や無住地域と化す可能性がある。それに対して，東京大都市圏の人口減少は少ないし，広域中心都市や県内中心都市から大量の人口流入がみられるので，―効果的な施策が講じられない限り―東京一極集中は今日よりも一層突出した状態となり，地域格差のさらなる拡大が予測される。

③わが国の都市システムでは，東京を頂点として広域中心都市，県内中心都市（県庁都市），地方中小都市からなる階層構造がみられるが，農村部町村の上に位置する地方中小都市の階層構造は複雑で，一部の地域では上下2階層に分かれるところもある。その一方で，大阪市の衰退によって三大都市圏の特別な位置づけは薄れてきており，東京が最高階層の中心都市として突出する一方，大阪・名古屋両市は広域中心都市に近づいている。また，近隣の広域中心都市同士の緊密な関係が目立つようになり，クリスタラー型構造を土台としながらも改良プレッド型構造が鮮明なものとなってきた。大都市ほど水平的な都市機能が発達するので，―将来道州制が導入されないとしても―改良プレッド型構造は成長していくものと考えられる。

④人口移動において市町村間の最大純移動先をみると，大阪市や名古屋市をはじめ広域中心都市や県内中心都市は，周辺の地方中小都市や農村部から人口を吸引して東京特別区に向けて大量の人口を流出しており，いわば「吸水ポンプ」の役割を果たしているようにみえる。「吸水ポンプ」と「人口のダム」とは対立する概念であり，このような状況の下では，広域中心都市や県内中心都市が「人口のダム」の役目を果たすことは不可能と考えられる。

⑤高次都市機能従業者の少ない地方中小都市や小規模町村では，広域中心都市や県内中心都市への人口流出が多いが，職業的な関係もあって，東京特別区に対する直接的な人口流出は量的にも少なく，比率的にも低い。ただし，中小都市といっても国土の位置によって差異があり，国土の中央部にある中小都市では人口流出は少なく，社会増加を示すものもある。

⑥人口移動を年齢別にみると，その中心をなすのは若年人口であり，大都市の多くは若年人口の転入超過によって社会増加を示すが，壮年人口や中年人口においては転出超過がみられる。それとは逆に，人口約20万人未満の地方中小都市では社会減少を示すものが多いが，なかには若年人口は転出超過でも壮年人口や中年人口の転入超過によって社会増加となるものもある。

⑦中年人口（40〜64歳）の移動は量的には多くないが，欧米諸国には早くからみられた引退移動が発生するようになり，UJI ターンによって転入超過を示す地方中小都市や小規模町村が多い。一方，高齢者では，前期高齢者のUJI ターン移動は西南日本に卓越し，東北・北海道には少ない。後期高齢者になると，全国どこでも「呼び寄せ移動」や施設入居のために大規模な都市に移動する人が多い。ただし，東京特別区では中年人口も高齢人口も著しい転出超過である。

⑧情報通信業（G），金融業・保険業（J），学術研究，専門・技術サービス（L）を高次都市機能とすると，その従業者比率は大都市ほど高く，人口20万人未満の地方中小都市では急に低下する。地方中小都市では高次都市機能の従業者率が低く，東京との人口移動も少なく，わが国経済の中枢部門からかけ離れた存在であり，そのことが地方中小都市の衰退の主因をなすものと考えられる。これに対して，ドイツでは大都市の一極集中がみられず，中小都市にも主要企業が立地して，大都市との競合において不利な条件が少ないことがその活力の源とみることができる[2]。

[注]
1) ドイツの農村地域においては中位中心地が「安定化の支柱」とされているが，人口減少のもとで，既存の中心地の能力やアクセスを損なうことなく中心地数の減少を考えている州もある（BBSR 2012b：213）。
2) ドイツの中小都市のもつ中心機能以外の特殊機能として，余暇・観光，官庁・連邦

施設,大学をあげているが,主要企業本社についてはなぜか触れていない(BBSR 2012a:39-50)。

Ⅱ 人口減少時代における地域政策構想と市町村行政の現状

　本章では，前章で述べた国土の実態から次章の具体的な地域政策に関する考察に至る中間段階にある問題について考察する。その一つは計画目標の変更の中で強まってきた国土のあり方に関する問題である。全国総合開発計画の廃止と新しい国土形成計画の導入，さらには「まち・ひと・しごと創生総合戦略」について触れた後，国土のあり方に関する新たな意見について紹介し，著者の見解を披露する。そしてさらに，市町村行政の現状理解のために，集落維持活動や公共施設の運営状況についても検討することにする。

1. 全国総合開発計画から国土形成計画，地方創生戦略へ

1）全国総合開発計画とその終焉

　1962年に始まる全国総合開発計画（全総）は，五全総に至るまで各時代における国土のあり方を国民に提示し，各地域は全総が示す方向を指針として将来構想を描いてきた（奥野 2008：42）。その主要目標には「国土の均衡ある発展」を掲げ，①地域の生活と産業の基盤整備，②地域の主体的な取り組み，③地域間の交流・連携による地域と国の活性化をめざしたものであった。

　全総の実施によって地域間の所得格差は縮小し，地方の人々の生活は改善されてきた。しかし，三全総が策定された1977年には高度成長という根拠は失われていたし，四全総や五全総においては「国土の均衡ある発展」という枠組を失うような結果になっていた。したがって田代（1999）のように，全総が十分に機能したのは新全総までであったとみる人もある。

　少し詳細にみると，一全総では拠点開発方式が採用され，新産都・工特地区が

全国各地に設定された。続く新全総でも高速道路や高速幹線鉄道，通信網など全国的なネットワークの整備と，大規模工業基地などの産業開発プロジェクトが実施された。その一方では，生活環境の整備が重視され，広域生活圏でもって国土の効率的再編成を図ろうとしたのも新全総であった。しかし1970年代後半には三大都市圏への人口流入が減少期を迎え，過疎地域の人口減少も鈍化したのを契機として，三全総では「生活」と「地方」に注目され，若年人口の地方定住促進が計画された。

1980年代に入ると経済の国際化が進行し，東京一極集中が強化され，過疎地域の人口減少は再び活発化した。四全総では東京大都市圏の国際金融都市化と多極分散，定住と交流といった相反する方向が混在する結果となった。続く五全総はこれまでの国中心，開発中心の国土計画の考え方とは一線を画すとの意味を込めて「21世紀のグランドデザイン」と呼ばれ，国土計画行政は転換への兆しを示すものとなり，多自然居住地域（低密度居住地域）[1]の創造や大都市のリノベーション，地域連携軸の展開，広域国際交流圏の形成などさまざまな目標が掲げられた。

21世紀に入るころには，人口減少や高齢化，グローバル化，情報通信技術の発達など，社会経済状況の新たな変化が現れ，国民の価値観の変化・多様化もみられるようになった。そうした変化のなかで，全総による全国一律的な指針性は次第に薄らいできた。その批判としてあげられたのは，①地方圏の成長により巨大な経済規模をもつようになった現在，政府が各ブロック圏の計画に細かく指示する必要は低下してきた，②開発中心主義からの転換がはかられ，政府の公共投資に対して批判が強まってきた，③環境問題と国民の安全・安心への関心の高まってきたこと，などであった（奥野 2008：69）。

かくして，2005年には国土形成計画法に改正されて全総は廃止され，「国土の均衡ある発展」目標は撤去された。目標変更の主な理由は，グローバル化のもとでは「国家の相対化」の方向に変化してきたし，人口減少に伴う国家財政の窮乏化によって「国土の均衡ある発展」を目指した十分な財政支出ができなくなったことにある。グローバル化のもとでは，多国籍企業を呼び込むためには企業立地に適した規制緩和が必要であり，各地域の自主的活動が要求される（山崎 2009，根岸 2009）。道州制の導入に関する論議も[2]この路線に沿ったものとみられる。

「国土の均衡ある発展」を目指して過疎地域対策など条件不利地域を支援するには多額の予算が必要であるし，今後ますます人口減少が進むにつれて過疎地域は拡大の一途をたどることにもなる[3]。地方交付税の名目 GDP に対する割合も 1990 年代後半以降上昇しており，わが国の経済力に見合わないものとなりつつあり（奥野 2008：50-51）[4]，今後縮小する国家予算でもって対処することは不可能となる。これまで通り「国土の均衡ある発展」を目指して大都市圏と地方圏間にみられる地域格差の是正に努めることは困難となる。しかも，わが国の地域間格差は世界的にみると小さい方であり，こうした目標変更はそれほど深刻な問題とはいえない。都道府県別1人当たり GDP のジニ係数はスウェーデンに次ぎ，OECD 加盟国 29 カ国中 2 番目に小さく，1995～2007 年間にほとんど拡大していないといわれる[5]（豊田 2013）。

[注]
1) 多自然居住地域については第Ⅲ章6節2) において詳述する。
2) 入谷（2015）によれば，道州制案には，a) 自民党の道州制推進基本法案（2013 年 10 月），b) 第 28 次地方制度調査会答申（2006 年 2 月），c) 経団連案（御手洗会長の講演 2008 年 8 月）があり，道州制の枠組みでは，①国際競争力を有する地域経営の主体，②都道府県の事務のうち主に広域事務と連絡調整事務を担当，③「規模の経済」と「選択と集中」による行政改革，の 3 点にまとめられるという。道州制の導入は地域経済に対する負の影響が強いことを恐れている。
3) 第Ⅰ章1節でみたように，2010～15 年の人口増減率と過疎市町村率の間には強い相関がなく，今後は過疎地域以外の市町村でも急速な人口減少が起こる可能性がある。一方，独自の財政をもたない「一部過疎地区」の今後の更新はできないし，過疎地域の支援は必要なものとしても，これまでの法律の適用な困難なものと考えられる。
4) GDP と比例することなく，一方的に地方交付税交付金が上昇するのは不適当である。ドイツでは州間財政調整（Länderfinanzausgleich）や市町村間財政調整は GDP と対応しており，GDP が伸びないときには調整額も伸びない。
5) ただし朝日新聞（2016 年 8 月 5 日）によると，都道府県別に大学進学率（2016 年）では最上位の東京都 72.7％と最下位の鹿児島県 35.8％の差は 40 ポイント近くもあり，20 年前に比べて 2 倍に拡大したといわれる。病院での「看取り率」にも地域差が大きく，すべての面で地域格差は低いわけではない。

2）国土形成計画の概要

2014年7月には「国土のグランドデザイン2050」が策定され，2015年8月14日の閣議決定によって新たな国土形成計画（全国計画）[1]が発表された。新たな国土形成計画は2050年を目標とした長期的な見通しに立って，これからの10年間における国土形成の取り組みを計画的・効率的に実施しようとする政府の総合的なビジョンである。

全国計画では国土の基本構想として，次の3点を重視する（国土交通省2015）。①対流こそがわが国の活力の源泉であるので，対流促進型国土の形成を推進する。②人口減少により生活サービス機能が成り立たなくなる恐れがある地域では，高齢者をはじめとするすべての利用者にとって，サービスの利便性を確保し，機能を維持する必要があり，重層的かつ強靭な「コンパクト＋ネットワーク」（「まとまりとつながり」）を構築する。③ICT（情報通信技術）の進化や田園回帰などライフスタイルの変化などを踏まえて，全国各地に生活サービス機能，個性ある産業などの拠点を形成し，東京一極集中を是正する。それとともに，東京は過密問題や防災面に対応しつつ，世界有数の国際都市として他の大都市と共に国際競争力の向上に努める，である。

地域構造の将来像については，「コンパクト＋ネットワーク」の考え方に基づいて，①集落地域における「小さな拠点」の形成と活用，②地方都市におけるコンパクトシティの形成，③連携中枢都市圏等による活力ある経済・生活圏の形成による活力ある経済・生活圏の形成を目標とする。このような説明においては，都市システムの階層構造が考慮されているようにみえるが，全国全地域に対するクリスタラー型の合理的な都市的サービスの供給を意図したものかどうかは疑わしい[2]。

ここでいう「小さな拠点」は歩いて行ける範囲にある中心地で，小学校区などに該当する。また，コンパクトシティは都市郊外における土地開発の抑制，市街地における未利用地の有効利用，市街地の無秩序な縮小の防止を目的としたもので，自然・田園環境の再生にも取り組む都市を指す[3]。このような中心地を国土全体に重層的に形成することによって，それぞれの地域が連携しながら生活サービス機能から高次都市機能，国際業務機能を提供し，イノベーションを創出するとともに，災害に対しても強くしなやかな国土構造を実現することを目標とする

(国土交通省 2015)。

　国土形成計画は全国計画と地域計画からなる。地方計画は，全国を 8 ブロック（北海道と沖縄県を除く）[4]に区分した各地方において策定された（国土交通省広域地方政策課 2016）。地方計画は全国計画にその地方の個性を加えて策定されるもので，広域地方計画協議会の議を経て発表される。広域地方計画の主な内容としては，①圏域のもつ課題，②圏域の将来像，③持続的発展に向けた戦略，④リーディングプロジェクトなどが含まれる。中部圏広域地方計画ではこれに加えて，⑤北陸圏などとの連携，⑥計画の効果的推進に向けて，という章がある。中国圏広域地方計画では「圏域のもつ課題」として，①著しい人口減少と高齢化の進展，②多数の小規模集落と過疎関係市町村の存在，③圏域内の利便性の格差，④土砂災害，水害など多発する大災害，⑤顕在化するインフラの老朽化が課題としてあげられ，交通路の開通による山陽・山陰間の連携強化や拠点港（徳山，下松，宇部）を利用した産業の効率化などに重点が置かれる。

　中国圏では鳥取県や山口県西部が中国地方経済圏から離れているが，そうした問題の説明はなく，ブロックの地域的な一体性強化の施策も含まれていない[5]。九州圏広域地方計画には 3 層の重層的な圏域構造からなる「元気な九州圏」が目標の一つに掲げられているが，九州圏においても―ドイツの空間整備政策にみられるような―各都市に関する中心地の認定はなされていない。九州圏広域地方計画は，九州圏内の各市町村に対して九州圏域の特性を示し，市町村計画への方向性に関する意識を高める意味をもつもので[6]，圏域の問題点を浮き彫りにし，地域計画への指針を提供することにはなるが，具体的にどのような効果がえられるのか明らかでない。

[注]
1) 国土形成計画は全国計画と広域地方計画とに区分され，後者は 8 ブロックと北海道，沖縄県を加えた 10 圏域からなる。
2) このような階層構造では階層都市間に大きな「隙間」がみられるところがあり，下位中心地（Unterzentrum）の供給できない都市的サービスを中位中心地や上位中心地が地域全域に供給するというクリスタラー型の階層構造は形成されない。第Ⅲ章において検討することにする。

3）ただし，コンパクトシティは一定の人口規模や都市機能をもつ都市とはいえないので，都市の重層的配置の説明に加えることには疑問がある。
4）その圏域区分は道州制（9州案，11州案，13州案）とは異なる。新潟県は東北圏に加わるが，東北圏には広域中心都市・仙台市が存在するので，新潟県が人口規模の少ない北陸圏に属さないことには違和感がある。首都圏は茨城県，栃木県，群馬県，千葉県，東京都，神奈川県，山梨県からなり，長野県は中部圏に加わる。
5）中国地方整備局の説明と資料による。道州制のような行政地域を形成しないなかで，具体的な実施計画を策定するのは困難なものと思われる。
6）九州圏広域地方計画担当課の説明と「九州圏広域地方計画 平成28年3月 国土交通省」（http://www.mlit.go.jp/ common/001124894.pdf）による。

3）地方創生戦略の発表

　2014年9月3日には内閣府に「まち・ひと・しごと創生本部」が設置され，同年12月27日には「まち・ひと・しごと創生総合戦略について」が閣議決定された（閣議決定2014）。それは国土形成計画よりもより総合的な計画であり[1]，その基本方針は，出生率の低い大都市圏に人口が集中するとわが国全体の人口減少がより深刻化するので，地方圏からの人口流出を食い止め，地方圏への移住を進めることにある。その基本的考え方として，(1) 人口減少と地域経済縮小の克服として，①東京一極集中の是正，②若い世代の就労，結婚，子育ての希望の実現，③地域の特性に即して地域課題の解決をあげる。(2) まち・ひと・しごとの創生と好循環の確立の中には，「まちの創生」が含められる。まち・ひと・しごと創生事業費としては年間1兆円が計上されており[2]，東京大都市圏から地方への転出を毎年4万人増加，地方圏から東京大都市圏への転入を6万人減少させて，2020年には東京・地方圏間の転出入の均衡を図ることが政府の数値目標とされている[3]（閣議決定2014：12）。

　しかし，このような説明には施策の明確な根拠がなく，多くの批判がある。出生率を高めるためには，雇用を安定して若者に結婚や子育てのできる所得を与えることも重要であるし，企業国家＝土建国家から福祉国家へと転換をはかることも必要であろう（鶴田2015）。2016年の経済地理学会共通論題シンポジウムとしてとりあげられた「地方創生と経済地理学」でも，中澤（2016）はこうした施策には合理的根拠があるとは思えないと批判し，豊田（2016）は経済の好況と東京

大都市圏の転入超過がきわめて高い相関を示すところから，東京大都市圏への人口流入の抑制と経済成長の持続とは両立しがたいとする。また，作野（2016）も田園回帰があるとしても中山間地域における人口の量的維持・回復は困難であると報告した。

中澤（2016）はまた，創生総合戦略には，地方圏から大都市圏に向かって選択的な人口移動が理想とされ，それによって，東京は量的肥大を避けながらわが国を代表する世界都市を維持することができるし，知識・技術をもたない人は地方圏において人口の再生産に貢献することができるとする意味が含まれていると批判する。創生総合戦略には地域格差の観念が欠如し，福祉の重要性が消えているという点でも，これまでの地域政策論と比べてかなり異質なものと思われる。

岡田知（2014）は地方創生は道州制への布石であって，真に地域再生を目指したものではないとみる。平岡（2015）も，地方創生政策によって公共施設などの集約化や自治体間競争を強いられ，活性化の成果がすぐには出ない自治体が予想されるなかで，農村部の自治体を再編に追い込む方向にある。財政誘導を排除した地方交付税による地方一般財源保障の拡充が本筋だと主張する。

このように全総以後においても，東京一極集中や「消滅可能性都市」をめぐる地域政策が次々と発表されているが，問題解決に向かって最善の道を進んでいるようには思えない。

[注]
1) 地方創生の計画は各省庁から人材が出向して相互に協力しながら作成されるので，国土交通省の構想や計画と大きく異なることにはならない。
2) 地方創生推進交付金には従来の補助金から名称だけ変更したものもあり，新設の交付金ばかりではない。2016年3月末に各市町村は人口減少に向けた将来展望の市町村基本計画を策定しており，政府の方針に沿った先駆的な取り組みに対して，内閣府の認定によって交付金（1件5,000万円から2億円）が支給されることになる（広島県地域力創造課の説明による）。
3) 具体的な施策は示されていないが，東京特別区と地方の大都市との人口移動の現状からみて，「相当に手荒な措置」を講ずる以外には東京大都市圏への流出阻止は不可能と考えられる。

2. 国土計画に対する新たな発想とその問題点

1) 新たな発想

　こうした状況のもとで,「国土の均衡ある発展」の政策批判や国土計画に対して批判的な発想が芽生えてきた（森川 2015d）。重要な要因の一つとして考えられるのは, 大都市圏生まれの住民が増加して, 地方圏―とくに農村部町村―に対する理解が薄らいできたことがあげられる。地方圏が大都市圏に対して大量の人材を供給していた時代には, 供給人材の教育を地方の農村部町村が負担しており, 大都市と農村部とは相互依存の関係にあるとみられていたが, 大都市圏生まれの人々が増えるにつれて地方の農村部町村に対する理解が弱まり, 農村部町村は国から地方交付税を受け取るだけの「お荷物」と考える人が増えてきた（奥野 2008：13）。また, 農山村を支持基盤とする保守政権にとっては地方交付税は堅持すべき制度であったが, 財務省の財政再建論の立場からは廃止もしくは抑制を図るべきものとされてきた。新自由主義的な財政自立論や「農村たたみ論」では, 農村などの自治体の非効率な行政を温存させるものとして交付税制度が問題視されるようになった（平岡 2015）。彼らには, 東京の人口吸引が地方圏の人口を減少させ, 衰退させてきたという意識はない。

　農村部町村を「お荷物」と考える人は, わが国経済の発展だけを重視し,「国土の均衡ある発展」論に反対し,「東京一極集中で何が悪いか」とか費用対効果論を主張する。これらの主張の中には, 増田（2006）や井堀（2001）などのように, 国家経済の発展を重視して地域格差是正には反対または無関心な人と, 山﨑（2009, 2011）や宇津ほか（2013）のように, 経済縮小のもとで農村部放置は止むなしとする人たちがある。

　増田（2006）は将来の人口減少について直接には触れていないが, 1970年代半ば以後のわが国経済の成長率鈍化をもたらした最大の要因は,「国土の均衡ある発展」を標榜して, 経済的合理性に任せておけば自然に大都市圏に集中していたはずの人口や経済資源を, 人為的に地方に押しとどめようとする政策にあったと批判する[1]。工場立地制限3法に始まる「国土の均衡ある発展」路線[2]によって被った損失は, 東京大都市圏では法人サービス業への転換によって相殺されたが, 大阪圏では慢性的な地盤沈下を招くこととなった。しかし, 2002年に法律

撤廃後，公共事業といえどもリターン（見返り）の大きそうなところに集中投下すべきという経済政策に転換したのは適切な措置であったとみる。氏はさらに続けて，経済的繁栄を欲する地方住民は機会に恵まれた大都市圏に流出するのに対して，のんびりした生活を楽しみたければ低所得や生活インフラの充実度が低いことは甘受するという道を選択すべきだろうとも述べている。

井堀（2001：134）も増田（2006）と類似して，集積メリットの高い東京一極集中がわが国全体の資源配分からみて効率的であるならば[3]，あえて過疎の地方に人口を戻すような地方振興政策を実施する必要はないという。地方圏でも中心都市に集積して居住することによって「規模の経済」を享受できるはずであり，市町村合併においては人口30万人の都市形成を目標とすべきであると考える[4]。

また，御厨（2005）はわが国経済がグローバル化した今日，一国主義だけで生きていくシナリオは成り立たないとみる。その場合に，わが国のもつ最大の武器は人材であるので，均霑主義，平等主義では優秀な人材は育たないと主張する。国際関係を視野に入れ，効果的・効率的な集中投資を行う地域政策の発想を持ちうる人材の育成が待たれるわけで，地方分権の徹底が必要であり，―東京のさらなる拡大をも含めるかたちで―地域の個性的な発展が重要であると述べている。

以上にみるような新自由主義（市場原理主義）に基づく主張が最近増えてきた。山崎重（2004・2005）の紹介によれば，居住の自由や移動の自由が保障されている限り，国によるナショナル・ミニマムの保障は不必要だとする議論もあるという[5]。過疎地域居住を決意した人は自己の経済的合理性を踏まえて自由意思で決断したのだから，その人の生活条件を補うような財源移転をする必要はないし，国には財政的余裕もないと考えられている。それは，これからの人口減少社会においては，「人の住むところに社会インフラを整備するのではなく，社会インフラのあるところに人が動いて社会インフラを有効に使うべきという発想」（原田・鈴木2005：183）にも通ずる。

山﨑（2009，2011）によると，「国土の均衡ある発展」[6]という目標が廃止されたのは，①東京都といえども高齢化社会への対応に多くの資源が必要となる，②アジアのなかでのわが国，東京のポジションの変化であり，アジアの諸都市との競合を意識しなければならない，③地方圏といえども世界的にみると絶対的な水準としては1950年代よりも経済水準ははるかに高まっており[7]，相対的格差

是正の意義は弱まってきたことによるという．そして，地方圏開発に対する最大の障害は人口減少による費用対効果の低下にあり，将来は公的施設の選別的更新時代に突入するので，地域格差の拡大も否定できなくなる．その場合には，ある程度の東京一極集中は止むを得なくなり，「国土の均衡ある発展」を望むのは無意味なことと考える[8]．中山間地域や過疎地域では公共事業における費用対効果の数値が低下するなかで，インフラ施設の更新を峻別しなければならないときが近づいているとみる（山﨑2011）．

　さらに今後の政策については，①人口が減少しつつも豊かな生活が維持できるように，地方の中核都市を中心とした広域的な生活圏の形成と将来の人口増加を可能にするような政策，②グローバル化の潮流に対応できる港湾や空港のレベルアップと利活用の促進，およびそれらへのアクセスを含めた都市圏・ブロック圏の構築，③地方交付税，農業保護，年金制度や公共事業の優先的配分に依存しない自立的な経済構造への移行，すなわち地場産業や地域の産業クラスターの国家競争力や研究開発力の向上，国内・国際観光の振興を政策テーマとすべきであると考える．そして，今後の地域政策は①メガ地域（広域札幌圏，広域東京圏，大阪・名古屋圏，九州北部）[9]と②全国60～80程度の中心都市の生活圏[10]，③低密度居住地域という三つの地域区分に基づいて政策を立案・実施すべきであると結論する．

　宇都ほか（2013：51，54-56）はインフラ施設の費用対効果について，地区ごとに整備水準と負担とを比較して，周辺地域住民の中心部への移住もありうると考える．さらに，公平性については地域間公平とともに世代間の公平負担をも考慮すべきだとする（宇都ほか2013：130，243）．その場合に，次世代に負担を強いるのは問題であるが，地域格差の発生は住民の居住地を変えることによって解決できるので，絶対条件ではないとみる．

　大きな反響を巻き起こした増田レポートの政策提案の基本的な発想についても触れておきたい．その三つの柱は，①ストップ少子化戦略，②地方元気戦略，③女性・人材活躍戦略からなる（岡田2014）．地方元気戦略については，「選択と集中」の考えのもとで限られた財政を全国の市町村にまんべんなく振り分けるのではなく，圏域単位に有望な産業や雇用の芽を見いだし，若者の雇用の場の開拓に集約して用いることを考える（増田編2014：201）．農村からの人口の流出は止まら

ないが，出て行く先を圏域内にとどめさせることが重要であり，乗用車で1時間以内に若者を定住させ，郷里と日常的な関係をもつために，「人口のダム」としての拠点都市の整備が必要であると説く[11]。しかし増田ほか（2014）では，「若者に魅力のある地域拠点都市」を中核とした「新たな集積構造」の構築が必要であり，「選択と集中」の考え方を徹底して，人口急減に即して最も有効な対象に投資と施策を集中すべきであると述べている。したがって，結局は「二層の広域圏」[12]や連携中枢都市圏構想を支持するものであり，「農村切り捨て論」や「農村たたみ論」と大差はないものと考えられる（山下2014：122）。

[注]
1) 八田編（2006：6）や八田（時事通信社編2015：67）では，日本経済活性化のために投資を大都市に集中させることの必要性を説き，国土の均衡を保つというのは「経済を成長させるな」というのと同じだと言い切る。秋山（2009）も，東京大都市圏への集積は自由な市場経済が展開した結果として実現したものであるから，この傾向に変更を加える必要はないと主張する。しかしその一方では，全総計画が大都市圏集中の弊害を是正し，地方経済を活性化し，地域間の所得格差・生活格差の是正において相当の成果を上げたとみる論者が多い（伊藤2003，奥野2008：44）。
2) 国土計画において「国土の均衡ある発展」が重視されるようになった経緯に関する伊藤（2003）や御厨（2005）の説明からすると，それが工場立地制限3法に始まるものとは考えられない。
3) わが国では狭い住宅や通勤混雑など労働者の劣悪な生活条件を無視して，企業活動にとって最も有利な東京一極集中をひたすら推進し，経済的競争力を高めてきた。労働者（住民）の生活条件の向上は問題にならないのだろうか。
4) 佐々木信（2015：192）も道州制移行により基礎自治体の業務量が増加するので，自己決定，自己責任で適正に処理して行くには，人口規模で15〜30万人（ただし合併以外に市町村連合，市町村間共同処理なども認める），職員数で1,500人，面積で150 km^{2}以上が必要となると述べており，道州制が導入された場合，人口の多い基礎自治体が必要と考える人が多い。しかし，合併によって誕生した人口30万人の自治体には，30万都市に匹敵する日常生活圏（都市圏）を欠くものも多いし，二つ以上の競合都市が合併した場合には自治体運営にも支障を来すので適当とは思えない（森川2015a：365）。
5) 井堀（2001：77-156）は，わが国が世界有数の経済大国になった今日，ナショナル・

ミニマムを高水準に維持する必要はなく，基準財政需要の量的水準を大幅に削減して，最終的には―10〜20年のうちには―地方交付税制度そのものを廃止すべきであると主張する。西尾（2007：263）も，全国画一の基準設定は地域の独自文化などの個性差まで駆逐することになるので，ナショナル・ミニマムの部分を縮小して行政サービスの創意工夫を強化すべきであるという。

6)「国土の均衡ある発展」という用語が国土計画の目標として使用されるようになったのは1970年前後であるが，その解釈は時代とともに変化してきたし（伊藤2003；奥野2008：78），曖昧な目標でもある（山﨑2011）。

7) 山﨑（2011）では，さらに④として地域振興の中心的施策であった工場誘致の効果が著しく逓減したことを加えている。

8) 経済地理学会シンポジウム『地域政策の分岐点―21世紀の地域政策のあり方をめぐって―』（2009年度大会）におけるコメンテーターのなかには，伊藤（2009）のように，山﨑（2009）とは逆に，将来は地域間競争の時代から地域の均衡発展の時代への移行が予想され，地域システムの合理化・適正化が中心課題であるとする報告もあった。

9) 仙台圏や広島圏は含まれないし，広域札幌圏にある低密度居住地域は問題にならないらしい。スーパー・メガリージョンに対する言及もない。

10) 中心都市の数からすると，連携中枢都市圏（61）や「二層の広域圏」（82）の数を考慮したものと考えられる。

11) 次章で述べるように，連携中枢都市や「二層の広域圏」の中心都市まで乗用車で1時間以内に到達できない地域が，広く存在することが無視されているように思われる。

12)「二層の広域圏」は2004年に国土審議会調査会各部会報告において発表されたもので，地域ブロックと生活圏域レベルの広域圏からなる。地域ブロックは全国を9区分したのに対して，生活圏域は人口10万人以上の核都市を中心に交通1時間圏からなる30万人前後の圏域の形成を目安としたもので，山間部を除く82の都市圏が成立するとした（森川2009，2012：173-189）。

2) これらの主張に対する反論

上記の費用対効果論やナショナル・ミニマムおよび「国土の均衡ある発展」構想の廃止論，「農村たたみ論」などについては，もちろん多くの反論がある。

小田切（2014a：225-8）は次の点をあげて「農村たたみ論」に反論する。①「農村たたみ」が論議される場合には，あるべき像としてコンパクトシティ[1]の議論がよく援用され，コンパクトシティを実現して農村集落を撤去すべきだという

が，ヨーロッパで発展を遂げてきたコンパクトシティの概念には農村住民の撤去という要素は含まれていない。②国家財政の窮乏化を根拠に，「財政が厳しい中でそんなところに住むのはわがままだ[2]」という主張がある。しかし，この発想の根源には「国民は国家のためにある」という本末転倒の価値観が潜んでいる。③「農村たたみ」が低コスト路線かどうかは証明されていない。これまでの居住地に住み続けたいと思う高齢者の都市移転は高齢者の生き甲斐を減退させることになり，介護費がより多く発生する可能性もある。④最近における若者の農山村移住（田園回帰）傾向を無視した議論である[3]。

重森（2003）は，地球の持続可能性という視点から考えても，農村は安全な食料の供給，水資源の涵養，温暖化ガス・CO_2の緩和，治山治水，人間の健康回復，伝統的文化の継承などきわめて重要な役割を果たしているが，それはそこに人々が居住し，生活を維持してはじめて果たされるものと考える。適正な財政負担のもとで農山村社会が維持されることは，都市住民生活の持続可能性にとっても重要であり，地方振興策の不要を説く井堀（2001）や増田（2006）の主張に反対する。

新たな国土形成計画においても，都市と農山漁村は相互依存関係にあり，両者が相互に作用し，貢献することでわが国の国土が形成されており，両者は対立するものでなく，相互貢献によって共生することにより国土全体の発展をはかるものとする（国土交通省 2015：17-19）。さらに，人口減少により生活サービス機能が成り立たなくなる恐れがある地域では，高齢者を始めとするすべての利用者にとってサービスの利便性を確保し，機能を維持する必要があるとする（国土交通省政策局総合計画課 2015）。また岡田（2003）も，「農林業における地域内再投資は単なる生産行為だけではなく，国土や自然の保全管理を同時に行っていることになる。農林業に対する投資が不足し再生産が縮小すると，耕地や山林の荒廃を引き起こし，ひいては水害などによって大都市住民の安全を脅かす」ことになると考えている[4]。

さらに，限界集落について研究する山下（2015：94-95）は，「社会資本は効率性や採算性ではなく，暮らしや経済のために必要だから公共の名のもとに確保すべきだ。過疎対策も，人口減少により自治体規模が縮小しても，そこに地域差がこれ以上生まれないように格差を取り払い，全国どこでも一定水準の暮らしを確保すべく行われてきた。「小さいものは効率が悪いから大きい集団に移れという

が，大人数地域が効率がよいというのは見かけだけだ」と述べている。

限界集落についても，作野（2006）は島根県[5]の大半の限界集落は自然消滅を待つ状態にあるとみているが，山下（2012：273）はごく自然な流れの中で多くの限界集落は再生・維持されうると考える。限界集落の周辺には週末農民など集落外集落構成員も居住するし，退職後の郷里への帰還者もあり，住民は存続に向けて努力しているので，人口推計の結果通りには消滅しないだろうとみている。

[注]
1) コンパクトシティは都市的土地利用の拡大を抑制して中心市街地の活性化を図り，施設やサービスの効率性や利便性を高め，隣接の条件不利地域でも生活できるようにするものであるが，ドイツにみられるように，人口減少に基づく中心地の機能低下を考慮した中心地システムの再構築（Pütz・Spangenberg 2006, BBSR 2012b：213）については考えられていない。
2) これまで無住地だったところに移住してインフラ施設の整備を要求するのは「わがまま」かもしれないが，これまで長年にわたって居住してきた過疎地域や限界集落の住民に対して「わがまま」とはいえない。現状に陥ったのは，住民や市町村行政の努力を超えた大きな力が働いた結果である。
3) 奥野（2008：60）は，市場メカニズムが貫徹し地方が衰退した背景の一つには，所得格差もさることながら，これまでの人々には多様な生き方を認める度量に欠いていたとみる。最近の若者の田園指向は，多様な生き方が少しづつ認められるようになったためとみられる。
4) 類似の発想は生源寺（2005）や平岡（2003）にもみられる。中山間地域における人口減少は耕作放棄や農地・農業水利施設の荒廃となり，降雨による災害を引き起こすし，鳥獣害も増加し，国土保全にとって深刻な問題となる。生源寺（2005）のように，中山間地域のコミュニティのすべてを維持することは不可能であるが，コミュニティの役割と現状を直視した上で，後退に歯止めを掛ける防衛線を設定すべきであると考える人もある。
5) 島根県は高齢者比率（2010年）が28.9％で，秋田県（29.5％）に次いで高く，表I-2に示す過疎関係市町村率は90.5％で，鹿児島県（95.3％）に次いで高い県である。

3) 著者の見解

増田（2006）は，国土の保全や地域格差の是正を無視した経済中心主義の発想

であり，「国土の均衡ある発展」政策そのものについて批判する。工場立地制限3法（実際には2法）[1)]が東京大都市圏・大阪大都市圏の製造業の成長を阻害してきたとはいえないし，その撤廃後も大阪都市圏の経済は一向に回復せず，氏の説明は正鵠を得ていない。新産都や工特地域は三大都市圏の支社工場の設置にとどまり，全総は過疎や地方の衰退を改善の方向に転換することはできなかったが，地方圏への工場移転が非効率的で無意味なものであったとすることには疑問がある[2)]。

たしかに，「パイを大きくしてから分配を考える」のは厚生経済学の鉄則ではあるが，国内における地域格差の拡大を阻止しようとしないのは問題である。住民の居住地選好について成人は自分の意思によって選好すればよいが，その選択によって条件不利地域に誕生した子供たちには―地域格差の是正措置が講じられないならば―機会均等の条件が失われ，もてる才能を十分に発揮できない人生を送る恐れがある。同一国内に二つの社会が形成されるのは望ましいことではない。

山﨑（2009）があげた3点についても疑問がある。①東京都では東京特別区の高齢化率は2040年でも33.0％で，全国平均の40.7％に比べて著しく低く，2010～40年には11.9ポイント上昇するだけで上述の北海道（16.0ポイント）などよりも小さい[3)]。高度経済成長期に大都市に流入した「団塊の世代」が高齢化し，高層住宅群も一挙に老朽化することになり[4)]，量的には多いが，東京都の豊かな財源をもって対処できないだろうか[5)]。あるいは，吉村美栄子氏（山形県知事）や小峰隆夫氏が説くように（時事通信社編 2015：190，63），東京都の高齢者を地方に受け入れて福祉施設を整備すれば―施設の建設費や運営費の一部を東京都が負担するならば―生まれ育った故郷近くで老後を過ごせるし，介護施設の運用費用の負担問題はあるが[6)]，地方にとっては雇用の場を得ることにもなるであろう。

②についてみると，グローバル化の進展のもとでは大都市の国際競争力強化が重要な課題となる。とくに世界都市となった東京はわが国のグローバル化への対応を担う最重要拠点であり，近隣諸国の大都市との強い競合に曝されているのも事実である[7)]。しかし，国内の地域的状況を無視して，アジアのなかで東京の地位を維持することだけを問題にすべきであろうか。大阪市や名古屋市，福岡市の

成長によって代替できないであろうか。たとえばドイツにはヨーロッパの金融中心（ロンドン）も文化中心（パリ）もなく，人口10万人以上の都市に居住するのはわずか31.1％（2010年）に過ぎず，多くのドイツ人は中小都市や農村に居住しているが，EUの中心的な国家の一つとして経済的にも文化的にも高い水準を維持している。10倍以上の人口をもつ国と争って東京の地位が低下するのは仕方ないことと思われる。北欧の小国では世界有数の大都市はないが，国民は豊かな生活を維持している。

③は国家の根幹にかかわる問題である。同一国内にありながら，地方圏の経済水準や生活水準を大都市圏とは切り離して絶対値だけを評価する姿勢が問われる。経済水準がある程度上昇してナショナル・ミニマムに達したから支援は不要とするのではなく[8]，通常の統一国家ならば[9]，―「国家の相対化」が叫ばれる今日においてさえ―国民の機会均等という憲法第25条の精神に照らして地域格差の是正に努力する義務をもつものと考えられる。たしかに，地域間所得格差は1960年頃に比べて縮小しているし，他国と比べて大きい方ではないが，行政サービスを子育て環境，高齢者福祉，教育，公共料金など，住宅・インフラに分類してサービス水準を分析すると地域間格差が認められ，首都圏が優位にあるといわれる（浦川2011）。地域間格差は解消したから目標にならないという問題ではなく，格差の少ない現状を維持するためにも常に問題にすべきであろう[10]。

その他にも次のような疑問がある。第一は費用対効果の問題である。効率性は重要ではあるが，効率性よりも前に，暮らしの「安心，安全，安定」が保障されねばならない。山下（2014：94）が主張するように，インフラの整備を費用対効果のみによって決めるべきではないし，学校の統廃合など教育に関する効果は数値では表せない。また，効果が現れるまでには相当の時間を要するという問題もある。保母（1999）は，短期的な費用対効果だけを求めると，中山間地域経済は成立しなくなる恐れもあり，費用対効果論の過度の適用は危険であるとし，効果の概念には経済効果以外の国土保全や環境維持に貢献する効果や，負の効果も含めるべきだと主張する。明治以後の近代化の時代において多額の費用を投じて大都市のインフラが優先的に整備され，そのために今日の快適な都市環境が形成されたことも忘れてはならない。

また，震災復興費（原発事故地域の復興費を除く）などは国がどこまで復興に

責任をもつかべきかという問題もある。そこには，費用対効果だけで簡単には処理できない国家責任の問題がある。宇都ほか（2013：243）が述べるように，インフラ施設の更新費用負担において住民が合意して居住地移転を考える場合には，憲法第25条の精神に基づいて，住民の移転費用や生活に係わる損害をも考慮するかたちで，いずれかの決定が選択されるべきであろう。先に小田切（2014a：225）が指摘したように，高齢者の生き甲斐を奪う都市移転も適切な措置とはいえないであろう。万一移転が選択される場合にも，移転先は同一市町村内を優先すべきであって，どこにでも移転すればよいという問題ではない。

　第二は，「足による投票（vote with their foot）」によって人々が自由に居住地を選択すれば，地域格差が縮小するという問題である。たしかに，インフラ施設が整い，生活条件や労働条件が整備されているところには自然に人が集まる[11]。しかし通常，居住地の選択とは住みなれた現居住地と生活条件のよい大都市地域とのどちらを選ぶかという問題であり，現住地を去るに当たっては複雑な要因が関係しており，生活条件によって簡単に決断できる問題ではない。

　しかも，人が動いてインフラを有効に利用したとしても，地域格差が解消されるとは思えない。高度経済成長期には大量の人口移動が生じたが，移動したのは若く有能な人々であって，人口を排出した地方圏の生活水準は相対的に低下したことは周知の事実である。地方圏には就業の場が不足しているので，多くの若者が大都市に向かって流出するが[12]，地域の将来を担うべくせっかく教育された若者が進学や就職によって他県に移動して帰還しないとすると地域の損失は大きく，移動先のメリットになる。先にも触れたように，地方交付税[13]や公共事業による中央から地方への再分配政策がしばしば批判の対象となってきたが，義務教育の予算に関していえば，先にも触れたように，地方が負担している義務教育費の利得を人口移動によって大都市圏が受けており，地方から大都市へ逆の再分配が行われていることになる（松浦 2011）。

　また「足による投票」に任せたとしても，社会的なしがらみや地域への愛着を断ち切って移動するのは容易なことではなく，それほど大量の人口移動は起こらない。米軍基地問題で悩まされる沖縄においてさえ，所得格差が本土並みになるまで人口流出することはなく，失業率は依然として国内最高水準にあるし，ドイツでも再統一から四半世紀を経た今日まで旧東西ドイツ地域間の所得格差や失業

率の差異は解消されていない[14]。

　しかし，もしも大量の人口が大都市に向かって移動するとすれば，インフラの整備された良好な生活条件をもつ大都市とその周辺地域に人口がますます集中するので，東京大都市圏にはさらに大きな人口集中が起こるであろう。移動するのは若く有能な人々による選択的移動であるので，人が動いても所得格差の是正にはならない[15]。高度経済成長期における大量の人口移動は今日とは違った時代背景や家族構成のもとで生じた現象とはいえ，舘（1961）のいう「人口移動は所得の均衡化運動である」とする主張は実現しなかった[16]。増田編（2014：34）はこれとは別の問題であるが，人口稠密地域では出生率が低いので「人口のブラックホール現象」が起こり，わが国の人口減少を助長することになるので，人口的観点からみても大都市への人口集中は避けるべきと考えている。

　第三には，「インフラのあるところを選んで人々が居住すればよい」という問題である。インフラの更新が放棄され，これまで管理されてきた道路や上水道その他の施設が利用できなくなると，無住地域が広がり，農地は荒廃し，自然災害にも十分対処できないことになり，国土の健全利用を損なうことになる。すでに指摘されているように，人口集中は「災害王国」のわが国にとってきわめて危険なことである。外洋離島の無住地化は国土の保全や防衛にも影響する[17]。

　ただし，この問題は現実的にはそれほど簡単ではない。インフラ施設の更新について論ずるのは上述の山﨑（2011）だけではない。宇都ほか（2013：241-243）は，自治体単位でのインフラの維持管理には限界があり，共同管理や民間資本の導入，地区住民の合意によるインフラのサービス水準の決定や住民移住などについて検討している。その選択の一つに，上述した同一市町村の中心部への移住があり，実現する可能性がある。しかし，限界集落の線引きをして移住計画を実施するのは，とどまる可能性のある地域の人々の活動意欲を低下させ，農山村の衰退を早めることになり，適切な措置とはいえないだろう（奥野2008：119，131）。移住の決定は「消極的再開発（passive Sanierung）」[18]と呼ばれる次善の策であり，推奨すべき措置とはいえない。このような域内中心部への移住はこれまでの過疎化の過程において一般的にみられた現象である。

　これから一層拡大する過疎地域や限界集落を手厚く支援することはできないとしても，少ない財源を分け合って利用することになるであろう[19]。上記の井堀

（2001：134）のように，自由意思で辺地に居住するものにはナショナル・ミニマムの保障は不要とすることには違和感がある。これまでの支援を続けた上で限界集落が徐々に無居住地と化す進行を完全に食い止めることはできないとしても，これまで長期間居住してきた人々に保障の必要はないとするのは憲法25条の精神にも背くことになる。

　このようにして，著者はできるだけ現状を維持しながら人口減少社会に向けてソフトランディングすべきであると考えるが，インフラの更新問題が人口減少の速度とも関係する。2010～40年間の人口減少は17.2％と予測されるが，この間に人口が半減するような地域にあってはインフラ更新が困難となる可能性がないとはいえない。

[注]
1) 工場立地制限3法とは工場等制限法（1959～2002年），工場再配置促進法（1964～2006年），工場立地法（1973年制定後今日まで存続）を指す。工場等制限法は全総（1962年）において「国土の均衡ある発展」（正式には「地域間の均衡ある発展」）が叫ばれるようになる以前から実施してきた措置である。
2) 工場立地制限の適用地区は大都市のわずかな空間に限定されており，大規模な装置型工場を移転して土地利用の高度化を図ることができるようになったのは東京大都市圏や大阪大都市圏にとって有益であった。付加価値の低い支社工場が地方圏に成長しても，東京大都市圏・大阪大都市圏の経済を脅かすことにはならない。
3) 2010年の高齢人口を100とする指数で示すと，沖縄県171.3，神奈川県159.5に次いで東京都は153.7ときわめて高い数値となる。2010年の時点では低率だったため少しの上昇でも高い指数となる。松岡（2015）によると，「団塊の世代」が75歳になりきる2025年には，東京大都市圏の後期高齢者は10年間に175万人増え，入院需要は20％増加，介護需要も50％増加する。病床不足，介護施設不足，介護人材不足は想像を絶するものとなるという。
4) 居住環境の優れた高層住宅では年を経ても居住者が代わって居住するが，環境の悪い高層住宅では空き家が増えている。
5) 東京都はほぼ唯一の地方交付税不交付県であり，都内の市町村には1980年以降から毎年多額の市町村総合交付金が支給されており，国内では最も富裕な地域である（森川 2015a：368）。
6) 東京都の豊かな財源を使って，東京特別区の高齢者施設を地方に建設し運営するこ

とはできないだろうか。

7) 1990年代の地方圏では公共投資によるインフラ整備が幅広く実施された結果，大都市圏の国際港湾，空港，情報通信などの国際競争力がアジア諸国に比べて劣るようになり，国際競争力に悪影響を及ぼす懸念がでてきたことは事実である（奥野 2008：34）。

8) ドイツでは地域的に同等な生活条件の形成において，「全国平均から本質的に後退している地域」の生活条件の改善を図ることが問題であり（BBSR 2012b：7），ナショナル・ミニマムとはやや異なる条件が考えられている。

9) 合衆国のように，富裕な住民が他を排除するかたちで自分たちの自治体や特別区（special district）をつくって豊かな生活を維持するのは—移民国家として止むをえない点があるかもしれないが—好ましい現象とはいえない。

10) 山﨑 (2011) によると，新しい国土計画では人口減少時代におけるインフラの更新，生活水準維持，知的活動の促進，グローバル化への接合，低炭素化型国土形成がテーマとなるというが，地域間格差の是正は常にテーマの一つに数えられるべきであろう。

11) 近年，地域間格差の拡大が地域住民の健康，学力，幸福にいかに影響するかに関する研究が蓄積されつつあある。アンケート調査によると幸福度は東北，中国，九州で低い傾向が認められるという（橘木・浦川 2012：160）。地域の幸福度や居住満足度は人口移動にも影響するであろう。

12) 先に述べたように，今日地方圏から大都市圏に向かって流出するのは高学歴の若者が多く（中川 2016），地方中小都市や小規模町村では県内中心都市や広域中心都市に流出するものが多い。

13) しかも財政調整の結果をみると，人口1人当たりの歳出規模は，島根県など経済力が弱く，自主財源に乏しい地域ほど高くなっている。道路建設などは非分割性のため，人口規模に合わせて縮小することには限界があるためである。こうした財政調整が自治体の自立を妨げているとの批判もある（奥野 2008：47）。ドイツのように，財政需要額の全額までは補充しないという方法もあるだろう（森川 2005：50）。

14) 旧東ドイツにおける人口当たりの国内総生産は上昇してきたが，旧西ドイツの80％のレベルといわれる。2008・9年の不況時には旧西ドイツは旧東ドイツ以上に強い打撃を受けたが，2010年には旧西ドイツは旧東ドイツの2倍以上上昇したといわれる。旧東ドイツでは失業率はわずかに改善しただけで，あらゆるタイプの郡や特別市（kreisfreie Stadt）において平均以上の失業率を示す（BBSR 2012b：19-20）。

15) 豊田 (2013) は，資本の地域間移動がなく，人口だけが低所得地域から高所得地域に移動する場合，仮に1人当たり所得が均衡したとしても，低所得地域の総所得は低

下し，高所得地域の総所得は上昇する。人口が減少した地域の経済活動は衰退し，人口が増加した地域では発展することになり，1人当たり所得とは逆に地域間格差は拡大することになるという。
16) 1960年以降GDPの増加に対して県民所得のジニ係数の減少がみられるとしても，人口移動による均衡化作用とは思えない。
17) 国土交通省（2014：34）でも「現代の防人」として離島の定住促進をとりあげる。
18) 地域の再開発には積極的再開発と消極的再開発とがある。前者は公的支援によって再開発地域の福祉や生産力の向上をはかる通常の再開発であるが，後者は住民の移住による問題解決を求めるもので，一定の支援額のなかでは人口減少によって人口当たりの支援額が高まり，効果があるものと考えられる。
19) ただしその際には，「平成の大合併」の影響が懸念される。非合併にとどまる小規模町村ではその存続をかけて人口維持に努力するだろうが，合併した旧町村地区でも同様の措置を講じることができるかどうか疑問である。

3. 集落維持活動やインフラ施設の現状

　以上にみたような人口減少社会について論議するには，今後2040年頃までに起こるであろう問題についてできるだけ考察しておく必要がある。2040年頃になると公共施設の更新困難な事態が発生し，消滅集落が大幅に増加する可能性がある。ここでは，これまでにも行われてきた集落維持活動やインフラ施設の現状について触れておきたい。

1) 集落維持活動

　総務省では2006年の国土交通省・総務省（2007：3）の調査に次いで，2011年にも過疎地域市町村の調査を行った（総務省地域力創造グループ過疎対策室 2011）。調査対象とした801市町村1,522区域の全集落数64,954（1,188.8万人）について集落消滅の可能性を調査した結果は，表II-1に示すように，「10年以内に消滅」の454（0.7％）と「いずれ消滅」の集落の2,342（3.6％）を合わせても2,796（4.3％）で，消滅の運命にあると考えられる集落はそれほど多いとはいえない。地方別にみると，中部圏（両者を合わせて7.8％），四国圏（同7.8％），近畿圏（同7.0％）に対して，中国圏（同4.1％）や北海道（同5.1％）が相対的に

表Ⅱ-1 地方別にみた今後の集落消滅の可能性

圏域	10年以内消滅	%	いずれ消滅	%	消滅の可能性はなし	%	無回答	%	計	%
北海道	20	0.5	182	4.6	3,426	86.6	329	8.3	3,957	100.0
東北圏	55	0.4	343	2.4	12,170	86.5	1,504	10.7	14,072	100.0
首都圏	18	0.7	80	3.2	2,056	82.0	354	14.1	2,508	100.0
北陸圏	21	1.2	51	2.9	1,226	70.1	450	25.7	1,748	100.0
中部圏	50	1.2	265	6.6	2,595	64.7	1,098	27.4	4,008	100.0
近畿圏	25	0.8	194	6.2	2,355	74.7	580	18.4	3,154	100.0
中国圏	82	0.6	445	3.5	10,910	85.9	1,257	9.9	12,694	100.0
四国圏	129	1.8	431	6.0	6,217	86.2	439	6.1	7,216	100.0
九州圏	53	0.3	349	2.3	12,958	84.6	1,948	12.7	15,308	100.0
沖縄県	1	0.3	2	0.7	285	98.6	1	0.3	289	100.0
合計	454	0.7	2,342	3.6	54,198	83.4	7,960	12.3	64,954	100.0

東北圏：青森，岩手，宮城，秋田，山形，福島，新潟
首都圏：茨城，栃木，群馬，埼玉，千葉，東京，神奈川，山梨
北陸圏：富山，石川，福井
中部圏：長野，岐阜，静岡，愛知，三重
近畿圏：滋賀，京都，大阪，兵庫，奈良，和歌山
中国圏：鳥取，島根，岡山，広島，山口
四国圏：徳島，香川，愛媛，高知
九州圏：福岡，佐賀，長崎，熊本，大分，宮崎，鹿児島
出典：総務省地域力創造グループ過疎対策室（2011：57）による．

低いのが注目される．1.0％の沖縄県を除けば九州圏は2.6％で最も低い．

　消滅の可能性が高いのは，集落規模が小さく，高齢化が進み，山間地や地形的末端にある集落，役場（本庁舎）から離れた集落である．なお，2006～11年間に消滅したのは全国93集落であり，その約7割が自然消滅であった．住民の主な移住先をみると，約4割が自市町村内，約2割が他市町村への移住である（総務省地域力創造グループ過疎対策室2011：144）．消滅集落の跡地の多くは荒廃しており，河川や道路は行政が管理する場合が多いが，住宅や農地，森林については元住民が管理しているケースと放置されているケースがほぼ同率であるという．住宅や水田などの跡地管理が行われない場合には災害の危険性が高まるので，国土保全や景観保全上の観点からの対策が必要となる．そうしたなかで，2008・09年には地域づくりの新たな担い手として，集落支援員[1]や地域おこし協力隊[2]

などの制度が発足し，広く活用されるようになった。

　もちろん，各道府県でも地域社会の維持に対する取り組みが行われている。北海道では2008年度以降種々の観点から集落対策に取り組んできており，類型化した集落について具体的に取り組むべき対策を，①生活交通，②空家対策，③買物支援，④高齢者支援，⑤移住・定住，⑥地域コミュニティ，⑦産業・担い手に区分している（北海道2013：21）。このなかで扱う移住問題は，地域の再生や活性化に向けて北海道の魅力の発信や地域の受入体制づくりに取り組むなどが主な活動であり，離村移住を積極的に推進しているわけではない[3]。19世帯，35人の暮らす幌加内町母子里地区に関する大野（2014）の研究によると，永住希望が16世帯（88.9％）を数え，自分の人生の歴史が刻まれた土地，かけがえのない居住場所と考える人が多く，移住を決断する人は少ないようである。

　島根県の中山間地域活性化計画（2012～15年）[4]や広島県[5]，高知県[6]などの過疎地域自立促進計画においても集落移転計画はなく，これまで通り，消滅集落の回避に向けた努力がなされている。総務省では2008年以降定住自立圏構想を実施してきたが[7]，上記の「地域おこし協力隊」制度も設置され，2013年度には全国で318団体(4府県314市町村)978人が活動している。国土交通省(2013，2014：19) でも2009年に過疎集落研究会から生まれた「小さな拠点」づくりを奨励する[8]。これは，食料品や日用品を扱う商店や診療所が閉鎖するなど日常生活に必要なサービスを受けることが困難になった過疎地域の集落において，廃校になった小中学校校舎などを利用して買物や医療・福祉など複数の生活サービスを歩いて動ける範囲に集め，車を運転できない高齢者などであっても一度に用事を済ませられる生活拠点をつくり，行政とNPO，民間企業の連携によって地域の生活サービスを維持していこうとする活動である。

　こうした集落維持活動は過疎地域だけの問題ではない。吉田（2011）によると，都市内部においても空洞化がみられるので，それらを含めて考えると，①人口減少に手を打たなければ，地域社会の多くが崩壊する可能性がある。②家族機能による社会の維持が期待できなくなる。③都市においては人口配置の郊外化と中心市街地の空洞化により地域社会の運営が非効率化する。④先にも触れたように，経済のグローバル化によって経済機能が大都市に集中し，地方中小都市では雇用機会がないため人口が流出するという。したがって，集落維持活動は都市部をも

含めて考えるべき問題といえる。

[注]
1) 2008年度に発足した総務省の制度で、市町村職員と連携して集落の巡回、状況把握などを行うもので、2013年度には741人が活動した。
2) 地方自治体が三大都市圏をはじめとする都市圏から都市住民を受入れ、地域おこし活動の支援や農林漁業の応援、住民の生活支援などに従事し、地域の活性化を図るものである。2009年に制度化された（総務省地域自立応援課2009）。
3) ただし2014年になって、奥尻町（北海道）や早川町（山梨県）のように人口減少が進む小規模町村では、住民の都市部への移住促進策もあわせて検討していくべきだとする提言もなされたが（岡田豊2014）、集落移転などの具体的な計画は始まっていない。効率の劣るインフラ施設では更新が不可能という状況にはない。
4) 島根県（2012）による。
5) 広島県（2010：46）による。
6) 高知県（2011：47）による。
7) 第Ⅲ章1節で述べるように、中心市の資格をもつ264市のうち2014年5月1日までに定住自立圏を設定したのはわずか79市（30.2％）であり、とくに大規模な都市に少なく、十分に成果を収めているとは思えない（森川2012：161-167、2014a,b）。
8) 「小さな拠点」は農村地域の全域に設置されることが望ましい。それはドイツの基礎中心地や下位中心地と比べると著しく小規模であり、先に指摘したように、上位の中心地との連携が必要である。ドイツでは下位中心地の下に小中心地（Kleinzentrum）や農村中心地（ländliches Zentrum）をおく州もあるが、今日に至るまで十分に機能しているかどうかは明らかでない。

2) 公共施設の状況

住民生活に直結したものとしてとくに問題になるのは、小中学校、医療・介護施設および消防、衛生施設、上水道などの一部事務組合や交通手段、買物施設などであるが、ここでは一部事務組合と病院・介護施設、バス交通について考察する。

(1) 一部事務組合

一部事務組合については北海道を事例として考察する。北海道は人口減少が最も激しい県ではないが、低い人口密度のもとで人口減少が進行する点では厳しい条件下にある[1]。北海道の「2008年の一部事務組合の設置状況」を用いて、一

表Ⅱ-2 北海道における一部事務組合の構成市町村の人口（合計）規模推計値（2040年）

組合の種類	合計	0.5万人未満	0.5〜1万人	1〜3万人	3〜5万人	5〜10万人	10万人以上
地域開発計画	4					1 (-44)	3 (-40)
産業振興	2				1 (-30)		1 (-36)
病院その他	2	1 (-50)				1 (-22)	
上水道	7		2 (-41)	2 (-46)	1 (-38)	1 (-38)	1 (-17)
下水道	2					1 (-18)	1 (-34)
ゴミ処理	10	2 (-49)	4 (-45)	4 (-45)			
し尿処理	28		4 (-49)	16 (-46)	4 (-43)	3 (-29)	1 (-22)
火葬場	3			2 (-45)	1 (-18)		
教育	6	1 (-48)	2 (-50)	2 (-50)			1 (-17)
消防	40	1 (-50)	1 (-39)	26 (-54)	7 (-36)	5 (-33)	
税滞納整理	1					1 (-32)	
合計	105	5	13	52	14	13	8

（カッコ）の数字は2010〜40年間の人口減少率（%）の最大のものを示す．
注1）地域開発計画はすべて複合機能を持つ．教育には教育研修センターと学校給食がある．その他にもゴミ処理とし尿処理，火葬場など機能を複合するものもある．
注2）北海道全域や1総合振興局全域を含むものは除外する．同一地域で別の一部事務組合を形成する場合は一つとして扱う．
資料：北海道一部事務組合の設置状況（平成20年7月1日現在）（http://www.pref.hokkaido.lg.jp/file.jsp?id=45120），国立社会保障・人口問題研究所（2013）による．

部事務組合の構成市町村について人口推計（2010〜40年）をみると，表Ⅱ-2のようになる．人口規模が小さい組合では人口増減率が低い傾向があり，最高は54％の人口減となる．問題は人口減少のもとでも一部事務組合の運営が可能かどうかである．ごみ処理の場合にはダイオキシンの処理のために人口10万人以上の施設運営が適当といわれたこともあったが，その後技術の進歩によってその問題は解消した．北海道では1〜3万人程度の規模のものが多く，最小は3町村（合計人口8,474人，2010年）で運営する南後志衛生施設組合である．この組合の人口は2040年には4,820人に減少が予測される．し尿処理では，2040年には4組合が1万人未満となる．

1997年12月に策定された北海道のごみ処理の広域化計画では，ごみの減量化やリサイクルの推進によって焼却量の抑制を図り，高度な排ガス処理を有する全連続炉で焼却するもので，し尿処理施設などを含めた廃棄物処理施設では効率的

な運営と施設建設費の経済的側面から複数の市町村が連携して取り組みを進め，将来の人口減少を見込んだ施設整備が計画されている[2]。

　ごみ・し尿処理とともに一部事務組合の中心をなす消防についてみると，1994年以来複雑多様化する災害に対し，消防本部のより高い水準の住民サービスの提供や行財政運営の基盤強化と効率化のために，消防庁は市町村の消防の広域化を推進してきた。北海道では，より効果的な消防体制の構築を目指して，2008年3月に北海道消防広域化推進計画が策定され，2013年12月には第二次北海道消防広域化推進計画が発表された。

　北海道には2012年4月現在，63の消防本部のうち単独の消防本部が23（18市5町），組合消防が40を数えるが，管轄人口別では10万人以上が9（13.6％），3万人〜10万人が29（43.9％），3万人未満が28（42.4％）となる。管轄面積では1,000 km^{2}以上が33本部（52.4％）を占め，全国平均420 km^2（北海道を除く）の約3倍の規模である。2040年には人口3万人未満の消防本部は現在の28から40（全体の6割）へと増加し，小規模な消防本部はさらに小規模化するものとみられる。

　北海道には広域生活圏[3]をもつ中心地は38しかないので（森川2014b），消防本部のなかには中心性をもたない市町村に本部を置くものもある。北海道では中心地（都市）密度が低いため，今日でも公的施設の立地において「同等の生活条件」が保持されうるかどうかは疑問である。

　人口減少の影響は，消防本部の管轄人口の規模が小さいほど深刻なものとなるので，二次医療圏の21圏域まで広域化を進めることが目標とされているが，北海道では消防署間の距離が長く，現場へ到着までに相当の時間を要するため，初動の出動体制増強，現場到着時間短縮が見込めない場合がある。したがって，広域化によるスケールメリットを得ることができず，広域化の実現に至らない消防本部も多い。第二次北海道消防広域化推進計画においても人口規模の小さい消防本部が存在しており[4]，将来に向けて大幅な組織改革が必要であるが，人口減少に対する特別な対策は考えられていない。

(2) 病院・介護施設

　医療施設には民間と公立・組合立があるが，僻地医療対策として民間医療機関を欠くところに公立医療施設を設置する法的義務はないし，医師不足の現状か

らして僻地診療所の新設は困難である。各都道府県では僻地保健医療計画のもとで人的支援（代診員派遣）や費用支援が行われている[5]。広島県では2012年7月から移動診療車が無医地区の診療に利用されるようになり，ドクターヘリも2013年から僻地の救急患者のために利用されるようになった[6]。

また，無医地区（集落の中心から4km以内に50人以上が住みながら医療施設がない地区）に関する厚生労働省（2010）の2009年度調査では，無医地区数は705地区，無医地区人口は136,272人で，2004年の調査（無医地区数は787地区，無医地区人口は164,680人）に比べてそれぞれ減少し，無医地区は一応改善の方向にあるとものとみることができる[7]。無医地区であってもコミュニティバスなどによって30分以内に医療施設に到達することができれば，とくに居住困難な地域とはいえない。住民が健康を考えて医療条件の整った他出子のいる都市に向かって移住するのは，これまでにもみられた現象であり，それ以外の新たな変化は今のところ起こっていない。

2005年には全国各市区町村に地域包括支援センターが設置され，地域住民の保健，福祉，医療などに向けて総合的に担当している。過疎地域では現在でも，要介護度が高い高齢者が都会に住む他出子のところに転出する傾向があるため[8]，高齢者の平均的な要介護度がとくに高いとはいえない。2010年に制定された介護保険法のもとでは，医療，介護，介護予防，生活支援，住居の五つの要素からなる地域力の向上が基本的な高齢者対策といわれ[9]，日本版CCRC構想[10]でも「東京の元気な高齢者を地方へ移動」させる政策が考えられている。

(3) バス交通

過疎地域では自家用車が普及し，高齢者でも自家用車を運転する人は多く，徳野（2015）のように，農山村の公共交通機関は「自家用車」だという人もある。しかしその一方では，人口減少に伴って民間企業のバス路線が廃止され，過疎対策事業のもとで自治体によるバス運行が行われつつある。その多くは高齢者や児童・生徒の通院・通学に利用されており，バスの運行は過疎地域居住者の足として彼らの生活の重要部分を占めている。

雲南市（島根県）では，住民の交通手段を確保するためのバス交通システムに関する計画策定が―政治的意図をもかねて―合併1カ月前の2004年10月に行われ，これまで運行していなかった6地域の中心地（役場集落）を結ぶ広域路線バ

スの運行が開始された（熱田 2008）。民間バス路線の廃止を契機として導入されたコミュニティバス，デマンド型乗り合いタクシー，デマンド型バスでは現在コミュニティバス 22 路線，デマンド型乗り合いタクシー 8 路線，デマンド型バス 3 路線が運行する。コミュニティバスやデマンド型乗合タクシーの運行には多額の財政負担を要するので，路線バスでは 1 日の乗車人数が平均 1.0 人を下回るところは次年度からの運行廃止を検討し，デマンド型乗り合いタクシーとデマンド型バス線では 1 便当たりの輸送人員が平均 1.5 人を下回る場合は運行廃止を検討する[11]。雲南市だけでなく島根県全体でみても，コミュニティバス路線の運休や廃止は今のところはないとのことであるが[12]，公的交通機関が全面廃止となると住民生活への影響は深刻なものとなるだろう。日田市旧中津江村の実態を詳細に調査した賀来（2015）は，高齢者の地域生活を支える上ではヒトやモノの輸送は不可欠なことであるが，行政がどこまで関与すべきかは大きな課題だとしている。

[注]
1) 2040 年における北海道の人口は 1950 年以前の人口に匹敵し，人口増減率はそれほど低い方ではないが，市町村面積が広く，居住困難地域の一つと考えられる。
2) 北海道環境局循環型社会推進課の説明による。
3) 著者はこれまで 2 市町村以上からそれぞれ 5％以上（2000 年）が通勤する場合に通勤中心地とみなしたが（森川 2015b：26），ここでは中心地の影響力をできるだけ広く捉えるために，1％以上が通勤する範囲を広域生活圏と考えることにする（第Ⅰ章 4 節で説明）。
4) ただし，今日でも人口 1 万人未満の消防本部（歌志内市，長万部町，増毛町）が存在しており，小規模な人口のもとでも将来非常備消防に移行することなく運営できるものと予想される。
5) 徳島県那賀町では，以前から医師を派遣していた四つの診療所が合併によって那賀町内の診療所になったため，国の支援は打ち切られたという。こうした不合理な事例はほかの県にもある（森川 2015a：397）。
6) 広島県医療企画グループの説明による。
7) 同じく平成 16 年度無医地区等調査・無歯科医地区等調査によると，無医地区増加の理由には，「医療機関がなくなった」が 31（58.5％），「交通の便が悪くなった」が

4 (7.5%) であり，減少の理由では「交通の便がよくなった」が 76 (56.3%)，「人口が 50 人未満となり，無医地区から削除された」が 33 (24.4%)，「医療機関ができた」が 14 (10.4%) であった。したがって，少なくとも 2004 年度の時点では—人口減少による資格喪失や医療機関の消滅はあったが—無医地区は交通条件の改善により減少方向にあるといえる。

8) この現象は第Ⅰ章 3 節 3) で述べた後期高齢者の大都市への移動傾向とも対応する。
9) 介護保険法に基づいて広島県で策定された『第 6 期ひろしま高齢者プラン』(2014 年度更新) と広島県医療介護計画課の説明による。
10) 日本版 CCRC 構想は，「東京圏をはじめとする高齢者が，自らの希望に応じて地方に移り住み，地域社会において健康でアクティブな生活を送るとともに，医療介護が必要な時には継続的なケアを受けることができるような地域づくり」を目指すもので，①高齢者の希望の実現，②地方への人の流れの推進，③東京大都市圏の高齢化問題への対応，の三つが目標といわれる。
11) 雲南市政策推進課の説明によると，今のところ運行廃止はないが，デマンド型への移行はみられるとのことである。なお，住民組織を結成した地区では，隣人が地区内の交通を助ける場合もある。
12) 島根県しまね暮らし推進課の説明による。

3) 小 括

以上のように，集落維持活動では新たな活動が導入されたし，市町村合併以後住民活動が活性化したところもある[1]。一部事務組合や病院・介護施設は従来の活動を続けているが，将来に対する不安は否定できない。

これらの問題について著者は本格的な調査を実施してはいないが，各道県では集落維持活動がなされており，本格的な集落移転を計画している市町村は今のところ不明である。増田レポートの「消滅可能性都市」が過疎市町村に対する厳しい警告となり，人口減少の抑制に向けて一層努力するようになったところも多い。市町村や一部事務組合においても，人口減少のためにやむなくインフラ施設の更新を取りやめる例は今のところない。総務省では定住自立圏 (2008 年) や連携中枢都市圏 (2014 年) を設置するほか集落支援員 (2008 年) や地域おこし協力隊 (2009 年) の制度が導入され，国土交通省では「国土のグランドデザイン 2050」に含まれる高次地方都市連合，経済産業省では都市雇用圏などの新たな構

想が発表された[2]。さらに，国民の価値観の変化やライフスタイルの多様化も加わって，これらの集落維持に向けての努力により，国立社会保障・人口問題研究所（2013）の人口推計値以上に地域人口が維持される可能性は大きいだろう。移民の流入増加も解決策の一つであるが[3]，小田切（2014a：228, 2014b）は「消滅可能性都市」論批判のなかで，最近における田園回帰傾向に対する過小評価をあげ，田園回帰は将来活発化するものと期待を寄せている[4]。

今世紀になって「国土の均衡ある発展」政策は廃止されたが，国家が存続する以上，国は国民の機会均等に向けて努力すべきである。財政難の時代においても垂直的・水平的[5]財政調整によって地域格差の是正に努め，国民の機会均等という目標は堅持されるべきである。国の財政窮乏のもとではインフラ施設の更新が困難となるとしても，費用対効果だけを重視し，インフラの整備された地域へ移住すればよいとして放置するのは適切な措置とは思えない[6]。実際に島根県の山間部における消滅集落には複合的な原因が影響するが，インフラ施設の更新ができないために集落移転を迫られる例はない[7]。人口2,423人から702人にまで71.0％の減少が予測される南牧村のような場合でも，村には中心的な集落もあり，村全域のインフラ施設の更新ができなくなるわけではなく，一部の集落でインフラ施設の更新ができなくなり集落移転が決定された場合には，移転費の補償のもとで近くの中心的な集落に移住するのが適切な措置といえよう。

［注］
1) 旧鹿野町（鳥取市）のように，従来町が主導して進めてきたまちづくり事業が合併後非営利組織に移行して運営している場合（佐藤2012）や，旧明宝村（郡上市）のように，旧市町村のアイデンティティを維持するために有限責任法人を設立した例もある（矢作2009）。
2) 後述するように，国土交通省の高次地方都市連合構想と経済産業省の都市雇用圏構想は2014年末の閣議決定によって総務省の連携中枢都市圏構想に統合された。
3) わが国では年間7万人程度の外国人の流入超過は2040年の推計人口に考慮されているが（江崎ほか2013），人口問題の解決を移民の流入に頼る場合には，幅広い受け入れ体制を考える必要があるだろう。
4) 内閣府の世論調査（「農山漁村に関する世論調査」2014年）においても，農山漁村への定住願望をもつ都市住民の割合は2005年の20.6％から2014年の31.6％へ増加し

ており，30歳代，40歳代の人の顕著な伸びがみられる（坂本 2014b）。
5) 先にも述べたように，東京都では多額の市町村総合交付金などを支給し，都内の市町村はきわめて富裕である。ドイツの州間財政調整のように，東京オリンピックが終ったら，ある程度の資金を残してそれを超える部分を財政調整として貧しい道県にまわすことはできないだろうか。
6) 人口減少や財源不足のためにインフラサービスの水準を落とすことになり，地域格差を拡大することになっても，地区住民の移住を推奨するよりは適切な措置と考えられる。
7) 作野広和教授（島根大学）の説明による。

III　最近の地域政策

　本章では，第Ⅰ章で検討した人口移動による都市システムの研究成果を踏まえ，さらに第Ⅱ章の地域政策構想に関する考察をも加えて，今日の地域政策について批判的に考察する。今日の地域政策の中心といえるものは，定住自立圏構想と連携中枢都市圏構想であるので，両者の問題点を明らかにする。2004年に発表された「二層の広域圏」構想についてはすでに報告したので，本研究では割愛する（森川 2009，2012：173-189）。地方中小都市の振興についてはドイツの「点と軸による開発構想」に倣って中心地階層を提示するとともに，都市システムによる都市的サービスの供給圏外地域（以下，圏外地域と呼ぶことにする）の問題についても考察する。そして最後に，「平成の大合併」で非合併のまま取り残された小規模町村の行政的な問題点についても検討する。

1. 定住自立圏構想と圏域設置の問題点

1）定住自立圏構想と設置の概要

　全総の目標であった「国土の均衡ある発展」は全総の廃止とともに撤去されたが，東京一極集中の是正や地方圏の活力再生を目指した拠点都市強化の地域政策は人口減少時代を迎えて一層強化されている。1992年に地方拠点法による地方拠点都市地域が成立したが[1]，その後国土審議会による「二層の広域圏」構想（2004年），総務省による定住自立圏構想（2008年）と連携中枢都市圏構想（2014年），国土交通省の「国土のグランドデザイン2050」における高次地方都市連合構想（2014年），経済産業省の都市雇用圏構想（2014年）などが相次いで発表され，定住自立圏構想と連携中枢都市圏構想が実施中である。

定住自立圏構想は「平成の大合併」終了直前の 2008 年 5 月に発表され，その後 2012 年 6 月には多自然拠点都市が追加された（総務省 2012）。定住自立圏構想推進要綱（総務省 2008）によると，定住自立圏構想は 2005 ～ 35 年間の地方圏における厳しい人口減少を踏まえて，地方圏において安心して暮らせる地域を各地に形成し，地方圏から三大都市圏への人口流出を食い止めるとともに，三大都市圏の住民にもそれぞれのライフステージやライフスタイルに応じた居住の選択肢を提供し，地方圏への人の流れの創出を求めたものといわれる。また，多自然地域[2]を後背地にもつ多自然拠点都市は一定の都市機能を担い，固有の地域資源をもつ後背地を支えるもので，圏域全体に対する振興策として必要なものと考えられている（総務省 2012）。

定住自立圏構想は，自然環境，生活環境，生産環境の調和のとれた人間居住の総合的環境を整備することによって，大都市への人口・産業の集中抑制，地方の振興により新しい生活圏を確立するという三全総の定住圏構想に似たものである。定住構想では 50 ～ 100 世帯の居住区，定住区（全国で 2 ～ 3 万），定住圏（同 200 ～ 300）の重層的な圏域[3]の設置を企画したが，成果が得られないまま終了した。定住自立圏構想はこの定住構想を受け継ぎ，「平成の大合併」の効果を補完するとともに，人口減少時代に対処する意図をもって計画されたものとみることができる。

定住自立圏の中心市においては，圏域全体の暮らしに必要な都市機能を集約的に整備するとともに，近隣市町村において必要な生活機能を確保し，農林水産業の振興や豊かな自然環境の保全等を図るなど，互いに連携・協力することによって圏域全体の活性化を図ることを目的とする。定住自立圏の中心市には大規模商業・娯楽機能，中核的な医療機能，各種の生活関連サービス機能など生活に必要な都市機能についてすでに一定の集積がみられ，近隣市町村の住民でもその機能を活用できるように都市機能がスピルオーバーしている都市（中心性をもつ都市）であることが必要である。定住自立圏構想は，中心市の機能と近隣市町村の機能が協定によって有機的に連携し，「定住」のための暮らしに必要な諸機能を総体として確保するものといわれ，その限りにおいては，ドイツの空間整備政策の中心概念としての「点と軸による開発構想」と類似したものと考えられる（森川 1988：2）。

1. 定住自立圏構想と圏域設置の問題点

　国土審議会調査改革部会報告として2004年に発表された「二層の広域圏」は構想の段階にとどまったのに対して，定住自立圏構想は福田首相の肝いりで2008年に急遽策定され，2014年6月には多自然拠点都市が追加された（総務省2012）。定住自立圏構想推進要綱（総務省2015c）はすぐに実行に移され，2015年10月には86の圏域が形成され，次第に増加する方向にある。著者は定住自立圏の圏域設定に関する問題点についてはすでに考察したが（森川2012：155-167），本研究では新たな資料を追加して改めて検討することにする。

　定住自立圏構想推進要綱によると，定住自立圏は中心市と周辺市町村が自らの意思で1対1の協定を締結することを積み重ねることによって形成される圏域である。「集約とネットワーク」の考え方に基づいて，中心市において圏域全体の暮らしに必要な都市機能を集約的に整備するとともに，周辺市町村においては必要な生活機能を確保し，農林水産業の振興や豊かな自然環境の保全等をはかるなど互いに連携・協力することにより，圏域全体の活性化を図ることを目的とする[4]。それによって地方への民間投資を促進し，内需を振興して地域経済を活性化させるとともに，分権型社会にふさわしい，安定した社会空間を地方圏に創り出すことが期待されている。

　さらに，複数の定住自立圏がより広域的に連携していくことが望ましいとする。とくに人口20万・30万人以上の都市など高次機能を有する都市を中心市とする定住自立圏と基本的な生活機能を供給する都市をもつ定住自立圏とが，情報・交通ネットワークなどを活用しながら，より高次の都市機能の確保や地域の経済基盤の強化へ向けて連携していくことが期待される[5]。

　定住自立圏の設定には次のような条件がある。①中心市は充実した生活機能をもつため5万人以上—少なくとも4万人を超えること—が必要である。隣接2市の人口が合わせて4万人を超える場合には2市で一つの中心市とみることもできる。②2005年国勢調査において中心市の昼夜間人口比率は1以上である[6]。1未満の場合には中心市が中心機能をもつかどうかが疑問視されるためである[7]。合併市が中心市となる場合には合併期日以前の直近の国勢調査人口が用いられ，その後の人口減少は問われない。

　ただし，③これには「広域的な市町村の合併を経た市に関する特例」（合併1市圏域[8]）がある。合併市町村のうち，当該市に対する通勤通学率が10％以上

である市町村が存在しない場合，総務省が別に定める要件を満たす市については，合併関係市のうち人口が最大のものの区域を中心地域，その他の合併関係市町村の区域を周辺地域とみなして中心市宣言書を作成し，公表することができるとする（総務省2008）。

なお，④地方圏とは三大都市圏以外の地域を指すので，大阪市，名古屋市，京都市，横浜市，神戸市，川崎市，千葉市，さいたま市，堺市，相模原市および東京都特別区に対する中心市の通勤通学率が10％を超える場合には大都市圏地域とみなされる[9]。したがって，10％未満であることが地方圏の都市の条件となる[10]。合併1市圏域の場合には，合併関係市のうち人口が最大の旧市町の従業者数・通学者数を当該合併市の就業者数・通学者数の数値とみなして算出することができる。

定住自立圏の設定においては中心市を決定して中心市宣言を行い，周辺の各市町村とそれぞれ契約を結ぶことになる。周辺市町村が県境を越えて他県に跨がっても差し支えない。定住自立圏が成立し，共生ビジョンを作成して計画書を総務省に提出して定住自立圏が成立すると，中心市には年間最大4,000万円程度，周辺の各市町村には1,000万円の特別交付税が5年間交付され[11]，外部人材の活用や地域医療に対する財政支援が受けられる。ただし，合併1市圏域の場合には周辺市町村が存在しないので，中心市として4,000万円だけが交付される。二つの中心市をもつ複眼型中心市の圏域では，二つの中心市にはそれぞれ4,000万円を交付されるが，二重に加入する周辺市町村の交付金は1,000万円にとどまる。

圏域全体の活性化を通じて人口定住をはかる定住自立圏の具体的な政策としては，①生活機能の強化，②結びつきやネットワークの強化，③圏域マネジメント能力の強化がある。①に関係するのは医療，福祉，教育，土地利用，産業振興であり，②はネットワークの強化に係わる政策分野としての地域公共交通，デジタル・ディバイトの解消へ向けたICTインフラの整備，交通インフラの整備，地産地消，地域内外との交流・移住促進である。③には宣言中心市等における人材育成，外部からの行政・民間人材の確保，職員交流が含まれる。これらの事務の具体的な執行は，機関等の共同設置や事務委託などのほか，民事上の契約などによって行われる。

上記のように，定住自立圏は中心市と周辺市町村が自らの意思によって1対1

の協定を締結することになるので，周辺市町村と中心市との協定内容はそれぞれ異なることもありうる。したがって，中心市と周辺市町村との業務協定は統一したものではなく，圏域の一体感が醸成されにくい場合もある。

　一方，後で追加された多自然拠点都市では，⑤人口4万人未満でも人口集中地区（DID）人口1万人以上をもつこと，⑥昼夜間人口比率は問わないが，周辺の多自然地域（国立・国定公園に属するか，林野率80％以上）にある人口4万人未満の後背地市町村に対して相当程度通勤する住民が存在すること[12]が条件とされ，14市[13]が追加された。多自然拠点都市は追加されてから日が浅く，2015年10月末の時点で中心市宣言をしたのは富良野市と人吉市だけで，那須塩原市が協定締結・形成方針策定の段階にある。

[注]
1) 人口と諸機能の東京大都市圏への一極集中と地方全体の活力の低下のもとで，地方拠点法は地方の自立的な成長と地方定住の核となる地域の育成，産業業務機能の地方への分散など，まさしく今日的な目的をもって制定されたもので，全国では84の地方拠点都市地域が指定された。ただし，これらの地域は広域中心都市や県庁都市の多くを除く県内第2・第3の都市の振興を目的としたものであった。
2) 国土交通省の「21世紀のグランドデザイン」では四つの目標の一つとして多自然居住地域を掲げる。総務省では多自然拠点都市の設定される地域を多自然地域と呼んでおり，両者の関係は紛らわしい。
3) しかし定住構想が実施されたとすると，1定住圏に平均100の定住区が含まれることになり，非現実的な階層構造をもつものであったと考えられる。
4) かつてGalpin（1915）が合衆国において都鄙共同社会圏（rurban community）を唱えたころには，都市と農村とは都市的サービスの提供と農産物の供給によって連携していたが，今日のわが国では農村側の主たる任務は都市への労働力の供給にあるといえる。それは，都市に設置された事業所によって農村住民が扶養されることでもある。
5) 人口20万・30万人以上の都市など高次機能を有する都市は，今日の連携中枢都市圏形成の資格を有する都市に当たるが，連携中枢都市圏についてなんら触れないのは，当時は連携中枢都市圏設定の構想が十分に固まっていなかったものと推測される。
6) 昼夜間人口比率1以上を規準とする発想は古く，富田（1975）や金本・徳岡（2002），遠藤（2002）などにもみられる。
7) この方法は，中心性の規模を示すものとしてこれまでの都市圏設定基準にも使用さ

れてきた（金本・徳岡 2002）。都市圏の設定は，中心都市をあらかじめ設定した上で，通勤圏を考慮して都市圏を設定する方法である。その場合には，通勤通学率は 10% 以上とすることが多いが，著者のように第 1 位通勤先への通勤率 5% を採用した研究もある。

8)「平成の大合併」において大規模に合併した都市では，旧町村を周辺町村とみなして定住自立圏を設定することができる。合併市では最大の旧市の昼夜間人口比率が 1 以上であることも条件となり，その他複雑な資格条件が定められている。

9) 定住自立圏構想の発表は 2008 年 2 月であり，三大都市圏は国土利用計画（全国計画）の閣議決定（2008 年 7 月）よりも数カ月早かったので，三大都市圏の設定（11 都府県）に従わなかったのは当然のことといえる。

10) 三大都市圏をこのように定義した定住自立圏構想の方が，11 都府県によるよりも適切である。11 都府県を三大都市圏とした閣議決定の意図は理解できない。

11) 特別交付税は 2014 年度から 4,000 万円が 8,500 万円へ，1,000 万円が 1,500 万円へと増額された。

12) 昼夜間人口比率が 1 以上で，居住拠点都市からの通勤通学者が占める割合が全就業・通学者の 10% 以上の町村，または昼夜間人口比率が 0.9 以上で，居住拠点都市からの通勤通学者が占める割合が全就業者の 20% の町村が存在することが条件となる。

13) 総務省地域自立応援課の説明によると，14 市は北見市，富良野市，伊達市，日光市，那須塩原市，沼田市，青梅市，小浜市，富士吉田市，御殿場市，新城市，新宮市，人吉市，うるま市からなる。

2) 定住自立圏の設置状況

表 III-1 に示すように，2015 年 10 月 1 日現在，多自然拠点都市をも含めて中心市の資格をもつ 264 市のうち，定住自立圏共生ビジョンを策定して手続きを完了したのは 86 団体（32.6%）である。そのほかには，定住自立圏形成協定の締結や定住自立圏形成の方針策定まで終えた 8 団体，中心市宣言のみ「実施ずみ」が 20 団体あり，合計 114 市でもって定住自立圏の策定が進行している[1]。このうちには，県境型圏域 10，複眼型中心市圏域 7，合併 1 市圏域 24 が含まれる（総務省 2015b）。

ただし，定住自立圏策定の進行状況は都道府県によって大きく異なり，埼玉県（2 市），鳥取県（3 市），徳島県（2 市）では資格をもつ全市で設定されているのに対して，東京都，富山県，石川県，福井県，京都府，奈良県，和歌山県ではまっ

表Ⅲ-1　都道府県別にみた定住自立圏の設置状況（2015年10月現在）

都道府県	a	b	c	d	合計	都道府県	a	b	c	d	合計
北海道	13	1		4	18	滋賀	2		1	2	5
青森	4		1	2	7	京都				1	1
岩手			1	6	7	大阪					0
宮城	1	1		2	4	兵庫	3		2	2	7
秋田	4			3	7	奈良		1			1
山形	3		1	2	6	和歌山				3	3
福島	1	1		6	8	鳥取	3				3
茨城			1	7	8	島根	4			1	5
栃木			2	6	8	岡山	1			3	4
群馬	1			7	8	広島			1	7	8
埼玉	2				2	山口	4			4	8
千葉	1			1	2	徳島	2				2
東京				1	1	香川	2		1	1	4
神奈川					0	愛媛	1			7	8
新潟	3		1	8	12	高知	3			1	4
富山				5	5	福岡	3			6	9
石川				3	3	佐賀	2			3	5
福井				4	4	長崎	1		1	3	5
山梨			1	2	4	熊本	2	2	2	1	7
長野	5			5	10	大分	1		1	2	4
岐阜	1			4	5	宮崎	4			2	6
静岡			1	10	11	鹿児島	2			7	9
愛知	2			3	5	沖縄	1			4	5
三重	2	1	1	3	7	合計	86	8	20	150	264

a：ビジョン策定
b：協定締結・形成方針策定
c：中心市宣言のみ
d：中心市宣言なし
資料：定住自立圏構想情報の中心市一覧（http://www.teijyu-jiritsu.jp）による．

たく進捗していない（表Ⅲ-1参照）。過去3年間には71圏域（27.1％）から86（32.6％）へと進捗したが，進捗したのは北海道や山形県，栃木県，熊本県など一部の道県に限定される。山梨県，奈良県，広島県のようにやっと1～2市で中心市宣言をしたところもある。圏域設定の進捗状況が緩慢なのは，連携中枢都市

圏を設置したり，他に財政措置（合併による補助金など）を得ているためと考えられる[2]。年間最大 4,000（後には 8,500）万円の特別交付税は地方都市にとって少額ではないといわれる。

定住自立圏をもつ中心市とその圏域の性格を明かにするために，通勤圏（2000年）との関係を示すと表 III-2 のようになる。すでに設定された上記の 94 圏域[3]をみると，定住自立圏の圏域は通勤圏の圏域と常に整合するわけではない。各圏域に含まれる周辺市町村の数には，合併 1 市圏域による 0 から帯広市の 18 町村までさまざまある。長岡市のように周辺市町村は 3 市町にすぎないが，合併以前の旧市町村数でみると 12 市町村が含まれており，広い面積を占める場合もある。

それぞれの圏域は複雑な形態をもつため，厳格なタイプ分類は困難であるが，A～E の 5 タイプに区分することができる（表 III-2 参照）。中心市の通勤圏と定住自立圏の圏域とが完全に整合する場合は少なく，ほぼ整合したものをタイプ A とする。これには，間接圏域（間接通勤圏），半従属中心地圏[4]や通勤率が低くて圏外地域に属する町村が含まれ，場合によっては別の中心地の圏域に属する 1 町村が含まれることもある。タイプ B は定住自立圏の圏域が通勤圏を越える場合であり，タイプ C はその逆であるが，タイプ A～C の区分は厳格には決められない場合もある。

定住自立圏の圏域の多くは通勤圏と整合したタイプ A に属し，日常生活圏が強く考慮されているといえる。合併 1 市圏域[5]のほとんどはタイプ A に属するが，通勤圏（日常生活圏）を無視して市町村合併が行われた場合にはタイプ B（例：今治市）に属するものもある。しかし，周辺市町村数が多くなるにつれてタイプ A が減少し，周辺市町村が 5～9 になるとタイプ B が相対的に多くなる。周辺市町村が 10 以上含まれるのは 3 市しかなく，いずれも合併が進まなかった地域にみられる。飯田市の圏域は通勤圏とほぼ一致するが，佐久市では軽井沢町や川上村など通勤圏外の町村が圏域に加入し，タイプ C の徳島市では通勤圏に属する 18 市町村のうち圏域に属するのは 11 市町村だけである。タイプ D は桑名市の通勤圏に属するいなべ市のように，中心市が自己の通勤圏をもたない場合である。さらに，タイプ E は中心市の通勤圏とは関係なく，総合振興局（支庁）の範囲など広域の定住自立圏域を設定したもので，北海道にみられるものである。

表Ⅲ-2　中心市の通勤圏（2000年）との関係からみた定住自立圏の形状（2015年10月現在）

タイプ	周辺市町村数 0	1～4	5～9	10以上
A	由利本荘市、横手市、佐野市、伊勢崎市、旭川市、糸魚川市、湖西市、西尾市、長浜市、浜田市、出雲市、唐津市、下関市、長門市、八女市、唐津市、五島市、山鹿市、天草市、宮古島市	苫小牧市、富良野市、石巻市、湯沢市、鶴岡市、酒田市、南相馬市、秩父市、本庄市、長岡市、燕市、中野市、飯山市、松阪市、西脇市、天理市、倉吉市、阿南市、四万十市・宿毛市、伊万里市、八代市、小林市	旭川市、滝川市・砂川市、八戸市、弘前市、一関市、新庄市、白河市、太田原市・那須塩原市、上田市*、美濃加茂市、伊勢市、鳥取市*	飯田市
B	大館市、栃木市、山口市、今治市、薩摩川内市	奥州市・北上市、大崎市、大館市村上市、北杜市、刈谷市、豊岡市*、洲本市、益田市、日向市、備前市、亀岡市、大牟田市、都城市	小樽市、釧路市、室蘭市、十和田市・三沢市、伊勢市、高松市、留米市、大牟田市*、延岡市、中津市、鹿屋市	佐久市*
C		山形市、彦根市、高知市		徳島市
D		いなべ市		
E			稚内市*	函館市、帯広市、名寄市、士別市*、網走市

A：中心市の通勤圏とほぼ整合する圏域（間接圏域、通勤圏外町村を一つ程度の不整合を含む）
B：中心市の通勤圏が狭く他の通勤圏を含み整合しない圏域
C：中心市の通勤圏が広く定住自立圏の圏域を越える場合
D：中心市の通勤圏がなく大都市の通勤圏に属する場合
E：中心市の通勤圏とは関係なく広域の定住自立圏域を設定した場合
*印は重複加入の周辺市町村を含む圏域
　　は他県の市町村に跨がる圏域

注1）滝川市・砂川市は両市が中心市をなして共同圏域を形成する場合を示す。
注2）中心市宣言をして「ビジョン策定」および「協定締結・形成方針策定」の段階にある場合を示す。「中心市宣言のみ」の段階では周辺市町村名が決まっていないので省略する。

資料：国勢調査（2000年）および総務省（2015b）による。

周辺市町村が二つの圏に重複加入している場合もある。なかには新温泉町のように，豊岡市のほかに県を越えて鳥取市の圏域にも加入してところもあるが，どちらの通勤圏にも属さないので，それほど緊密な関係にあるとは思えない。特異な形態としては，延岡市と日向市の定住自立圏が結合した圏域がある。延岡市の定住自立圏は周辺3町村を含む日向市の定住自立圏を包含するかたちで8市町村からなる定住自立圏を形成する[6]。県境を越えた定住自立圏で実質的な日常生活圏を形成するのは，大牟田市，中津市，都城市の圏域である。米子市・松江市の圏域も複眼型の越境圏域を形成する。

　もう一つ問題になるのは定住自立圏と1995年頃に設置された広域連合との関係である。両圏域が完全に一致するのは室蘭市，小樽市，富良野市，弘前市，飯田市などわずかな例に過ぎない[7]。多自然拠点都市の資格を得て定住自立圏を設定過程にある富良野市についてみると，ここでは「平成の大合併」の際に合併協議会を設置することなく非合併にとどまった富良野市と周辺4町村が2008年になって広域連合を設置したが，それと同一の5市町村でもって2013年12月に定住自立圏形成協定を締結し，共生ビジョンが作成された[8]。

　その場合に興味深いのは，定住自立圏と広域連合との業務内容の違いである。広域連合の業務は，①消防・救急，②生ごみ・し尿の処理，③公共牧場，④学校給食の4分野であるのに対して，富良野市と各町村との―すべて同一市町村からなる―協定による定住自立圏の業務内容は上述の「生活機能の強化に係る政策分野」を中心とする3分野に関するものである。したがって，広域連合と定住自立圏の業務内容はまったく異なり，重複する項目はない。広域連合は行政サービスの一部を共同で行うことを目的として設置された特別地方公共団体であり，市町村業務から離れて独自の業務を行うのに対して，各市町村が連携して行う定住自立圏は各市町村が担当する。市町村が共同で行うことができる事務は，広域連合で行う方が効率的観点からみてメリットがあると考えられている。

[注]
1) ただし，人口20万人以上の61市はその後連携中枢都市の資格を得たので，連携中枢都市圏を設定したものもある。定住自立圏を設定していた都市のなかにも，連携中枢都市に移行したものもある（例：下関市，高松市）。

2) 辻（2015）によると，市町村合併が進んだ県や市町村数や人口の少ない県，三大都市圏に近く富裕な県などで圏域の進捗が遅れているという。
3) 94圏域には「ビジョン策定」の86圏域だけでなく，すでに周辺市町村との「協定締結・形成方針策定」が完了した8圏域も含まれる。
4) A村の就業者の5％以上はB町に通勤し，B町からはC市の通勤圏に属する場合A村はC市の間接通勤圏に属する。通勤圏をもつD市の就業者の5％以上がより大規模なE市に通勤するときD市は半従属中心地といえる。
5) 要綱によると，広域的な合併を行った合併市であって人口最大の旧市の昼夜間人口比率が1以上のものは，合併1市でもって定住自立圏を形成することができる。その場合には，人口最大の旧市が中心地域，他の旧市町村が周辺地域とされ，「定住自立圏形成方針」が市議会の議決を経て策定される。
6) 日向市は西臼杵地区を日常生活圏としており，高千穂町などを含めた県北の町村とは違った独自の地域を形成する。人口は10万人未満で二次救急医療の機能をもつが，三次医療圏や消防圏域の改正などを考慮すると延岡市との関係を無視できず，重複型の圏域を形成した。日向市の受け取る特別交付税は中心市としての年間4,000万円だけである（日向市企画課の説明による）。
7) 釧路市や上田市，佐久市，中野市・飯山市，刈谷市，いなべ市，阿南市などのように，両圏域が完全には整合しないものもある。
8) 富良野市企画課の説明による。

3) 定住自立圏構想と圏域設定の問題点

　三全総における定住構想にみられたように（森川2012：105-110），定住自立圏も地方圏から三大都市圏への人口流出の防止を目的としたものである。県境を越えた圏域を設定して県境を跨ぐ地域を一体とした地域設定はこれまでみられなかった柔軟な措置といえるが，多自然地域については疑問がある。多自然地域が通常の通勤中心地から都市的サービスの供給が困難な圏外地域であるならば，多自然拠点都市の新たな設定は意義あるものと考えられる。しかし，多自然地域は圏外地域をとくに対象としたものではなく，14市の中心市指定条件も明確でなく，多自然拠点都市が地域振興にとくに寄与するとは考えられない。

　定住自立圏構想が発表された2008年2月には，「平成の大合併」がまだ進行中であった。「平成の大合併」が進行中のこの時期に定住自立圏構想が発表されたのは西尾私案[1]と関係があるとみる人もある。岡田氏（加茂ほか2009：106）によると，

西尾氏を中心とする地方分権改革推進委員会第一次勧告（2008年5月）は「町村は県の行政権限を移譲されても負担になるだけだ」として，県から町村への権限移譲を少なく限定したのと時を同じくして，定住自立圏構想が発表された。したがって，この二つの相次ぐ発表は西尾私案における小規模町村の「特例団体」化とも関連しており，定住自立圏構想によって西尾氏が提案したような小規模町村の「特例団体」化を進行させる可能性がありうるし，小規模町村の方から「自主的に」中心市との合併を決断しなければならなくなる恐れもあったといわれる。

　しかし，著者は定住自立圏構想がそのような意図をもった地域政策とは思わない。そのような意図があるのならば，すでに合併している合併1市圏域型の定住自立圏の設定はその主旨に反するからである。また定住自立圏構想推進要綱（総務省2008）においても，小規模町村の措置についてはなんら触れていない。

　ところで，「二層の広域圏」構想においては82の中心都市が選定されると，中心都市の振興は周辺に位置する地方中小都市の衰退を助長し，その政策効果は周辺部に位置する条件不利地域まで波及しないと考えたが（森川2009），定住自立圏構想についても類似した問題が認められる（森川2012：166）。人口4万や5万人以上の地方中小都市が，周辺市町村として圏外地域まで定住自立圏域に含めることには問題がある。第Ⅱ章3節においてみたように，北海道では総合振興局の全域または大部分を含めた圏域設定がみられるが，中心市の日常生活圏を越えた地域では中心市からの都市的サービスを受けられず，効果を発揮できるとは思えない。

　また，中心市が中心市宣言をして資格をうるには厳しい条件があるため，中心市が適切に認定されるかどうかが問題となる。多自然拠点都市が中心市を宣言して圏域が設定されたとしても，多自然地域は広い範囲に跨がり，圏外地域を含む条件不利地域の全域に都市的サービスの供給はできないので，国土全域を振興することはできない。しかも，地方圏のすべての地域で政策が実施されないとしたら地域格差を一層複雑化することになり，適切な措置とはいえない。

　こうした問題も看過できないが，定住自立圏構想において最も重要なのは中心市とそれを中心とする圏域の設定方法である。まず第一は，森川（2012：156）においても指摘したように，中心市の資格を昼夜間人口比率によって決定することである。これは中心機能を欠く衛星都市を中心市から排除するためとみられる

が，定住自立圏の中心市に認定された都市（認定中心市）と通勤中心地との関係を都道府県単位でみた表Ⅲ-3によると，B欄の「通勤圏をもたない都市」が資格をうるのに対して，C欄に示す通勤圏をもつ多くの都市が資格を失うことになる。C欄に含まれる半従属中心地のなかには昼夜間人口比率が1未満となるものが多く，中心市に認定されていない。

半従属中心地は人口やサービス施設の規模の割には狭い通勤（通学）圏をもつことにはなるが，周辺地域に対して都市的サービスや職場を提供する中心地の役目を果たしているので，中心市の資格は通勤（通学）圏をもつか否かによって決めるべきである[2]。なお，表Ⅲ-3においてC欄に人口2.5万人以上の通勤中心地を示したのは，名寄市や士別市，富良野市のように4万人未満の人口でも中心市に認定された都市があるからである。

B欄には，小樽市やいわき市，熱海市のように，通勤圏をもたない人口4万人以上の都市が昼夜間人口比率1以上の条件を充たすために中心市としてあげられる。同様に，北杜市（山梨県）や南九州市（鹿児島県）のように，通勤中心地でないにもかかわらず，市町村合併によって人口が4万人以上に達したために資格を得たものもある。これらの都市は衛星都市ではないが，中心機能を欠き，周辺市町村と緊密な関係をもつ中心都市とはいえない。市域が広いという点ではいわき市は合併1市圏域型とみることができる。多自然拠点都市においては，昼夜間人口比率1未満の都市であっても周辺に多自然居住地域が存在することが条件であるが，後述するように，多自然居住地域のごく一部に圏外地域が含まれるだけであり，多自然居住地域を特別扱いすることに意味があるとは思えない。

第二は中心市の人口規模に関する問題である。中心市の人口は，上述したように，5万人以上—少なくとも4万人以上—とされており，それ以下の人口の都市は，共同圏を形成する名寄市と士別市や多自然拠点都市の場合を除くと，中心市の資格をうることはできない。ただし，「平成の大合併」によって合併直後の人口が人口4万人に達した都市は—その後人口が減少しても—中心市の資格をうることができる。すなわち，都市がもつ中心機能とは関係なく，「平成の大合併」によって定住自立圏設置の資格をうることになる。人口4万人とか5万人の都市人口の規模がそれほど重要かという問題である。このような閾値の採用は，地域中心として地域を牽引するには最低限これくらいの人口が必要との判断によるも

表Ⅲ-3 定住自立圏の中心市に認定された都市と通勤中心地（2000年）との関係

都道府県	A	B	C (2.5万人以上, 2000年)
北海道	札幌, 旭川, 函館, 釧路, 帯広, 苫小牧, 北見, 室蘭, 滝川, 網走, 名寄, 士別, 富良野, 砂川*	小樽, 稚内, 千歳, 石狩	岩見沢*, 留萌, 深川
青森	青森, 八戸, 弘前, 十和田, むつ, 五所川原, 三沢		
岩手	盛岡, 一関, 奥州 (水沢, 江刺), 宮古, 大船渡, 北上	釜石	花巻*, 久慈, 二戸
宮城	仙台, 石巻, 大崎 (古川*), 気仙沼		白石*
秋田	秋田, 大館, 能代, 由利本荘 (本荘), 横手, 湯沢, 大仙 (大曲)		
山形	山形, 酒田, 鶴岡, 米沢, 新庄	東根	寒河江*, 長井
福島	郡山, 福島, 会津若松, 南相馬 (原町), 白河, 喜多方, 二本松*	いわき	須賀川*
茨城	水戸, 日立, つくば, 土浦, 鹿嶋, 神栖, 常総 (水海道*), 筑西 (下館)		石岡*, 坂東 (岩井), 常陸太田*, 常陸大宮 (大宮町*), 下妻, 古河 (総和町), 龍ヶ崎, 神栖 (神栖町*)
栃木	宇都宮, 小山, 栃木*, 佐野*, 真岡*, 大田原, 那須塩原 (黒磯)		
群馬	前橋, 高崎, 太田, 伊勢崎*, 桐生, 富岡*, 渋川, 沼田		館林, 藤岡
埼玉	本庄, 秩父		熊谷*, 東松山*
千葉	館山, 旭		千葉, 市原*, 成田, 茂原*, 東金*, 香取 (佐原)
東京			東京特別区, 八王子, 青梅, あきる野*,
神奈川			横浜*, 相模原*, 平塚, 厚木, 小田原

都道府県			
新潟	新潟, 長岡, 上越, 柏崎, 三条, 新発田*, 燕*, 十日市, 糸魚川, 村上, 南魚沼 (六日町), 佐渡 (両津)		白根, 五泉, 妙高 (新井)
富山	富山, 高岡, 魚津	射水 (新湊), 黒部	砺波
石川	金澤, 小松, 七尾		羽咋*
福井	福井, 越前 (武生), 敦賀, 小浜		
山梨	甲府, 富士吉田, 北杜 (長坂町)		都留*, 韮崎*
長野	長野, 松本, 上田, 飯田, 佐久, 伊那, 中野*, 飯山	岡谷, 諏訪	茅野, 大町, 駒ヶ根*
岐阜	岐阜, 大垣, 高山, 中津川, 美濃加茂		多治見, 可児, 関*, 瑞浪*, 恵那*
静岡	浜松, 静岡, 富士, 沼津, 磐田, 袋井*, 湖西*, 御殿場	熱海, 裾野, 牧ノ原	藤枝, 三島*, 掛川*, 島田*
愛知	豊田, 西尾, 田原*, 刈谷*, 安城		豊橋, 岡崎, 豊川, 半田*, 一宮*
三重	四日市, 松阪*, 伊勢*, 伊賀 (上野)	亀山, いなべ	桑名
滋賀	草津, 彦根, 長浜, 東近江 (八日市*)	栗東	大津, 近江八幡, 甲西
京都	福知山		京都, 舞鶴, 綾部*
大阪			大阪
兵庫	姫路, 豊岡, 洲本, 西脇, 加東 (社町*)	たつの (龍野), 加西	神戸, 加古川, 三田*, 宍粟 (山崎町*)
奈良		天理	奈良
和歌山	和歌山, 田辺, 新宮		橋本*, 海南*, 御坊
鳥取	鳥取, 米子, 倉吉		
島根	松江, 出雲, 益田, 浜田, 安来*		大田, 江津
岡山	岡山, 倉敷*, 津山, 備前		井原*, 高梁
広島	広島, 福山, 呉, 三原, 府中*, 三次, 庄原, 尾道		東広島
山口	下関, 宇部, 山口, 岩国, 周南 (徳山), 萩, 長門	下松	防府, 柳井
徳島	徳島, 阿南		
香川	高松, 坂出, 観音寺, 丸亀*		

	A	B	C
愛媛	松山, 今治, 宇和島, 西条*, 大洲, 四国中央 (川之江, 伊予三島), 八幡浜	新居浜	
高知	高知, 四万十 (中村), 宿毛		須崎*
福岡	福岡, 北九州, 久留米, 飯塚, 田川, 朝倉 (甘木*), 八女*, 大牟田, 直方*	南国	行橋*, 柳川*
佐賀	佐賀, 唐津, 武雄, 伊万里	鳥栖	鹿島
長崎	長崎, 佐世保, 諫早, 島原, 五島 (福江)		島原
熊本	熊本, 八代, 玉名, 天草 (本渡), 山鹿, 菊池*, 人吉		水俣
大分	大分, 中津, 日田, 佐伯		宇佐*
宮崎	宮崎, 都城, 延岡, 日向*, 小林		
鹿児島	鹿児島, 鹿屋, 薩摩川内 (川内), 奄美 (名瀬), 出水, 指宿*, 霧島 (国分), 南さつま (加世田*)	南九州	
沖縄	那覇, 名護, 宮古島 (平良), うるま (具志川)	浦添	沖縄
合計	238	26	93

A：定住自立圏の中心市に認定された通勤中心地
B：通勤中心地ではないが，定住自立圏の中心市に認定された都市
C：定住自立圏の中心市に認定されない通勤中心地 (2.5万人以上，2000年)
(カッコ) は「平成の大合併」以前の市町名．
*印は半従属中心地．

注1) 大都市圏は定住自立圏から除外されるが，C欄には東京特別区や大阪市などすべての通勤中心地を記載する．
資料：総務省 (2015b), 国勢調査 (2000年, 2010年) による．

1. 定住自立圏構想と圏域設置の問題点

のと推測される。

したがって，中心都市としての閾値の設定は必要であろうが，4万人や5万人が適当かどうかが問題となる。地域格差を是正するためには，ドイツの空間整備政策にみられるように，地方圏の全市町村がいずれかの定住自立圏に加入できるように中心市の資格を設定するのが理想的である。ドイツでは1972年の「ドイツ中位中心地圏」の空間整備閣僚会議（MKRO）の決定によって，中位中心地圏の人口は最低4万人で中位中心地はフル稼働し，人口希薄地域でも2万人とされ（BBSR 2012b：38），旧西ドイツの全域がいずれかの中位中心地圏に含められた。

定住自立圏構想要綱（総務省2008）には「地方圏において安心して暮らせる地域を各地に形成し」とあるが，中心市を人口4万人以上として定住自立圏を設定した場合には国土全域をカバーすることはできない。わが国では離島や圏外地域などがあるため，図III-1に示すように，地方圏全域の町村を定住自立圏に含めることは不可能である。離島など若干の例外は止むをえないとして，それらを除くすべての町村が周辺町村として定住自立圏に加入する場合には，人口2～4万人の通勤中心地にも中心市の資格を与える方がよいであろう[3]。なかには，木曽町（11,834人，長野県）のように，人口1万人程度の町でも十分に通勤中心地の役割を果たしている場合もある。

農村部全町村が定住自立圏に加入できるためには，人口規模の小さい中心地を中心市として採用すべきであるが，小規模な中心地から供給されるサービスは質量ともに貧弱であり，雇用の場の創出は難しく，地域を活性化し，人口流出を阻止するには不十分である[4]。したがって，妥協点を見つけて中心市の限界値を決定することになる。

表III-3によると，人口4万人未満の市町でも中心性をもち，中心市の資格をもつものがかなりある。そのなかには，「平成の大合併」によって人口4万人以上に到達した市町もあるが[5]，富良野市，小浜市，人吉市のように非合併にとどまり，2010年までに4万人に到達しなかった市町もある。これらは多自然拠点都市として中心市に認定されたが，二本松市，村上市，加東市，新宮市，八女市，武雄市，指宿市などは多自然居住地域になく，認定されなかった。多自然居住地域の規準が曖昧なため，人口の限界値が厳密には守られているのかどうかは不明である。

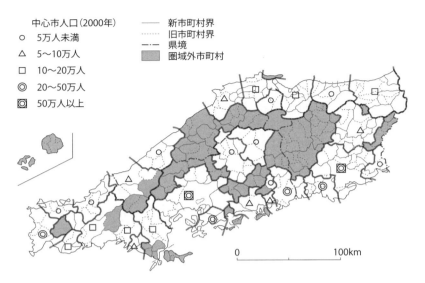

図Ⅲ-1 中国地方における定住自立圏構想の「中心市一覧表」に掲げられた都市とその通勤圏（2000年）
注1)「中心市一覧表」に掲げられるのは人口4万人以上で，昼夜間人口比率1以上の都市．
出典：森川（2012）p.166による．

　周知のように，「平成の大合併」では市制施行条件が緩和され，人口3万人以上ならば市街地など他の条件を無視して市制を敷くことができたので，都市機能を十分にもたない都市が誕生した．合併協議会の解散によって取り残された3町が合併してできた南さつま市（鹿児島県）の場合には通勤中心地はないし，射水郡と新湊市が合併してできた射水市は合併以前富山市と高岡市の通勤圏に分割されていて通勤中心地ではない．このように，「平成の大合併」によって形成された新市に対して機械的に資格を与えるのは問題であり，―半従属中心地を考慮しないとすれば―多自然拠点都市のようにDIDを考慮する方がより適切であろう．
　第三は，中心市の人口規模の上限に関する問題である．中心市の資格条件として人口が少なくとも4万人以上というだけで，人口の上限はなく，三大都市圏の大都市を除くと札幌市や福岡市など広域中心都市までもが中心市となり得る．ただし，表Ⅲ-4に示すように，大都市で定住自立圏が設定された例は少ない．人口30万〜50万人クラスの認定中心市では旭川，高松，高知，久留米の4市がビ

表Ⅲ-4　中心市の人口規模からみた定住自立圏の設置状況

	5万人未満	5～10万人	10～20万人	20～30万人	30～50万人	50万人以上	合計
a	22	31	27	8	4		92
b	1	2	8				11
c	4	10	4	1	1		20
d	15	53	27	13	19	14	141
合計	42	96	66	22	24	14	264

a～dは表Ⅲ-1と同一.
資料：総務省（2015b）による.

ジョンを策定しているが[6]，50万人以上の都市ではビジョン策定は皆無である。

　人口4万人の小都市と100万人を超える広域中心都市では中心機能の種類や次元が異なるのに，同一法のもとで一律に4,000万円の特別交付税を与えるのは適当とはいえない。館山市と南房総市の場合には，南房総市は中心市となる館山市が4,000円を受け取ることに不満を示し，中心市の宣言ができない[7]。定住自立圏構想要綱（総務省2008）には生活機能と高次都市機能という術語が区別して用いられ，「高次の都市機能を有する都市等を中心市とする定住自立圏との連携」が計画され，機能的役割にも差を付けている。このような都市機能の差異を考慮して，後日連携中枢都市圏構想が発表されることになったものと推測される。

　人口規模による垂直的連携を不問とする傍ら，複眼型（7圏域）や圏域重複型（8圏域）などのような水平的連携は考慮されている。しかし，複眼型の圏域のすべてが相互依存型通勤圏を形成しているわけではなく，名寄市・士別市と四万十市・宿毛市，中野市・飯山市はいずれも隣接する小規模中心地の圏域であり，松江市・米子市は安来圏を挟んで対峙する中規模中心地の圏域である。十和田市・三沢市では，両市はともに小規模中心地であるが，三沢市は非合併にとどまる。しかも十和田市・三沢市はおいらせ町を挟んで八戸市と圏域重複型の圏域を形成する。このように，複眼型中心市圏ではそれぞれ別の日常生活圏をもつ場合が多く，水平的連携が十分に機能するかどうか疑問である。

　第四は，表Ⅲ-2に示す定住自立圏のもつ圏域の問題である。中心市はその日

常生活圏（通勤圏）に含まれる市町村と協定を結んで圏域を形成すべきであるが，定住自立圏の圏域は広狭さまざまである。上述したように，北海道の稚内市，帯広市，名寄市・士別市の圏域は総合振興局（支庁）やその一部を単位としており，異常に広い面積をもつ。北海道では都市密度が低いため他に中心市に該当する都市が少ないこともあるが，日常生活圏を越えた遠方の中心市と協力して地域の振興を図るのが適当かどうかが問題となる。これに対して，上述の徳島市や飯田市，佐久市の圏域には多くの非合併村が含まれており，日常生活圏とは完全には整合しないとしても，日常生活圏が考慮されたものといえる。

それと関連して問題になるのは，上述したいなべ市の場合である。員弁郡4町の合併によって形成されたいなべ市には通勤中心地はなく，3町は桑名市の通勤圏（2000年）に属し，藤原町は北勢町を指向する間接圏域であった。3町の合併によって人口45,684人となったいなべ市が中心市宣言をして，非合併の東員町を周辺町村として圏域を設置したが，都市的サービスを供給しうる中心市とはいえない。いなべ市と同様に，表Ⅲ-3のB欄に示す「通勤中心地（2000年）でないが，中心市の資格と得た都市」のなかには，今日すでに周辺市町村と協定を結んで定住自立圏を形成したものもある。

いなべ市の誕生の際には東員町との合併協議が不調に終わったので，非合併町村を含めて定住自立圏を形成したことになる。このほかにも，合併が不調に終わった市町村域でもって定住自立圏を形成した例には，美濃加茂市や彦根市がある。これらの都市には合併目標を達成できなかった問題を定住自立圏の設置によって補うことが期待されるが，「平成の大合併」の際にできたしこりによって圏域設定ができない地域もある。

第五は中心都市の階層性の問題である。国土交通省の「国土のグランドデザイン2050」では中心都市の階層性に触れてはいるが，十分な説明はなされていない。連携中枢都市圏は定住自立圏中心市の資格をもつ264市のうち，高次都市機能をもつ人口20万人以上の61市で，すべての県に1以上の中心都市が設定される。連携中枢都市圏は定住自立圏構想と同時期には発表されておらず，両構想は中心都市の階層性を考慮して体系的に計画されたものとは考えられない。後述するように，連携中枢都市圏域に含まれる定住自立圏も指定されていない。

小田切（2014a：230）も，今回の地方中枢拠点都市構想の新しい仕組みがなぜ

必要だったのか合理的な説明がないと述べ，疑問視している。人口分布に配慮した都市的サービスの提供のためには，クリスタラー理論[8]に基づく階層構造的な中心都市の配置が効果的である。すなわち，一つの連携中枢都市圏のなかにはいくつかの定住自立圏が含まれ，連携中枢都市圏の中心都市は上位中心都市として定住自立圏の中心市がもたない機能を確実に供給する仕組みが必要である。

第六には，24市において認定された合併1市圏型の圏域設定の問題である。中心都市が中心市を宣言して周辺市町村と連携して地域の活性化に努め，三大都市圏への人口流出を食い止めるという定住自立圏の本来の主旨からすれば，周辺市町村を欠く合併1市圏は十分に適合したものとはいえない。「平成の大合併」では，新潟市や浜松市のように，政令指定都市への昇格を目指して大規模合併を行った都市もあるが，合併した都市域の整備は都市自体が行うべき当然の任務である。合併1市圏域型を認めるのであれば，人口4万人以上の大規模合併したすべての都市（例えば5以上）を対象にすべきではなかろうか。「広域的な市町村の合併を経た市に関する特例」とあるが，新居町だけを合併した湖西市（静岡県）にもこの特例が適用されているのは疑問に思われる。

第七には，先にも触れたように，中心市の資格をもちながら，中心市宣言をしない都市が著しく多いという問題である。中心市宣言を各都市の決定に任せるのは民主主義的なやり方ではあるが，資格をもちながらも実施されずにとどまる中心市が多いのは問題である。2014年12月27日に閣議決定された「まち・ひと・しごと創生総合戦略について」（閣議決定2014：53）によれば，2020年度までに協定締結等圏域数を140圏域にする予定といわれるが，140圏域は264市のうちの53.0％に過ぎず[9]，それでもって目標を達成したといえるであろうか。定住自立圏を設定すれば多くの効果が期待されるのに，その手段を利用しない市町村が多いとすれば，市町村間の地域格差を拡大することになるであろう。その点では，資格を得た全市が中心市として圏域を設定してその効果を享受することが望まれる。

第八には，中心市と周辺町村との間の定住自立圏協定に関する問題である。その内容は三つの政策分野に分かれ，①生活機能の強化に係わるものでは，医療（92圏域[10]），福祉（同74），教育（同77），産業振興（同91），環境（同43）などの取り決めがあり，②結びつきやネットワークの強化については地域

公共交通（同91）やICTインフラ整備・利活用（同39），交通インフラ整備（同60），地産地消（同44），交流移住（同72）などが対象となり，③圏域マネジメント能力の強化に係わるものでは合同研修・人事交流（同80）や外部専門家の招聘（同36）などが扱われる。定住自立圏では圏内すべての市町村が中心市と同一の協定を結ぶわけではないので，──各市町村の意向を尊重したものではあるが──すべての市町村が同一の政策分野を実施するわけではない。現実には類似の協定が多いとはいえ，中心市と周辺町村との関係はそれぞれ異なることになり，──柔軟な対応ではあるが──圏域としての一体性が欠ける恐れがある。

　そのほかにも，三大都市圏（11都府県）を定住自立圏の設定外とする場合の境界設定の問題がある。現実の定住自立圏にみられるように，東京特別区，大阪市，名古屋市と周辺の政令指定都市の通勤通学圏による設定の方が三大都市圏を含む11都府県の県境をもって設定するよりは優れた方法ではあるが，本庄市や刈谷市は境界線付近に設定された定住自立圏である。本庄市は周辺4町を通勤圏（2000年）にもち，東京特別区への通勤率は3.0％と少なく，一応独立した中心地といえるが，刈谷市は知立市と高浜市を通勤圏（2000年）とする名古屋市の半従属中心地（名古屋市への通勤率8.5％）であり，名古屋市との関係が緊密である。そのほか，中心市の条件を満たしているのもかかわらず，中心市の認定を欠くものに熊谷市や成田市などがある。

　松尾・江崎（2010）は，定住自立圏の中心市のなかには周辺からの通勤者はあるが，むしろ圏外の他の大規模な都市に向かって人口を流出する圏域の町村があり，人口減少が止まらない圏域が過半を占めると述べている。佐々木晶（2015）も中心市宣言をした中心市の8割が人口減少を来しており，定住自立圏構想は成功しているとはいえないという。人口減少時代に突入した今日，中心市の人口が増加するのは容易なことではないし，効果をもたらすまでに時間がかかることもあり，定住自立圏の人口減少を厳しく咎めることはできないであろう。

［注］
1）西尾私案は事務配分特例方式と内部団体移行方式（包括的団体移行方式）からなり，人口〇人未満の町村は一定期日までに他の市町村との合併か，事務配分特例団体や内部団体への移行が強いられる。内部団体移行方式は小規模自治体が他の基礎的自治体

に編入され，その内部団体に移行するのに対して，事務配分特例団体に移行すると小規模自治体の助役をなくし，議員を無給とし，自治体としての権限を縮小して，これまでと同様に単独町村であり続けることができないとするものである．
2) 定住自立圏や多自然拠点都市には中心市への通勤通学率10％が採用されており，著者がこれまで使用してきた中心地への通勤率5％（2000年）とは数値を異にするが，いずれを用いてもそれほど問題ではない．より重要なことは，中心市が周辺市町村に対して都市的サービスを提供する中心地であるかどうかである．ただし，市町村合併後の面積が拡大した市町村では通勤通学率が低下し，明瞭には示されない．
3) 後述するように，著者は通勤中心地の人口は2.5万人以上（当然通勤圏人口は2.5万人以上）とするのが適当と考える．
4) ただしそれは，後述の「小さな拠点」の設置を否定するものではない．ここで問題にするのは「小さな拠点」より上位階層の属する町村役場集落などの中心地についてである．なお，後述するように，「小さな拠点」を設置しても地域を活性化して人口流出を防ぐことができるかどうかについては疑問がある．
5) 市町村合併によって人口が4万人（2005年）を超えて，中心市の資格をもつようになった都市には，大船渡，湯沢，大仙，糸魚川，佐渡，南魚沼，田原，新城，安来，備前，三次，庄原，長門，八幡浜，大洲，四国中央，山鹿，菊池，南さつま，平良などの20市がある．
6) ただし，最近この4市はすべて多額の交付税が得られる連携中枢都市に移行している．
7) 南房総地域では医療の一部事務組合をなす館山市，南房総市，鴨川市，鋸南町の3市1町でもって定住自立圏設立の協議をしたが，館山市を取り巻くかたちで合併した南房総市は人口規模においても館山市とそれほど差はないなかで，館山市は中心市，南房総市は周辺市町村に位置づけられ，特別交付税に4,000万円と1,000万円という大差がでることに不満があり，協議が進行しないといわれる（館山市企画課の説明による）．辻（2015）が指摘するように，中心市に多額の特別交付税が集中することに対する不満は一般的にみられるようである．
8) それは第1次〜第3次医療圏の発想と類似する．均質な空間の上に設定されたクリスタラー理論は各階層の都市的サービスを全域に最も効果的に供給する理論であるが（クリスタラー著1968），実際には供給，交通，行政の3モデルからなる現実の地域計画には利用できないものと考えられていた．しかし，戦時中には実用的な新たなモデルを開発していたといわれる（杉浦2015）．
9) 人口20万人以上の都市では連携中枢都市圏を設定するものもあるし，別の交付税を

得るものもあるので，それらを除くと定住自立圏の設置比率はもっと高まるであろうが，完全実施とはいえないであろう。
10) 総務省（2015b）の「圏域設定状況」による。

4) 定住自立圏設定の事例

定住自立圏設定の事例として，過疎地域や条件不利地域を多く抱え，将来の人口減少や高齢化率においても厳しい条件下にある中国・四国地方および北海道を取りあげ，定住自立圏の状況を検討する。それは定住自立圏人口の最小規模をいかに設定すべきかという問題にも関係する。

(1) 広域生活圏の設定方法

著者はこれまで2町村以上から第1位の通勤率（5%以上，2000年）をもつ市町を通勤中心地と考え，通勤圏を分析してきたが，ここでは，2040年の時点においては各地域の交通条件の技術的改善を考慮しながら，中心地の勢力圏をできるだけ広げて各市町村がどの中心地と関係しているかをみるために，第Ⅱ章3節2)で説明したように，第1位の通勤率（1%以上，2000年）をもつ2町村以上の通勤先となる市町を中心地として広域生活圏の範囲を設定することとし，より大規模な上位都市の対して―5%の代わりに―10%以上通勤する中心地を半従属中心地とする。また，地形や位置的な関係で二つ以上の町村を通勤圏とすることができず，上位都市の通勤圏に従属する都市については，人口3万人以上（2000年）の都市（境港市，玉野市，笠岡市，尾道市，小野田市，光市）ならば広域生活圏をもつものとみなすことにする。この条件の下では，北海道では稚内市や根室市も例外的に中心市の資格をうることになる。

その一方で，玉突状をなして間接的に中心地に従属する市町村（間接圏）は一体的な生活圏の形成とはいえないので，広域生活圏に含めないものとする[1]。その場合に，相互型通勤圏に1町村が加わると広域生活圏の基準が成立することになり，機械的ではあるが，小規模町村でも広域生活圏をもつのは止むをえない[2]。なお，通勤圏を異にする市町村が「平成の大合併」によって新市町村を形成した場合には，旧市町村を単位とした人口推計ができないので，新市町村の2000年時点の人口を案分して推計値を求めることにした。

この方法を用いて，中国・四国地方と北海道における広域生活圏について検討

し，定住自立圏との関係や将来の人口減少（2040年との対比）の問題について考察することにする。

(2) 中国・四国地方

　中国・四国地方は香川県と鳥取県を除くと過疎地域が広い面積を占め，「平成の大合併」のモデル地区とみられる県もあり，人口減少時代を迎えてどのように変化するのかとくに興味ある地域である。

　上記の方法に用いて中国・四国地方の広域生活圏を設定すると図III-2のようになり，中心市の人口数は表III-5と表III-6に示される。第1位通勤先への通勤率5％以上でもって設定した従来の通勤圏においては，島根県や高知県の中山間地域では圏外地域が広がるが（図III-1参照），1％以上の通勤率による広域生活圏の設定ではいずれかの広域生活圏に含まれる場合が多く，圏外地域はきわめて少ない。高知県では，室戸市のように奈半利圏を飛び越えて安芸圏の広域生活圏に属したり，本川町のように吾北町を飛び越えて高知圏に属するものもある。

　中山間地域では玉突型の通勤によって間接的に通勤圏に属する町村や相互依存型の広域生活圏（奥出雲圏，榛原圏，土佐圏）が現れるが，これらはいずれも圏域人口が小規模で，中心市はDIDを欠くため，表III-5や表III-6にはとりあげない。その一方では，尾道市や笠岡市のように，人口が多い都市でありながら，周辺1町だけを圏域とするために独立の広域生活圏を形成しない場合もあるが，上記の例外的な措置として広域生活圏をもつ都市と考える。

　広域生活圏と定住自立圏との関係をみると，中国地方54の広域生活圏に対して定住自立圏の資格をもつ中心市は27（50.0％）で，中心市の資格を得た下松市がそれに加わると28（51.9％）となる。5万人以上の圏域人口をもつ都市のほとんどすべてが中心市の資格を得るなかにあって，柳井市，防府市，東広島市は昼夜間人口比率1未満のために資格をもたない。このうち，ビジョンを策定して定住自立圏が形成されているのは12（42.9％）である。そのなかでは出雲市，長門市，浜田市，山口市，下関市は旧市町村を圏域とする合併1市圏域型であり，松江と米子市は安来圏を含めて複眼型中心市圏域を形成する。また，備前市と鳥取市は県域を越えた県境型圏域を形成する。

　このうち，広域生活圏と定住自立圏の圏域とが整合するのは長門市，浜田市，下関市だけであるが，倉吉圏も間接圏域（赤碕町）まで含めると広域生活圏と整

158 Ⅲ 最近の地域政策

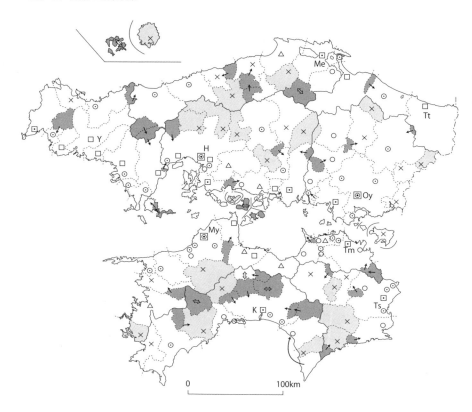

人口集中地区(DID)(2010年)
◉ 30万人以上(6)
⊡ 10〜29.2万人(5)
□ 5.0〜9.9万人(4)
△ 3.0〜4.9万人(3)
⊙ 1.0〜2.9万人(2)
○ 0.5〜0.9万人(1)
× DID 欠

→ 間接的圏域
⇔ 相互的通勤圏
中心市の資格を欠く圏域(圏域人口2.5万人未満)
通勤率1%未満の圏域外地域(間接圏域,相互依存圏域を含む)
―― 県境
‥‥ 広域生活圏境界

H:広島, K:高知, Me:松江, My:松山
Oy:岡山, Tm:高松, Ts:徳島, Tt:鳥取, Y:山口

図Ⅲ-2 中国・四国地方における広域生活圏
出典:森川(2014b)による.

表Ⅲ-5 中国地方の定住自立圏と人口推計

定住自立圏	中心地圏	圏域人口 2010年	2040年	人口増減率 (2010〜40年)	高齢化率 2040年
	大原圏	5,477	3,438	-37.2	42.1
	八束圏	5,562	3,691	-33.7	41.2
	安芸太田圏	7,255	3,237	-55.5	55.6
	大崎圏	8,448	4,378	-48.2	42.1
	東城圏	14,134	8,401	-40.6	44.8
	隠岐の島圏	15,521	9,123	-41.2	48.0
	邑智圏	15,859	9,371	-40.6	48.1
	北広島圏	17,085	11,574	-32.3	43.1
	世羅圏	17,549	11,053	-37.0	42.9
	安芸高田圏	19,050	12,603	-33.8	45.5
	雲南圏	22,595	14,914	-34.0	43.3
	美作圏	27,113	17,015	-37.2	42.1
○c	庄原圏	28,813	17,579	-39.0	43.5
	江津圏	29,877	18,256	-38.9	42.0
	新見圏	31,025	19,619	-36.8	42.2
	高梁圏	34,963	20,234	-42.1	44.5
○a	備前圏	37,839	22,851	-39.6	43.2
○a	長門圏	38,349	22,087	-42.6	45.7
	大田圏	38,452	24,285	-36.8	45.1
○	安来圏	41,836	28,933	-30.8	40.4
	境港圏	42,610	31,344	-26.4	37.4
	因島圏	43,005	29,431	-31.6	38.7
	井原圏	43,927	32,376	-26.3	39.5
	真庭圏	45,125	29,941	-33.6	41.2
○a	萩圏	50,949	27,938	-45.2	48.6
	光圏	53,004	39,021	-26.4	38.8
○a	益田圏	61,684	39,296	-36.3	42.1
○a	浜田圏	61,713	41,292	-33.1	39.9
○	三次圏	62,880	43,970	-30.1	41.9
	小野田圏	64,550	47,282	-26.8	37.4
	笠岡圏	65,141	45,493	-30.2	42.4
	玉野圏	67,913	45,727	-32.7	40.9
○	府中圏	72,066	51,125	-29.1	40.9
	柳井圏	77,367	51,371	-33.6	44.0
○	尾道圏	99,899	70,726	-29.2	38.0
○a	倉吉圏	101,139	72,852	-28.0	39.2
○c	三原圏	121,967	94,124	-31.0	41.4
	防府圏	131,038	109,728	-16.3	35.3
○	岩国圏	143,857	100,673	-30.0	39.6
	東広島圏	156,452	151,562	-3.1	30.4
○	津山圏	161,211	117,478	-27.1	37.2
○a	出雲圏	171,485	138,028	-19.5	35.1

○	宇部圏	182,573	136,124	-25.4	37.9
○a	山口圏	183,169	149,193	-18.5	36.0
○	周南圏	204,499	162,809	-20.4	35.7
○a	米子圏	204,842	155,609	-24.0	38.4
○a	松江圏	220,544	174,975	-20.7	38.1
○a	鳥取圏	239,829	181,951	-24.1	37.7
○	呉圏	275,179	192,862	-29.9	36.4
○a	下関圏	280,947	197,301	-29.8	39.2
○	福山圏	445,865	374,435	-16.0	36.4
○	倉敷圏	526,719	459,470	-12.8	33.7
○	岡山圏	897,704	796,395	-11.3	32.9
○	広島圏	1,463,227	1,313,907	-10.2	35.5
	平均	138,585	110,710	-29.7	40.6
○	下松市	55,012	50,038	-9.0	31.7

○：定住自立圏 (中心市) の資格をもつ都市
a：ビジョン策定
b：協定締結・形成方針策定
c：中心市宣言のみ
資料：国勢調査 2010 年，国立社会保障・人口問題研究所（2013），総務省（2015b）による．

合する．出雲市の場合には，「平成の大合併」終了後に合併した斐川町を含めると定住自立圏の圏域と整合することになる．一方，両圏域が整合しないのは，萩市や山口市のように，合併市域が広域生活圏の圏域を越えて広がる場合や，その逆に，松江市や米子市のように広い広域生活圏をもつ場合である．

一方，表 III-6 によって四国地方をみると，30 の広域生活圏のうち県庁都市 4 市が圏域人口 50 万人を超えて抜群に大きい．そのうち中心市の資格をもつのは 17（54.8％）で，四万十市（旧中村市）と宿毛市は複眼型中心市圏域を形成し，中心市の資格をもつ西条市と新居浜市は広域生活圏では共同の圏域となる．圏域人口 5 万人以上で中心市の資格をもたないものには大洲市がある．このうち，定住自立圏のビジョン策定は 9 市（52.9％）であるが，「中心市宣言のみ」の観音寺圏を加えると 10 市（58.8％）となり，ビジョン策定の比率は中国地方よりもやや高い．

先に述べたように，中国地方でも四国でも，大規模な都市ほど人口増減率（2010～40 年）が高く，小規模な広域生活圏ほど低い．とくに四国では仁淀川圏，那賀圏，貞光圏，久万圏，愛南圏では人口増減率は -50％を超えるし，高齢者比率

表Ⅲ-6　四国地方の定住自立圏と人口推計

定住自立圏	中心地圏	圏域人口 2010年	圏域人口 2040年	人口増減率 (2010～40年)	高齢化率 2040年
	仁淀川圏	6,500	2,819	-56.6	57.5
	奈半利圏	7,841	4,644	-40.8	44.7
	那賀圏	9,318	3,856	-58.6	60.5
	海陽圏	10,446	5,466	-47.7	50.6
	貞光圏	10,490	4,942	-52.9	48.5
	久万圏	12,970	6,276	-51.6	52.9
	窪川圏	17,156	9,014	-47.5	52.2
	愛南圏	24,061	11,940	-50.4	54.9
	宇和圏	29,696	17,813	-40.0	46.6
○a	宿毛圏	30,074	17,360	-42.3	48.8
	土庄圏	31,275	17,902	-42.8	48.5
	脇圏	32,700	20,058	-38.3	44.6
	須崎圏	38,945	21,446	-38.2	45.1
	池田圏	38,945	21,395	-45.1	48.4
	安芸圏	42,788	23,542	-45.0	45.0
○	八幡浜圏	45,911	26,295	-42.7	47.2
	大洲圏	61,876	38,274	-38.1	43.6
○a	四万十圏	64,328	38,765	-39.7	48.0
○a	阿南圏	89,099	63,262	-29.0	39.2
○	四国中央圏	90,455	66,895	-26.0	39.1
○	坂出圏	91,024	74,452	-18.2	35.2
○	宇和島圏	100,220	61,175	-39.0	44.5
○c	観音寺圏	122,158	86,407	-29.3	38.8
○a	丸亀圏	133,924	114,094	-14.8	33.8
○a	今治圏	183,708	128,090	-30.3	39.9
○○	西条・新居浜圏	187,926	147,125	-21.7	36.7
○a	高知圏	521,663	395,596	-24.2	38.6
○a	高松圏	573,363	456,583	-20.4	38.2
○a	徳島圏	587,770	448,191	-23.7	39.4
○	松山圏	612,482	511,623	-16.5	36.5
	平均	126,822	94,843	-37.0	44.9
○	南国市	49,472	37,832	-23.5	36.7

記号や資料は表Ⅲ-5と同一．

も那賀圏の60.5％をはじめ，仁淀川圏，海陽圏，久万圏，窪川圏，愛南圏では50％を超える．

(3) 北海道

　もう一つの事例として北海道をとりあげるのは，圏外地域からなる過疎地域が

広く分布し，「平成の大合併」においても非合併市町村が多く残されており，特異な地域といえるからである。北海道は 2010 ～ 40 年の人口増減率が最低クラスではないとしても，2040 年には小規模町村で若年女性が 50％以上減少する地域が広い面積を占め，将来の人口減少が深刻な事態を招く可能性のある地域と考えられる。

　上記の方法に用いて北海道の広域生活圏を設定すると図 III-3 のようになり，中心市の人口数は表 III-7 に示される。北海道では 2 市町村以上が第 1 位の通勤率 5％以上でもって指向する場合を通勤圏とすると，北部や東部には圏外地域が広く分布するが，図 III-3 では広域生活圏の域外地域は比較的狭くなる。浜頓別町や天塩町，羽幌町などを中心とする圏域では中心市が DID をもたず，通勤率も低く，中心市と周辺町村との関係が緊密であるとはいえない。しかしそれでも，最大限の日常生活圏として捉えられる広域生活圏は形成されることになる。

　表 III-7 には 38 の中心地と広域生活圏を欠く 3 市が含まれる。中心地のなかには，留寿都町や浜頓別町，寿都町のように人口 1 万人未満（2010 年）のものもあり，2040 年には興部町，天塩町，羽幌町，北桧山町（せたな町）の圏域もこれに加わる。人口増減率（2010 ～ 40 年）が -50％を超えるのは栗山圏だけであるが，高齢者比率（2040 年）では羽幌圏，栗山圏，深川圏の 3 圏が 50％を超え，中国地方よりも四国の広域生活圏に近い状況にある。先に述べたように，中心市の人口を 4 万人以上とした場合には，圏域人口 5 万人未満の 26 圏の多くが定住自立圏の資格をもたないことになる。ただし，富良野市と北見市は多自然拠点都市として中心市に指定されたものである。

　北海道では定住自立圏の認定中心市 18 のうち 13（72.2％）が圏域を形成しており，中国地方（42.9％）や四国（52.9％）よりは進捗率が高いといえる。石狩市は下松市（山口県）や南国市（高知県）と同様に，広域生活圏域をもたないにもかかわらず，中心市の資格を得たものである。根室市は 2000 年には人口 3 万人を超えていたので，上述したように，中心市（圏域）の資格条件を修正した場合には対象となり得る都市である。

　これらのうち，図 III-3 に示す広域生活圏域と整合する圏域をもつのは旭川市だけである。小樽市は余市町だけを圏域とするもので，余市圏に属する 4 町

1. 定住自立圏構想と圏域設置の問題点　163

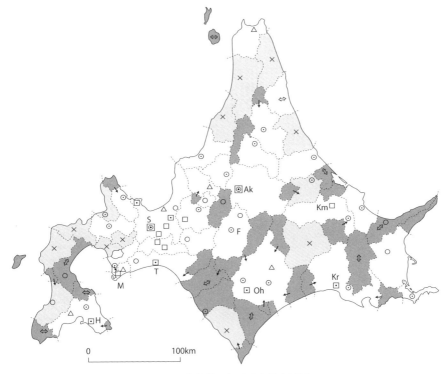

図Ⅲ-3　北海道における広域生活圏
凡例・出典は図 III-2 と同一．

村（積丹町は余市町の間接通勤圏）を含めると広域生活圏域とほぼ整合することになる。その他の圏域は広域生活圏域とは少しずつ異なる。たとえば室蘭市の定住自立圏は登別市を除く代わりに豊浦町が含まれる。とくに帯広市と稚内市，釧路市は総合振興局（支庁）の町村すべてを圏域とするもので，広い広域生活圏域をもつ帯広市の場合には大差はないが，豊富町だけを圏域とする稚内市が宗谷総合振興局の町村をもって定住自立圏を形成することになる。したがって，圏域を設定することは宗谷総合振興局の市町村の結束を強めることにはなるが，広域生活圏域をもたない稚内市が発展してもその経済的な恩恵を受けることができるかどうかは疑わしい。もっとも，近隣に都市を欠く広域生活圏外の地域では，特

表Ⅲ-7　北海道における定住自立圏と人口推計

定住自立圏	中心地圏	圏域人口 2010年	2040年	人口増減率 (2010〜40年)	高齢化率 2040年
	留寿都圏	6,713	4,330	-35.5	38.4
	寿都圏	8,474	4,820	-43.1	44.5
	浜頓別圏	8,967	5,795	-35.4	39.5
	興部圏	10,375	6,421	-38.1	38.8
	天塩圏	11,448	6,395	-44.1	45.3
	羽幌圏	12,989	6,631	-48.9	50.9
	虻田圏	14,660	7,966	-45.7	49.4
	北檜山圏	15,776	8,679	-45.0	47.6
	足寄圏	18,555	10,519	-43.3	45.7
	遠軽圏	22,265	14,227	-36.1	41.7
	江差圏	23,249	11,737	-49.5	48.8
	岩内圏	23,884	13,804	-42.2	44.3
	浦河圏	24,251	14,242	-41.3	42.2
○a	士別圏	29,184	16,854	-42.2	46.9
○a	砂川圏	29,336	17,055	-41.9	44.8
	倶知安圏	29,494	21,278	-27.9	38.6
	余市圏	29,931	17,632	-41.1	44.3
	栗山圏	30,158	15,070	-50.0	50.0
	紋別圏	32,079	18,719	-43.3	45.1
	留萌圏	33,252	18,177	-45.3	46.5
	深川圏	35,706	19,239	-46.1	51.1
	伊達圏	39,510	28,100	-28.9	45.0
○a	名寄圏	39,544	28,599	-27.7	35.4
○a	稚内圏	43,973	28,848	-34.4	40.3
	中標津圏	45,483	37,111	-18.4	35.2
○a	富良野圏	45,489	32,141	-29.3	39.0
○a	網走圏	58,437	42,501	-27.3	39.4
	滝川圏	66,105	39,737	-39.9	45.4
	岩見沢圏	134,774	83,388	-38.1	44.9
○	北見圏	151,979	106,467	-29.9	43.7
○	千歳圏	166,715	154,250	-7.5	33.5
○a	室蘭圏	180,289	125,407	-30.4	38.7
○b	苫小牧圏	208,880	164,551	-21.2	37.1
○a	釧路圏	221,528	142,249	-35.8	41.6
○a	帯広圏	297,154	241,101	-18.9	39.3
○a	函館圏	364,362	239,899	-34.2	41.4
○a	旭川圏	401,536	287,234	-28.5	43.4
○	札幌圏	2,328,232	1,999,888	-14.1	40.4
	平均	138,019	106,330	-35.6	41.7
	根室市	29,201	17,892	-38.7	39.9
○	石狩市	59,449	59,499	-21.7	39.7
○a	小樽市	131,958	131,958	-44.0	45.4

記号や資料は表Ⅲ-5と同一．

別交付税を得るためには定住自立圏に加入するのが得策ともいえる。

　北海道の広域生活圏の平均人口増減率や平均高齢化率は中国地方と四国の中間に位置づけられるが，定住自立圏の設置は進行が早い。これまでにも指摘したように，小規模な中心市ほど人口増減率が低い傾向があるので，中心市が「衰退の拠点（Rückzugsbastion）」[3]にならないよう努力が必要といえる。

（4）定住自立圏設定の人口限界

　表 III-5 〜表 III-7 に示すように，中国・四国地方でも北海道でも，広域生活圏の人口を 4 万人以上に設定すると，4 万人未満の圏域や間接圏域および相互依存圏域をも含めた圏外地域が定住自立圏の資格を欠く地域として広く分布することになる。中心市の設定基準を 4 万人以上とする明確な根拠があるとは思えないし，できるだけ国土の全域を定住自立圏に含めてその恩恵に浴するためには，人口 4 万人よりも小さい都市でも中心市に指定するのが適当と考えられる。しかし，小規模中心地になるほど，中心市としての機能は弱く，限定されたものとなる。地域政策で用いる中心地概念には都市的サービスを提供する通常の機能だけでなく，周辺住民に職場を提供する就業中心地（Arbeitszentrum）としての機能が含まれるので，小規模中心地になるほど就業中心地としての機能が不足することになる。

　したがって，どの程度の中心市を設定するかは地域政策の基本的目標とも関係する。小規模中心地に中心市の資格を与えても，小規模中心地で職場を確保し，周辺町村の住民に職場を与え，通勤者の増大によって圏域全体の人口流出を抑制することに大きな期待はもてないであろう[4]。表 III-5 や表 III-6 の中心地のなかには DID を欠くものもあり，中心市として圏域を設定した場合には圏域人口があまりに小さいため，十分に効果を発揮しえないものも含まれる。

　もちろん，こうした問題は人口分布や交通条件など地域によって異なるので，地域的条件も考慮すべきであるが，全国的な限界値の設定も必要である。その場合には，どこかに妥協点を求めることが必要となる。定住自立圏の資格ある地域を広げる場合には，中心市の人口規模よりも都市的サービスを実際に利用する広域生活圏全域の人口を基準にするのが適当であろう。北海道（2006：51）によると，合併市町において専門的職種の配置や運営の安定などが実現できる規模としてはおおむね 3 万人程度としており，行財政の効率化の観点からは 5 万人程

度が必要とみる。「平成の大合併」の際に示した自治省行政局 (1999) の説明でも，人口 1・2 万人程度の町村類型でも中学校や特別養護老人ホームの経営などある程度の行政サービスの供給が可能であるという。

これらの条件を考慮すれば，圏域人口 3 万人 (2010 年) 以上が定住自立圏として適当であろうが，庄原圏 (2.9 万人) や士別圏 (2.9 万人)[5]，砂川圏 (2.9 万人) のように，3 万未満でも中心市に指定されている圏域がある。中心市が DID を欠く圏域には，中国地方では江津圏 (3.0 万人)，四国では脇圏 (3.3 万人)，北海道では足寄圏 (1.9 万人) がある。したがって，すでに中心市の資格をもつ圏域をすべて含める場合には，広域生活圏人口 2.5 万人 (5% 通勤圏でも約 2.5 万人) 以上に定住自立圏を設定するのが適当と考えられる[6]。このように設定した場合にも，中国地方では 11 圏，四国では 8 圏，北海道では 13 圏が資格を失うことになる。

図 III-2 と図 III-3 に中心市の資格を欠く圏域 (広域生活圏人口 2.5 万人未満) と圏域外地域 (間接圏域，相互依存圏域を含む) を示すと，北海道ではかなり広い地域が圏域外となる。定住自立圏外の地域をそのままに放置すれば，将来消滅集落の拡大を促進することになる。「条件不利地域の切り捨て政策」[7]からすれば，定住自立圏域外の地域は放置してその地域住民を早めに都市に移住させる計画を実行すべきであるが，それは「消極的な再開発」であり，無住地域の拡大に対処する国土管理にとって最善の措置とはいえない。

これらの地域にとっても，消滅集落を阻止し定住維持を推進する努力が必要であり，定住自立圏域と同様の政策を講じなければならない。しかしその場合には，定住自立圏域のように中心市を中心とする職場の提供，都市的サービスの供給は困難であり，圏外地域の開発方法が独自に考慮されねばならない。そこでは，観光・保養や第一次産業の振興，福祉施設の設置などを掲げて，可能な限り[8]，定住自立圏における周辺地域の場合と同等の財政的支援をすることが望ましい。

［注］
1) 1 市町村だけを通勤圏にもつ準通勤圏を除くのと同様に，2 市町村からなる相互型通勤 (生活) 圏も広域生活圏に含めないことにする。

2) この方法では機械的に処理することは避けられない。たとえば熊手町の就業者の20.5％は徳山（周南）市に通勤し，20.1％が下松市に通勤するので熊手町は徳山市の広域生活圏に属することになり，下松市は通勤圏を欠くために徳山市の通勤圏に属するベッドタウンとなる。
3) Priebs, A. 教授によると，旧東ドイツでは指定された中心地が開発拠点として機能せず，「衰退の拠点」となっているところもあるという。
4) 30万人規模の都市を地域中心として指定しようとするのは，「二層の広域圏」や都市の適正規模の発想によるものと考えられる。これらの中心都市の振興は就業中心地としても重要ではあるが，それだけでは中山間地域を含めた農村部全域の支援にはならないだろう。
5) 士別市の圏域人口は29,184人であるが，名寄市と共同圏域を形成する。
6) その場合には，2040年の広域生活圏域の推計人口はいずれについても1.5万人以上となる。
7) 「条件不利地域の切り捨て政策」とは，第Ⅱ章2節で述べたように，財政が厳しい将来においては費用対効果を考えて，インフラ施設の更新が困難な条件不利地域の住民をインフラの整備された地域に移住させる措置などを指す。
8) ただし人口が2040年までに50％以上減少し，インフラの更新が困難な地域については「消極的な再開発」も考慮に入れなければならない場合も起こるかもしれない。

5) 小　括

　以上，2・3の事例を取りあげて定住自立圏（多自然拠点都市を含む）の設置と圏域について考察した。その場合に最も重要なのは，日常生活圏（通勤圏や通勤通学圏）を十分考慮した圏域を設定することである。昼夜間人口比率の規準は無意味であるし，市町村合併によって人口ばかりが増大して規準人口に到達した都市を中心市とするのは適当とはいえない。市町村合併によって都市の人口は大きく変化したので，中心市の規準人口を4万人とするよりも，できるだけ広い範囲に都市的サービスを供給するために，広域生活圏域人口や通勤中心地人口を2.5万人以上とするのも一つの方法といえる。あるいはDID（人口5,000人とか1万人）をもつことを条件とするのがよいかも知れない。

　地元市町村の意思によって定住自立圏や多自然拠点都市の圏域を設定するのは地元の意向を尊重したことにはなるが，「平成の大合併」のしこりを残して設定

できない地域もある。また，北海道の中心市にみられるように，日常生活圏に比べて著しく広域の圏域を設定した場合には，中心市が真の意味での中心都市の役割を果たしうるかどうか疑問である。

　将来人口の推計によると，小規模町村ほど人口減少率が高く，小規模町村や地方中小都市の将来は厳しいことが予想される。地方中小都市はより高次な都市機能の確保が不十分なためにその多くは衰退の一途をたどってきた。定住自立圏構想が地方中小都市の都市機能を強化し，周辺農村との役割分担を効率的に行うことになれば，地方圏の発展にとって効果が期待されよう。しかし，小規模町村の住民に対する都市的サービスを強化し，教育や医療，買物など生活条件の向上を図っても，後述するように，人口流出を阻止する可能性があるとは思えない。

　また，中心市の資格をもつすべての都市が定住自立圏や多自然拠点都市の圏域を設定したとしても，異常に広域な圏域を設定しない限り，地方圏の全域がいずれかの圏域に加入し，都市的サービスを全域に隈なく供給することはできない。その場合には縞模様の地域格差が鮮明となり，本来の目的を果たすことができないであろう。圏外地域など適当な中心市を欠く地域については別の振興措置がなされるべきである。

2. 連携中枢都市圏構想とその問題点

1） 3省の都市圏構想

　地方の人口減少を抑制する自治体連携の構想として総務省が地方中枢都市圏を発表したのは，定住自立圏構想から6年を経た2014年のことであった。総務省は，第Ⅰ章2節4)で取り上げたように，三大都市圏[1]以外の地域に立地する人口ほぼ20万人（2010年）以上の61市からなる地方中枢拠点都市圏構想を2014年8月に発表したが，2015年1月になって連携中枢都市圏構想に名称を変更した。

　辻（2015）は，定住自立圏構想は生活機能の確保に力点を置き，経済成長の牽引には十分な成果を発揮できないために，人口20万以上の新中核市を中心都市

とする連携中枢都市圏構想を提案したと述べているが，そのほかにも，大規模な中心都市にとっては定住自立圏構想は交付税の魅力に乏しく，大規模市が定住自立圏を設置しなかったことにも関係しているように思われる[2]。先にも指摘したように，人口4万人か5万人程度の小都市から広域中心都市まですべての中心都市を同じ枠組みで捉えることに問題があったように思われる。それにしても，そのようなことは初めからわかっていたことで，定住自立圏構想を発表した2008年の時点で連携中枢都市圏構想をも考慮した，体系的な構想をなぜ示さなかったのか不可解である。

　それと相前後して2014年には，国土交通省は「国土のグランドデザイン2050」において「高次地方都市連合」を打ち出し，経済産業省も「都市雇用圏」[3]を設定して人口減少時代の地域政策に備えようとした。2014年3月に発表された国土交通省の「国土のグランドデザイン2050」では，「コンパクト＋ネットワーク」によって活力ある地方圏を維持するためには，農村地域では「小さな拠点」の形成・活用，地方都市においてはコンパクトシティの形成，連携中枢都市圏等による活力ある経済・生活圏の形成を図るべきと考える（国土交通省総合計画課2015）[4]。

　そして，このような重層的な中心地に基づく国土形成のためには，複数の地方都市がネットワークを活用して一定規模の人口を確保し，相互に各種高次都市機能を分担し，連携する「高次地方都市連合」の構築が必要である。それは生活の拠点となる人口10万人以上の都市からなる複数の都市圏が，高速交通ネットワークなどにより相互に1時間圏内となることによって一体となって形成される，おおむね人口30万人以上の都市圏であるという[5]。

　一方，経済産業省では2014年5月には都市雇用圏を発表した（経済産業省2014）。それは金本・徳岡（2002）の「日本の都市圏設定基準」に基づいて，2005年の国勢調査からDID人口が1万人以上で，他都市の郊外（通勤圏）に属さない市町村をもって中心市とし，その中心市に対して10％を超える通勤率をもつ市町村を郊外市町村として圏域を設定したものであった[6]。都市雇用圏の数は，東京特別区，大阪市，名古屋市をも含めて全国233に達し，都市雇用圏に含まれる人口数は総人口の93％をカバーするという。都市雇用圏には三大都市圏も含まれるので，総務省や国土交通省の構想とは異なり，地方圏の

振興だけを意図したものとは思えないが，圏域の設定条件については共通性がある。

　これら3省の構想は，2014年12月27日の閣議決定「まち・ひと・しごと創生総合戦略について」によって総務省の連携中枢都市圏構想に統合された（閣議決定 2014：53）。新たに統合された連携中枢都市圏では地方公共団体の意向が加味されることとなり，すでに16圏域が連携協約を締結している[7]。連携中枢都市は定住自立圏の中心市よりも高次な，かつ広範な機能をもつので，交付税額も大きく，これまで定住自立圏の中心市の資格をもちながら中心市宣言を躊躇していた大規模な都市も連携中枢都市圏を形成し，定住自立圏を設置していた都市でも連携中枢都市に移行しつつある。

　連携中枢都市圏の問題についてはすでに報告したが（森川 2015a，2016c），本研究では圏域設定などの新たな資料も加えて再度検討することにする。

[注]
1) 連携中枢都市には岐阜市，津市，姫路市も指定されており，定住自立圏の場合と類似して，連携中枢都市圏構想における三大都市圏の定義は11都府県全域とは異なる。
2) 人口規模の大きい中心都市では定住自立圏の設定が進まないのは，①その内部で行政サービスが完結していること，②財政的魅力が相対的に乏しいことが考えられる（佐々木敎 2015）。
3) 都市雇用圏には東京特別区をはじめ三大都市圏の大都市も含まれており，人口減少時代における都市圏の人口変化には注目するが，特定の目標を定めて特定数の都市圏を指定して振興を図ることを目的としたものとはいえない。
4) しかし「小さな拠点」と地方都市（コンパクトシティ），連携中枢都市の間には，ドイツの空間整備計画にみられるように，「基礎中心地で供給できないサービスを中位中心地が供給し，中位中心地では供給できない高次なサービスを上位中心地が供給する」という具合に階層的な中心地構造を構築して，全国全地域にすべての都市的サービスを供給することによって，活力ある経済・生活圏を形成しようとする意図が含まれているとは思えない。
5)「平成の大合併」において同一規模の都市間の合併が少なかったように，2市以上の都市が都市圏連合を形成するのは困難なことと思われる。規模の大きい都市間では水平的な連携は可能かもしれないが，人口10万人程度の都市では互いに競合関係にあ

り，連携は難しいからである。
6) この条件に加えて，中心市に郊外（通勤圏内）市町村の条件を満たす若干の市町村を追加したり，通勤圏には間接的通勤圏を加えるなど，若干の変更がある。ただし，いわき市のように，郊外市町村（通勤圏）をもたない中心市が含まれることになる。
7) 連携中枢都市宣言を行ったのは 2016 年 7 月現在，盛岡，金沢，長野，静岡，姫路，倉敷，広島，福山，下関，高松，松山，北九州，久留米，熊本，大分，宮崎の 16 市である。

2) 連携中枢都市圏設定の目的と現状

　人口減少・少子高齢社会にあっても，地域を活性化し，経済を持続可能なものとし，国民が安心して快適な暮らしを営んでいけるように国土を改変していくことが求められる。そのためには，地方圏においても，相当の規模と中心性を備えた圏域の中心都市が近隣の市町村と連携し，コンパクト化とネットワーク化によって「経済成長の牽引」，「高次都市機能の集積・強化」および「生活関連機能サービスの向上」を行うことが必要となる。連携中枢都市圏構想推進要綱には，連携中枢都市圏は一定の圏域人口を有し，活力ある社会経済を維持するための拠点を形成することを目的とすると明記されている（総務省 2015c）。

　連携中枢都市は連携中枢都市宣言を行い，近隣の市町村との協定に基づいて圏域を形成する。そして，圏域全体の将来像を描き，役割を担う意思を明らかにするため，連携中枢都市宣言書を作成する。これらの手法は定住自立圏の場合と同様であるが，中心都市の人口が 20 万人以上の中核市に限定され，圏域全体の生活関連機能サービスの向上だけでなく，経済成長の牽引や高次都市機能の集積・強化を目的とするところに差異があり，財政措置も大きく異なる。

　連携中枢都市に対する財政措置には普通交付税と特別交付税とがある。前者は連携市町村も含めた圏域全体の住民のニーズに対応した，「経済成長の牽引」および「高次都市機能の集積・強化」の取組に対する財政措置で，圏域人口に応じて算定される（圏域人口 75 万の場合約 2 億円）。後者の特別交付税は「生活関連機能サービスの向上」の取組に対する財政措置であり，1 市当たり年間 1.2 億円程度の交付税を基本として，圏域内の連携市町村の人口・面積および連携市町村数から上限額を設定の上で事業費を勘案して算定される。そのほか，連携市町村

の取組に対する財政措置（特別交付税）は1市町村当たり年間1,500万円を上限として，当該市町村の事業費を勘案して算定される。したがって，定住自立圏の中心市が年間8,500万円に比べると，連携中枢都市の受け取る金額は格段に大きなものとなる。ただし，連携市町村は一律1,500万円で，定住自立圏の周辺市町村と同額であり，中心都市と連携市町村との交付税額の差異も大きなものとなる。

著者は先の報告（森川2015a，2016c）では，人口移動の実態を分析することによって「人口のダム」や東京一極集中の抑制について論じた。認定された61市の人口移動についてみた第Ⅰ章2節4）によると，周辺地域から人口を吸収して東京特別市へ人口を流出する広域中心都市とそれに向かって人口を流出する県内中心都市（県庁都市）が主で，そのほとんどは「吸水ポンプ」型の都市であった（表Ⅰ-16参照）[1]。表Ⅰ-10に示すように，東京特別区から人口流入がみられるタイプの都市（水戸，つくば，高崎，太田，豊田，松本，那覇）もなくはないが，その多くは東京周辺にある都市である。

上述したように，61の有資格都市には県内中心都市（県庁都市）と広域中心都市があり，圏域形成においても差異が現れるはずである。ただし，2016年7月までに圏域を形成した16市のうちでは，広域中心都市は広島市だけである。その他の圏域の規模や形態もさまざまで，高松市と下関市は定住自立圏から移行しており，高松市は同一の圏域（2市5町）でもって連携中枢都市圏を形成したが，下関市は合併1市圏域のままである。広い圏域を形成したものには広島市（23市町）をはじめ北九州市（同16），熊本市（同16），姫路市（同14）がある。

連携中枢都市圏が広い圏域を形成する場合には，当然のことながら，中心都市の通勤圏を越えることになる。姫路市では加古川市の通勤圏に属する市町が含まれ，複眼型の定住自立圏を形成する加東・加西圏のうちの加西市が含まれる。北九州市では行橋市や中津市の通勤圏（一部）が含まれ，熊本市の圏域は通勤圏を越えた町村にまで伸びている。図Ⅲ-4に示すように，広島市の連携中枢都市圏では，2000年には呉市や三原市，東広島市，安芸高田市，大崎上島町[2]，岩国市，柳井市は通勤中心地としてそれぞれ通勤圏をもっており，中核市に昇格した呉市の場合には目下自己の連携中枢都市圏の設置を計画している[3]。

2. 連携中枢都市圏構想とその問題点　173

図Ⅲ-4　広島市の連携中枢都市圏
資料：広島市（2016）：広島広域都市圏発展ビジョン，p.2 を一部修正．

◎　中心都市
△　通勤中心地（2000年の国勢調査において周辺二つ以上の市町から5%以上の通勤者が従業する市町）

　その他の盛岡市，金沢市，長野市，静岡市，倉敷市，福山市，松山市，久留米市，大分市，宮崎市のなかで，通勤圏と比較的一致する圏域を形成したのは盛岡市，金沢市，長野市，松山市，大分市である。久留米市の場合には佐賀県に通勤圏（吉野ヶ里町）や人口移動圏（鳥栖市）を広げるが，佐賀県からの加入はない。倉敷市では岡山市の人口移動圏に属する高梁市や新見市，福山市の通勤圏に属する笠岡市や井原市が含まれる。笠岡市や井原市は福山市の圏域にも重複加入している。同様に，三原市と世羅町は福山市と広島市の圏域にも加入する。静岡市の

場合には通勤圏に属する焼津市と藤枝市のうち,焼津市だけが加入する。宮崎市でも新富町や高鍋町は加入していない。

したがって,これら16の連携中枢都市圏域のなかで定住自立圏の中心市を含むのは姫路市だけであり[4],広島市の圏域では呉,三原,岩国の3市が定住自立圏の中心市の資格をもつが,いずれも中心市宣言をしていないし,その他の市町と同様に年間1,500万円の特別交付税が支給される。したがって16市に関する限り,連携中枢都市圏の中心都市は経済成長を牽引するが,その圏域に含まれる定住自立圏の中心市は「経済成長の牽引」の役目を分担するとはいえない。

[注]
1) 森川(2015b,2016c)では,人口移動の分析を通じて「人口のダム」が困難なことに十分には注目しなかったし,16市の圏域形成には触れることができなかった。
2) 大崎上島町は合併以前,大崎町,東野町,木江町の3町からなり,東野町,木江町が大崎町の通勤圏の属する例外的な通勤中心地であった。
3) ただし,呉市は自己の連携中枢都市圏を形成しても広島市の圏域から離脱することはないものとみられている。
4) 加西市,加東市,西脇市,多可町からなる定住自立圏(中心市は加西市と加東市)のうち,姫路市の連携中枢都市圏に含まれるのは中心市の加西市だけである。したがって,定住自立圏は分断され,加西市は連携中枢都市圏のなかで中心市の役割を果たすとは思えない。

3) 連携中枢都市圏構想の問題点

連携中枢都市圏構想における61の中心都市の振興は,「人口のダム」として東京大都市圏への人口流出を阻止し,東京一極集中の抑制に役立つものと考えられているが,この構想には少なくとも次の三つの問題点がある(森川2016c)。
①連携中枢都市圏の中心都市は「人口のダム」になりうるか

表I-16に示すように,61市の人口移動(2005〜10年)の最大流出先は東京特別市と広域中心都市とに分かれる。

東京特別区の人口流出入は表I-10に示すように,大阪・名古屋両市をはじめ大都市(横浜市を除く)のすべてが—しかも大都市ほど—東京特別区に対して

大量に人口を流出する。表 I-13 でみたように，東京特別区の転入超過は横浜市を加えただけでも 9.7 万人（2005〜10 年）となり，福岡市（1.8 万人），札幌市（1.7 万人），名古屋市（1.6 万人）に比べて著しく多いものであった。

このような状況下では，61 の中心都市がいくら活力を強化しても東京への人口流出を抑制することは困難である。今日では東京大都市圏との人口移動は高学歴のホワイトカラー層が中心であり（中川 2016），新規学卒者の多くが東京特別区を中心とする大都市に大量に吸引される。したがって，県内中心都市が活性化によって広域中心都市に対して「人口のダム」を構築することは可能であるかもしれないが，東京特別区に対しては不可能と考えられる[1]。

こうした状況のもとで，東京特別区への人口流出を抑制する唯一の道は，連携中枢都市の機能を強化すると同時に，東京の機能分散をはかることである[2]。東京特別区の機能集積は情報通信の売上高における全国の 57.1％に象徴されるように（藤本 2015），高次都市機能において圧倒的な強さを誇っているので，「相当に手荒な措置」によって集積を崩していく以外に方法はない。東京の都市機能が相当に低下すれば，人口移動の流れを変化させることはできるであろう。

それには，首都移転や道州制の導入[3]をはじめ，政府関係機関[4]や大企業本社[5]，大学の地方移転，さらには地方企業への就職支援[6]など，大胆な措置が必要である。道州制の導入には種々の問題があって全面的に賛成することはできないが，佐々木(信)（2015：82, 108）は地域主義型道州制を導入して，ドイツのように州間財政調整の採用まで考えている。すべての州が経済的に自立して真の地方分権が確立できれば，ある程度の効果が期待できるかもしれない。

大企業本社の地方移転は重要であるが，帝国データバンクの拠点整備に関する企業の投資意向調査（2014 年 9 月）によると，新たな拠点整備の可能性がある 2,946 社のうち本社機能の移転を考えている企業は 613 社で，移転候補地のベスト 3 は東京都，大阪府，愛知県であり，政府の思惑とは逆の結果が得られた（吉田 2015）。交通の利便性や取引先との距離，企業としての「格」を求めて大都市への移転を希望するものが多いわけで，政府の税制面での優遇措置を重視する企業は 28 社（5％弱）に過ぎず，政府計画が実現する可能性はきわめて低い。

私立大学の東京大都市圏集中も著しい。1975 年には私立大学の大都市立地は

規制されたが[7]，2002年の規制緩和は時代に逆行したものである。最近東京大都市圏の大学では地方出身の学生数が減少しているといわれるが，東京一極集中の是正のためには，東京大都市圏出身の学生の多くが地方の大学に入学するくらいの大変化が起こることが望ましい。

東京の機能分散によって地方大都市から東京大都市圏に向かう選択的移動が抑制され，東京大都市圏の量的肥大化を避けながら，わが国を代表する世界都市の役割を維持するように努力することはできないだろうか[8]。東京特別区の高齢者は今日でも流出が多いが，将来においてはさらなる流出強化が期待される[9]。

②連携中枢都市圏と定住自立圏との関係はいかにあるべきか

連携中枢都市圏は定住自立圏と違って，「生活関連機能サービスの向上」のほかに「経済成長の牽引」や「高次都市機能の集積・強化」を任務とするので，その機能が定住自立圏にまで行き渡るためには，連携中枢都市圏の圏域は定住自立圏のいくつかの圏域の上に広がるべきである。一次医療圏，二次医療圏，三次医療圏にみられるように，階層的な中心地構造をなして，定住自立圏をいくつか集めた圏域が連携中枢都市圏を形成するかたちで地方圏全域をカバーすることが望ましい。定住自立圏の認定中心市は264市なので，連携中枢都市圏の中心都市が平均4.3の中心市が含まれ，適当な関係にある。

「経済成長の牽引」は生活関連機能サービス（都市的サービス）よりも高次な任務と考えられるので[10]，連携中枢都市の中心都市が受けもつのは当然ではあるが，中心都市の通勤圏は—たとえば広島市のように—連携中枢都市圏の全域には広がらない。したがって，連携中枢都市の機能だけが強化され，圏域から人口を吸引する「小東京（プチ）」となる可能性が強い。総務省（2015a：5）の説明によると，圏域の形成において少なくとも経済的結びつきが強い通勤通学率10％以上のすべての市町村と連携協約締結の協議を行うことが望ましいといわれ，通勤圏を越えて圏域に含まれる定住自立圏の全域をカバーすべきものとは考えられていない。すなわち，連携中枢都市圏と定住自立圏との関係は不明瞭であり，定住自立圏の中心市の役割も考慮されていない。

表I-14に示すように，人口20万人以上の都市は高次都市機能従業者の比率が高く，本来高次都市機能をある程度集積した都市である。それに対して，高次都

市機能の弱い人口 20 万人未満の地方中小都市は，わが国経済の中心部から取り残された存在であるので，連携中枢都市圏の中心都市の振興はその間のギャップをより顕在化することになるであろう．

　その点では，定住自立圏の中心市にも「経済成長の牽引」に係わるある程度の機能を分担させるのが望ましい．定住自立圏は通勤圏とほぼ一致するので，中心市における雇用の創出には居住地からの通勤によって対応することができ，圏域市町村からの人口吸引は起こるとしても少ないであろう．

　しかし，現実はこのような発想とは大きく異なる．上述したように，連携中枢都市は普通交付税と特別交付税において多額の金額を支給されるが，定住自立圏の中心市や通勤中心地をも含めて，圏域市町村は一律 1,500 万円に限定されており，「二重どり」はできないし，定住自立圏の中心市に対する応分の財政支援はない．広島圏の場合には，中心市として認定されなかった東広島市や柳井市はもちろんのこと，呉市も三原市，岩国市も―「平成の大合併」において合併しなかった和木町（人口 6,378 人）と同じく，都市人口に比例することもなく―1,500 万円だけが支給される．広島市で雇用の創出が行われても柳井市の通勤圏に属する田布施町から通勤することはできないので，広島市に転出するしかない（図 III-4 参照）．これでは，広島市の「小東京」としての発展を助長するだけである[11]．「選択と集中」の名のもとに，交付税は中心都市に集中投資され，広域中心都市（または県内中心都市）をさらに発展させることになる．

　先に述べたように，16 の連携中枢都市圏のなかでは定住自立圏を含むものは姫路市だけであり，しかも定住自立圏を完全にカバーするものとはいえない．今後すべての連携中枢都市圏が形成されたとしても，定住自立圏の中心市が協力しないとすれば，その圏域は定住自立圏のもつ全圏域よりも狭いものとなるであろう．下関圏のように，合併 1 市圏域がそのままのかたちで移行した連携中枢都市圏は論外である．

③連携中枢都市圏に含まれない地域はどうなるのか

　「二層の広域圏」構想の場合でも指摘したように（森川 2009），連携中枢都市の振興は地方圏のなかの活力ある広域中心都市や県庁都市を一層活性化させるが，圏域外をも含めた地方圏全域の活性化にはつながらない．連携中枢都市は圏

域外の地方中小都市との競合を強め，地方中小都市の衰退を助長する可能性がある[12]。したがって，連携中枢都市の振興は農村部町村や地方中小都市から連携中枢都市への人口流出を強化するし，通勤圏外の地域では人口減少や高齢化をさらに助長し，消滅集落を輩出するであろう。

繰り返し述べるように，今日求められる地域政策は東京一極集中の是正だけでなく，農村部町村における過疎化や集落消滅の進行を阻止することである。総務省[13]によれば，連携中枢都市圏の取り組みを進めることは，地方圏に成長エンジンの核を確保することによって域外の住民や企業などにとってもメリットがあるといわれるが，圏域内の支援が圏域を越えてまで波及効果を発揮することはありえない[14]。それは，地方圏のうちでも連携中枢都市圏内に含まれる条件の整った地域だけを活性化させ，圏外の条件不利地域を見捨てることを意味する。それは狭い国土の全域的な有効利用を損うことにもなる。

わが国人口の将来予測においては，条件の不利な農村部町村ほど急速な人口減少が予測され[15]，消滅可能性都市（町村）の出現も指摘されており（増田編 2014），その対策が必要である。第30次地方制度調査会の答申（2013年6月）において，辻琢也座長は「均衡ある国土の発展の目指してきたこの国が，初めて拡散・拡大路線を本格的に見直し，縮小・撤退時代を見据えた方向転換を図ったという意味で注目すべきだ」というが（坂本 2014a），方向転換は採算の合わない地域を見捨てて，条件不利地域の住民をインフラの整備された地域へ移住させる方向に進む可能性がある。坂本（2014a）はさらに，「「選択と集中」を志向して，中心都市に集中投資するのは問題だ。中心点を支持するだけで38万km^2の国土が守れるか」とも述べている。将来，無住地域が広がり国土が荒廃すれば，都市住民にとっても飲料水の確保や災害発生など多大の不利益を被るであろう。

条件不利地域を含めて地方の全地域が現状を維持するためには，連携中枢都市圏や定住自立圏に交付される金額に対応した交付税が通勤圏外地域にも支給され，地域産業の育成や生活基盤の整備がなされるべきである。新たな起業による雇用創出を支援したり，田園回帰の人々を支援することも必要である。山下（2014：50）が「地方中枢都市から地方中小都市，そしてさらには農山漁村へと人口を押し戻すのが本来あるべき方策であって，人口を集めるべきは地方中枢

都市ではないはずだ」と述べているのが注目される。

以上にみるように，定住自立圏も連携中枢都市圏も，東京一極集中の進行や地方圏の衰退，地域格差の是正に十分に対応した地域政策であるとは思えない。連携中枢都市圏の中心都市は東京に対する「人口のダム」とはならないし，地方圏全域における「生活条件の向上」や「経済成長の牽引」の役目を果たしうるものとはいえない。本来「選択と集中」は財源の効率的な使用のために採用される手段であって，条件不利地域の切り捨てに使用すべきものではない。

今後，連携中枢都市圏が設定されることによって定住自立圏の進捗率は一気に高まる可能性もあるが[16]，その際にも東京一極集中は継続されるし，地方圏においても，経済的に元気な広域中心都市や県内中心都市（県庁都市），定住自立圏の設置によって生活条件に恵まれた地方中小都市，そしてそれらの恩恵を受けることのできない圏外町村（条件不利地域）の地域的特色が明らかとなり，地方圏における地域格差が一層顕在化するものと考えられる。

連携中枢都市圏や定住自立圏の設定を当該市町村の意思に任せるのは，一見民主的な方法ではあるが，地域エゴが貫かれ，国土全域が好ましい方向に進むとは限らない。

[注]
1) 「まち・ひと・しごと総合戦略」では，東京大都市圏から地方への転出を毎年4万人増加，地方圏から東京大都市圏への転入を6万人減少させて，2020年には東京・地方圏間の転出入の均衡を図ることが政府の数値目標とされているが（閣議決定2014：12），どのような具体的な方法があるのか明らかでない。
2) 東京の人口吸引力を抑制するにはもう一つの道がある。豊田（2016）によると，経済の好況と東京大都市圏の転入超過がきわめて高い相関を示すので，不況になれば東京への人口流入は抑制されるはずである。したがって，わが国の経済を不況にすれば東京の人口吸引力は弱まるが，そのようなことは誰も望まれないし，「世界で一番企業が活躍しやすい国」を目指す安倍政権の方針にも背くものである。
3) 佐々木信（2015：55，74）は，中央集権制のもとでは法規制や補助制度によって地方のやる気を失わせ，中央依存を強めており，道州制を導入すれば歳出削減も大きいとみている。しかしその一方では，道州制が導入されれば都道府県は廃止となり，地

4) 政府関係機関の地方移転については，2015年8月末までに42道府県から69機関について誘致の提案があった。このなかには庁はあっても，文部科学省や厚生労働省などの省の誘致は含まれておらず，実現したとしてもどれほど効果があるかは明らかでない (http://www.kantei.go.jp/jp/singi/sousei/about/chihouiten)。
5) 地方創生総合戦略（閣議決定 2014：35）によると，企業の地方拠点強化対策として，税の優遇措置による本社機能の一部移転を 2020 年までの 5 年間で 7,500 件増加するとしているが，経団連の調査によると，「検討している」または「将来的に可能性・余地がある」と答えた大企業は全体の 7.5％にとどまる。今の拠点で利便性に支障がないことや取引先や官庁の関係者が東京に集中していることがその理由といわれる（2015 年 9 月 21 日 NHK ニュース）。効果を高めるためには，移転企業に対する減税措置をさらに強化するだけでなく，東京特別区に立地する大企業本社の―外国への流出を避けながら―積極的な追い出し作戦を図るしかないであろう。リニア新幹線の開通によるスーパー・メガリージョンの形成を見込んで実施することも可能である。しかしそれは，多国籍企業の積極的な誘致を進め，「世界で一番企業が活躍しやすい国」を目指す安倍政権の方針には逆らうものとなるであろう。
6) 地方での雇用創出と地方への人材移転に関する施策として，吉田（2015）は①大卒者の学費支援（地元就職者に奨学院返済の減免），②大都市の大企業社員の地方への転職支援（数年間の所得保障）などをあげている。
7) 第 I 章 p.95 の注 14）による。
8) 世界の先進国のなかでも日本ほど大都市一極集中の進んだ国は少ない。先にも指摘したように，わが国では東京一極集中の形成によって企業活動に有利な条件を整え，企業の競争力を強化してきた。東京の機能分散はわが国経済にとって一時的には不利益であるとしても，他の先進国と同一レベルに立つことであり，特別な悪条件を押しつけることとはいえない。
9) 今後東京特別区の高齢人口の急増が恐れられており，日本版 CCRC 構想でも「東京の元気な高齢者を地方へ移動」させる政策が考えられている。
10)「経済成長の牽引」は厳密には高次都市機能とはいえないかもしれないが，ドイツにおいても中心地は就業中心地として雇用の場の創出に十分成功しているとはいえない。開発の遅れた地域の中位中心地や上位中心地が開発中心（Entwicklungszentrum）に指定され，工業開発の重点として地域格差の縮小に努力したが，都市的サービスの供給に比べて就業中心地としての発展は困難であるといわれる。

11) 定住自立圏の中心市の資格をもつ都市が，一般町村—とくに非合併の小規模町村—と同様に扱われながら連携中枢都市圏に加入する意味があるだろうか。中心市宣言をして8,500万円を得た上に，連携中枢都市圏分としてある程度の交付税が加わるような措置が妥当なものと考えるべきであろう。
12) 総務省自治行政局長は「連携中枢都市圏の取り組みは近隣から中心都市に人口を集中させることを目的としたものではない」と述べているが（佐々木敦2015），その可能性は否定できない。時事通信社編（2015:72, 196, 210）においても，役重真喜子氏，西川一誠氏（福井県知事），山田啓二氏（京都府知事）がこの問題を指摘し，山下（2014:50）も同様のことを指摘している。
13) 基礎自治体による行政サービス提供に関する研究会（2014）：基礎自治体による行政サービス提供に関する研究会報告書，p.6（http//:www.soumu.go.jp/main_content/000273899.pdf）による。
14) 東京が繁栄して地方が衰退するのは波及効果が及ばないことの証拠であり，連携中枢都市圏構想と矛盾することになる。
15) ただし，2010年や2015年の国勢調査でもみられるように，一部の離島などでは人口減少の少ないところがあり，人口予測に反発する田園回帰の現象もみられる。
16) 注11）で述べたように，連携中枢都市圏の形成が定住自立圏の中心市にとってメリットがないとすれば，急速には進捗しない可能性もある。

3. 地方中小都市の振興—ドイツとの比較において

　これまでの考察によると，連携中枢都市圏の設置などによって地方圏でも人口20万人以上の都市の振興が計画されているし，これらの都市では人口減少は今後も比較的緩慢なものと考えられる。したがって，それ以下の人口をもつ地方中小都市の活性化が地域政策の中でもとくに重要な課題である。第Ⅰ章4節3）でみたように，ドイツにおける中小都市の現状は—旧東ドイツ地域を除くと—わが国とは対照的である。わが国の地方中小都市の振興にとって参考にすべき点が多いと考えて，ドイツの中小都市との比較考察を行った結果，ドイツの中小都市はわが国とは著しく違った条件のもとで成長してきたことを認識するに至った。

ドイツの空間整備政策においては，大都市の一極集中がみられない中にあって，分散的集中（dezentrale Konzentration）が重視され[1]，一極集中の成長阻止に向けての努力がなされてきた。その政策を東京一極集中の是正策として，わが国でもそのまま採用することができるだろうか。Blotevogel（1995）は，急速に発達した巨大都市をもつ第三世界の空間計画にとっては，都市システムの分散化を通じてのみ深刻な地域格差が緩和されるので中心地概念はとくに重要であるとしているが，一旦形成された一極集中現象を分散化させるのは容易でないと著者は考える。

　わが国の地方中小都市の多くは国家的都市システムの底辺近くにあって，これまでの経済発展の中ではその農村部町村を支えてきたが，都市として相対的に衰退の一途をたどってきたものが多い。地方中小都市の勢力圏の圏外にある地域はもちろんのこと，勢力圏内の農村部町村にも過疎地域が広がり，人口減少期を迎えて一層の衰退が予測される。地方中小都市が衰退すれば，そこから生活に必要な都市的サービスを受ける圏内の農村部町村がさらに衰退することが予想される。地方中小都市は東京特別区との直接的な関係は薄く，東京大都市圏への人口流出も多いとはいえないが，広域中心都市や県内中心都市に向けての人口流出は多く，その活性化は国内の地域格差の是正にとってとくに重要な課題といえる。

　深刻な一極集中に悩むわが国において，「同等の生活条件」の確立を目標とするドイツの空間整備政策を採用しても，ドイツと同様の成果を得られるかどうかはわからない。わが国の地方中小都市は東京その他の大都市との強い競合下にあって常に劣勢に立たされているので，振興策の効果が生じにくいと考えられるからである。しかしそれでも，「同等の生活条件」の確立は近代国家の地域政策として基本的な目標であり，「点と軸による開発構想」は一貫性を欠く連携中枢都市圏や定住自立圏よりも優れた地域政策とみられるので，採用の価値はあるだろう。

　ドイツにおける中小都市の活力は，大都市との不利な競合による重圧の少ない社会経済のなかで生じたものであり，東京一極集中のもとで地方中小都市が成長するのはきわめて困難といえる。わが国でも道州制を採用して地方分権を強化すれば，東京一極集中はある程度緩和されるかもしれないが，道州間の経済的格差

の是正や県庁都市の衰退防止などの問題があり（森川 2015a : 423-426），単純にドイツの状況に近づくとは思えない（森川 2012 : 190-219）。行政機能を奪われる県庁都市に比べると，その他の県内中心都市や地方中小都市に対する影響は少ないかもしれないが，簡単に予測することはできない。

ともあれ，ドイツとの比較において地方中小都市の活性化策として考慮すべきは，高次都市機能の取得[2]や地域産業の育成[3]，さらには空間整備政策の採用である。わが国の高次都市機能は大都市に集中しており，地方中小都市は大都市との人口交流も少なく，大都市を中心とする経済成長からとり残された存在と考えられる。それは，地方中小都市の年齢構造にまで反映していることを思い起こしていただきたい（表 I-3 参照）。

ドイツにおける高次都市機能の地方中小都市への分散や個性ある製造業の成長は長い歴史に根ざしたものであり，一朝一夕に模倣することはできない。現実的に可能なのは，上述した地方への本社移転や政府関係機関の地方分散であるが，広域中心都市や県内中心都市を差し置いて地方中小都市へ移転を強要するのは困難である。しかし，広域中心都市や県内中心都市から地方中小都市への本社移転を支援したり，福祉施設の整備[4]や地域産業の競争力強化に努力しなければならない。

先にも指摘したように，地方中小都市の衰退の原因は高次都市機能を中心とする雇用の場が少なく，生産年齢人口率まで低下させていることにある（表 I-3, I-14 参照）。地方中小都市の活性化は，地域産業の育成とともに県内中心都市にみられる産業構造に向けて高次都市機能を成長させ，わが国経済の重要部分に参加することである。その場合には，東京特別区との人口移動も盛んになり，人口流出も増大し，連携中枢都市圏構想のところで述べたのと同様に，「人口のダム」としての役目を果たすことはできないであろう[5]。しかし，地方中枢都市の活性化は周辺地域の生活条件を改善し，過疎地域や限界集落の減少には貢献する。地方中小都市の雇用創出は周辺地域からの通勤者を増加させるだけで，―県内中心都市の場合とは違って―周辺地域からの人口吸引は少なく，その勢力圏全体の人たちが生き生きと生活できる健全な社会を取り戻すことができると考えられるからである。

上述したドイツの空間整備政策の導入については問題もあるし，新たな目標が

追加されて変化を遂げているが[6]，わが国でも採用する価値はあるだろう。これまでにも主張したように（森川 2015b），定住自立圏構想や連携中枢都市圏構想を統合して，広域中心都市や県内中心都市（県庁都市），地方中小都市，町村役場集落，それに「小さな拠点」を加えた階層的な中心地構造を考慮して，都市的サービスの階層的な供給によって生活基盤を充実させるとともに，特殊機能の開発に努めて雇用の場を生み出すことが必要である。

国土交通省の「国土のグランドデザイン 2050」にしても，「地方圏において「小さな拠点」，コンパクトシティ，高次地方都市連合からなる活力ある集積を形成する」との説明はあるが（国土交通省 2014：33），ドイツの空間整備政策における基礎中心地，中位中心地，上位中心地のような都市的サービスの階層的な供給に対応したものではない。

ドイツにおいても，中心地は都市的サービスの供給だけでなく，就業中心地として雇用の場の創出においては十分成功しているとはいえない。ドイツでは，1975 年の連邦空間整備要綱（Bundesraumordnungsprogramm）において開発中心の概念が導入され，開発の乏しい地域の中位中心地や上位中心地が開発中心に指定され，工業開発の重点として地域格差の縮小に努力したが，都市的サービスの供給に比べて就業中心地としての発展は困難であり，まったく問題がないわけではない（森川 1988：259）。上述したように，認定された中心地が「衰退の拠点」となっている場合もある。

総務省は定住自立圏構想や連携中枢都市圏構想を用いて地方圏の活性化に努力しているが，これまでのところ十分に成果をあげているようには思えない（森川 2014a,b，2015b）。前節において述べたように，3 省の都市圏構想は統合されたが，総務省の定住自立圏構想と連携中枢都市圏構想との間には一貫性が乏しい。

[注]
1) 空間整備の目標とする分散的集中は人口や就業地の発展が中心地に集中することを指す（BBR 2005：90）。郊外が分散的に都市化し新たな買物中心地や就業中心地が都市以外の地域に発生すると中心地階層構造が平坦化し，中心地構造に歪みが生ずる。上位中心地にはすべての重要施設が集積すべきであると考えられている。

2) 上述したように，ドイツの中小都市には大企業本社や有名な製造業の多くが立地することからみて，高次都市機能の従業者がわが国の中小都市よりも多いものと推測される。ただし，BBSR（2012a：34-50）では，中小都市のもつ特殊機能として余暇・観光，官庁（財務局，アムト裁判所など），大学について述べており，なぜか高次都市機能や製造業の活動については触れていない。
3) イタリア，フランス，ドイツなどのヨーロッパ先進国では，日本のように文明型産業に特化したグローバル化志向の成長戦略のみに軸足を置くのではなく，地域資源と技能熟練を重視した地域内循環型の文化型産業も重視した二本足の産業振興策を実施しているため，わが国のように小零細企業の比重が21世紀に入ってからも低下してはいないといわれる（吉田2015）。岡田（2003）も地元企業による地域内再投資を強調し，中村（2015）は内生的な資金循環構造に変えていくべきとする。
4) 先にみたように，後期高齢者の大都市への移動がみられるので，その流れを阻止するように努力しなければならない。
5) 大都市への転出者は減少しないであろうが，人口交流によって転入者は増加するかもしれない。将来，地方中小都市でのんびりとした生活を好む人が増えてUJIターンがより活発になれば，自然に「人口のダム」が実現するかもしれない。
6) 空間整備報告書（2011年）によると，2006年の空間整備閣僚会議（本文p.92）にあげた3目標以外に「気候とエネルギー」や「移動性と仕分け配送（Logistik）」などを新たな目標に加えている（BBSR 2012b：216-217）。

4. 著者の都市圏設定

1) 都市圏設定とその方法

　著者はこれまで総務省の定住自立圏や連携中枢都市圏について圏域設定を中心に批判的に考察してきたが，最後に，著者が考える都市圏について提示しておきたい（森川2017）。ただし，わが国では研究にとって最適な資料は得られないし，地理的条件も複雑なので，理想的な都市圏の設定は困難である。したがって，既存の都市圏構想の欠陥を補い，ある程度現実の都市圏に近づけることにする。もちろん，現実の都市には中心都市の規模や地形の形状に応じて大小さまざまなものがあり，現実に近づけさえすればよいというわけではない。

　資料的に問題になるのは，「平成の大合併」によって大規模合併市町村から非

合併市町村までさまざまな市町村が形成され，一定の規準を定めて市町村単位の適切な都市圏の設定が困難になったことである。都市圏の設定には国勢調査に基づく通勤（通学）や人口移動の資料が有効であるが，大規模合併によって誕生した都市では周辺町村からの通勤率は低くなり，通勤圏の設定が困難である。大規模合併の場合には，人口移動についても，最大移動先への総移動数に影響する。

さらに，地域振興の対象となる地方圏と大都市圏との境界線についても簡単には決められない。三大都市圏（11都府県）では東京大都市圏の持続的発展，大阪圏の衰退，名古屋圏の活性化など最近著しく変化しており，境界線は流動的である。しかし，それに代わる社会増加地域（第I章3節2）で示した8都県）も時間的推移に堪えうる固定した圏域とはいえない。したがって，本節では横浜と含めた4大都市に対して10％以上の通勤率を示す市町村を大都市圏とみなして地方圏から除外することにする[1]。

さらには，設定すべき都市圏の数にも問題がある。圏外地域が広く分布するわが国では，ドイツのように全国土に限なく中心地を設置することは不可能である[2]。できるだけ多くの都市圏（通勤圏）を設定して都市的サービスの供給地域を広げるべきであるが，人口が減少し国家財政が縮小する将来において，新たな中心地（中心市）を追加することにも問題がある。こうした事情を考慮すると，著者の都市圏設定は定住自立圏や都市雇用圏などの都市圏における主な問題点をいくらか改善することにとどまる。

したがってまず，第III章1節や2節でとりあげたような定住自立圏・連携中枢都市圏や都市雇用圏の問題点を考慮しながら，通勤中心地（2000年）を用いて都市圏を設定する。2005年にはすでに一部の市町村では「平成の大合併」が始まっており，都市の通勤圏に大きな変化がみられるので，やや古いが2000年の国勢調査における通勤資料を使用し，合併後の市町村に調整することにする[3]。しかし，その場合にもいくつかの問題がある。これまでにもとりあげてきたいわき市や小樽市のほかにも，きわめて小規模な通勤圏（6,222人）をもつ八束村（岡山県）などの問題もある。通勤圏の設定基準を最大通勤先への通勤率5％以上から10％以上に変更したとすると，通勤圏が狭い範囲に限定されるので，これまで用いてきた規準に従うことにする。

このような問題はあるが，通勤圏は都市圏として全国的に利用できる最適の資料である．通勤圏を用いてできるだけ多くの中心地を指定して振興すれば，農村地域へのサービス供給には寄与するであろうが，ここではある一定以上の人口規模をもつ通勤中心地をすべて採用し，さらに地理的条件を考慮していくつかの通勤中心地を追加することにする．

その場合に問題になるのは，通勤中心地と定住自立圏や都市雇用圏の中心市との関係であるが，それともう一つ考慮すべきは，通勤中心地における上位中心都市とその勢力圏内に含まれる下位中心都市との階層構造的な関係である．上位中心都市と下位中心都市では分担する機能が異なり，上位中心都市は下位中心都市がもつ機能をすべて保有する上に，下位中心都市にはないいくつかの機能をもち，その機能を広い圏域に供給するものと考えられる．

まず，通勤中心地と定住自立圏や都市雇用圏の中心市との関係を都道府県ごとに示すと，表III-8と表III-9[4]のようになる．表III-9は通勤圏を欠くにもかかわらず定住自立圏や都市雇用圏に指定された都市で，北海道や静岡県に多くみられる．上述したように，表III-9に示す通勤圏を欠く都市は中心地とはいえないので，原則として無視する．それに対して，「通勤圏と定住自立圏，都市雇用圏をもつ都市」や「通勤圏と定住自立圏をもつ都市」，「通勤圏と都市雇用圏をもつ都市」はいずれも中心地であるし，定住自立圏に指定されない場合でも中心地と考える．

ただし，総務省の定住自立圏に指定されない中心地の中には，上記の八束村のように，中心地人口や圏域人口が著しく小さいものが含まれるので，本章1節4）においてみたように，通勤圏域人口2.5万人未満（2000年）の通勤中心地は除外する[5]．また，三大都市圏の域内に含まれる通勤中心地も地方圏の中心地の振興という意図に反するので除外する．したがって，横浜市を含む三大都市圏に対して通勤率（2000年）10％以上[6]の都市[7]を除くことにする．これによって366市町が中心都市となるが，市町村面積が広く都市密度も低い北海道の10市町[8]と，そのほかでもとくに市域がとくに広く中心性を欠く都市（いわき市）を例外として加えることにする[9]．したがって，指定都市数は377市町となる（表III-10参照）．

表Ⅲ-8 通勤中心地と定住自立圏、都市雇用圏の中心都市の状況

都道府県	合計	通勤中心地と定住自立圏・都市雇用圏の中心都市	通勤中心地と定住自立圏	通勤中心地と都市雇用圏	通勤中心地のみ
北海道	24	札幌, 函館, 旭川, 室蘭, 釧路, 帯広, 北見, 網走, 苫小牧, 士別, 名寄, 千歳, 滝川	砂川	岩見沢, 留萌, 深川, 富良野, 倶知安町, 岩内町, 遠軽町	伊達, 江差町, 余市町
青森	10	青森, 弘前, 八戸, 五所川原, 十和田, 三沢, むつ			大間町, 五戸町, 三戸町
岩手	9	盛岡, 宮古, 北上, 一関, 奥州	大船渡		花巻, 久慈, 二戸
宮城	8	仙台, 石巻, 気仙沼, 大崎		白石	登米, 栗原, 加美町
秋田	10	秋田, 横手, 大館, 湯沢, 由利本荘, 大仙	能代		北秋田, にかほ, 仙北
山形	7	山形, 米沢, 鶴岡, 酒田, 新庄		長井	寒河江
福島	12	福島, 会津若松, 郡山, 白河, 南相馬	喜多方, 二本松		須賀川, 田村, 本宮, 会津坂下町, 棚倉町
茨城	15	水戸, 日立, 土浦, 常総, つくば, 鹿嶋, 筑西, 神栖	古河(旧総和町)		石岡, 龍ヶ崎, 下妻, 常陸太田, 守谷, 常陸大宮
栃木	7	宇都宮, 栃木, 佐野, 小山, 大田原	日光, 真岡		
群馬	13	前橋, 高崎, 桐生, 伊勢崎, 太田, 沼田	渋川, 富岡		藤岡, 館林, 中之条町, 大泉町
埼玉	4	秩父, 本庄			熊谷, 東松山
千葉	9	館山	旭	成田	千葉, 茂原, 東金, 市原, 匝瑳, 香取
東京	4		青梅	東京特別区	八王子, あきる野
神奈川	5			小田原	横浜, 相模原, 平塚, 厚木
新潟	16	新潟, 長岡, 三条, 柏崎, 十日町, 村上, 燕, 糸魚川, 上越	新発田, 佐渡, 南魚沼		妙高, 阿賀野, 魚沼, 阿賀町
富山	4	富山, 高岡	魚津		砺波

4. 著者の都市圏設定

県	都市圏数	中心都市				付帯
石川	4	金沢, 七尾, 小松				
福井	4	福井, 敦賀, 小浜				
山梨	7	甲府, 富士吉田				都留, 韮崎, 甲州, 身延町
長野	14	長野, 松本, 上田, 飯田, 伊那, 佐久	中野, 飯山	越前		須坂, 駒ヶ根, 大町, 茅野, 小海町, 木曽町
岐阜	14	岐阜, 大垣, 高山	中津川, 美濃, 加茂	北杜	関	多治見, 美濃, 瑞浪, 恵那, 可児, 郡上, 下呂, 揖斐川町
静岡	12	静岡, 浜松, 沼津, 富士, 御殿場	磐田, 袋井, 湖西			三島, 藤枝, 伊豆, 西伊豆町
愛知	12	刈谷, 豊田, 安城, 西尾	田原	名古屋, 豊橋, 岡崎, 半田		一宮, 豊川, 新城
三重	10	津, 四日市, 伊勢, 伊賀	松阪	尾鷲		桑名, 名張, 熊野, 紀北町
滋賀	8	彦根, 長浜, 東近江	草津	甲賀		大津, 近江八幡, 高島
京都	6	福知山	舞鶴	京都		綾部, 宮津, 京丹後
大阪	1			大阪		
兵庫	15	姫路, 洲本, 豊岡, 西脇	加東	神戸		加古川, 三田, 養父, 丹波, 南あわじ, 朝来, 淡路, 宍粟, 佐用町
奈良	3					奈良, 橿原, 大淀町
和歌山	7	和歌山, 御坊, 新宮				海南, 橋本, 田辺, 串本町
鳥取	3	鳥取, 米子, 倉吉				
島根	9	松江, 浜田, 出雲, 益田	大田			安来, 江津, 雲南, 隠岐の島町
岡山	9	岡山, 津山	倉敷, 備前			井原, 高梁, 新見, 真庭, 美作 (旧勝山町, 旧林野町, 旧大原町, 旧人来村)

県	計				合併市町村
広島	14	広島, 呉, 三原, 尾道, 福山, 三次	府中, 庄原	東広島	安芸高田, 安芸太田町, 大崎上島町, 世羅町, 庄原 (旧東城町)
山口	9	下関, 宇部, 山口, 萩, 岩国, 周南	長門		防府, 柳井
徳島	5	徳島	阿南		美馬, 三好, 海陽町
香川	5	高松	丸亀, 坂出, 観音寺		土庄町
愛媛	10	松山, 今治, 宇和島, 八幡浜, 四国中央	西条, 大洲		西予, 久万高原町, 愛南町
高知	6	高知, 四万十			安芸, 須崎, 奈半利町, 四万十町
福岡	11	北九州, 福岡, 久留米, 飯塚, 田川	直方, 朝倉	柳川	大牟田, 八女, 行橋
佐賀	6	佐賀, 唐津, 伊万里			武雄, 鹿島, 吉野ヶ里町
長崎	9	長崎, 佐世保, 島原, 五島	諫早		壱岐, 雲仙, 南島原, 新上五島町
熊本	11	熊本, 八代, 人吉, 玉名, 山鹿, 天草	菊池	水俣	阿蘇, 高森町, 多良木町
大分	9	大分, 中津, 日田, 佐伯			竹田, 豊後高田, 宇佐, 豊後大野, 国東
宮崎	7	宮崎, 都城, 延岡, 日南, 日向	小林		高鍋町
鹿児島	11	鹿児島, 霧島, 薩摩川内, 奄美	出水, 指宿, 南さつま		さつま町, 湧水町, 徳之島町
沖縄	4	那覇, 名護, 宮古島		沖縄	
合計	412	184	49	27	152

注1) 2000年の国勢調査を用いて通勤圏を設定したが, 市町村は2010年の国勢調査によるもので, 合併市町村については調整した。したがって, 2010年の時点では通勤圏の市町村は合併して通勤圏をもたなくなったものも含まれる。

注2) 通勤圏人口2.5万人未満の通勤圏中心地も含む。

資料：国勢調査 (2000年, 2010年), 定住自立圏一覧表 (2015年), 日本各地の経済圏と人口 (都市雇用圏2010年) による。

表Ⅲ-9　通勤圏（2000年）を欠きながら定住自立圏や都市雇用圏に指定された都市

都道府県	定住自立圏	都市雇用圏	2圏とも所有
北海道	小樽，石狩	美唄，紋別，根室，美幌町，新ひだか町	稚内
岩手			釜石
山形	東根		
福島		相馬	いわき
富山	黒部，射水		
長野	岡谷		諏訪
静岡	島田，掛川	伊東	熱海，牧之原，裾野
愛知		碧南，蒲郡	
三重	亀山，いなべ		
滋賀		野洲	栗東
兵庫		赤穂	加西，たつの
奈良	天理		
山口	下松		
愛媛			新居浜
高知	南国		
佐賀			鳥栖
鹿児島	南九州	枕崎	
沖縄	浦添	石垣，読谷村，糸満	
合計	15	15	12

資料は表Ⅲ-8と同一．

[注]
1) 定住自立圏や連携中枢都市圏において使用された方法と類似する．
2) もっとも，ドイツでは通勤率を用いた中位圏の決定は行われておらず，国土全域がいずれかの中位圏域に含まれる．全国879の中位圏のうち公共交通機関で30分以上かかるのはドイツ全人口の32％，60分以上は3％といわれ，わが国の圏外地域ほど到達に不便な地域は少ないように思われる（BBSR 2012b：35）．
3) たとえば，先にも示した尾道市は2000年には通勤中心地ではなかったが，周辺4町村の通勤中心地をなす因島市を編入合併したため通勤中心地とみなされる．
4) 表Ⅲ-8と表Ⅲ-9は紙幅の関係で分割して表示したものである．
5) 通勤圏人口が2.5万人に充たないのは大間町，五戸町，北秋田，草津町，阿賀町，佐渡（旧羽茂町），身延町，小海町，揖斐川町，西伊豆町，紀北町，作用町，串本町，雲南，隠岐の島町，真庭（旧勝山町，旧八束村），美作（旧大原町），安芸吉田，庄

原（旧東城町），安芸太田町，大崎上島町，世羅町，海陽町，久万高原町，奈半利町，四万十町，吉野ヶ里町，雲仙，南島原，新上五島町，高森町，多良木町，国東，湧水町の35の市町村である。ドイツの人口希薄地域でも，中位中心地のもつ中位圏の最低限界は1972年の空間整備閣僚会議（MKRO）において4万人以上または2万人以上と定められた（BBSR 2012a：38）．
6) 名古屋市への通勤率8%の刈谷市が定住自立圏と都市雇用圏の中心都市として指定されているので，通勤率（2000年）を10%以上とするのが適当と考えた．金本・徳岡（2002）も大都市圏周辺部について通勤率10%を使用している．
7) 通勤圏をもつ千葉，八王子，相模原，多治見，可児，一宮，三田，奈良，橿原の9市と三大都市圏の主要都市（東京特別区，横浜市，名古屋市，京都市，大阪市，神戸市）を加えた15市が除外の対象となる．
8) 北海道の都市とは，表III-9に示した8市町に通勤圏人口2.5万人未満の2町を加えた倶知安町，小樽市，石狩市，美唄市，紋別市，根室市，美幌町，遠軽町，新ひだか町，稚内市の10市町であるが，これらを追加しても道内には中心地の恩恵を受けない地域がなお広い面積を占める．
9) もう一つ問題になるのは，北海道の場合とは逆に，中心地が密集していて，指定中心地が多過ぎる場合である．たとえば坂出市と丸亀市は隣接して過密状況ともいえるが，両市ともに通勤圏をもつ中心地であり，通勤圏の規模などによっていずれかを指定から外すのは困難である．

2) 著者の提案する都市圏とその特徴

　中心都市間の階層構造的関係をみるために，表III-8に示す412の通勤中心地（2000年）のうち通勤圏人口2.5万人以上について最大の総移動先（2010年）を求め，二つ以上の通勤中心地の最大総移動先となる上位都市を上位中心都市とした[1]．最大の総移動先が自市よりも人口の小規模な市町村の場合には第2位または第3位の総移動先を求めて上位都市とした．こうした操作によって，上位中心都市と下位中心都市に区分すると表III-10のようになる．上位中心都市のなかには，静岡市や高岡市，姫路市のように，小規模な通勤中心地が除去されたために二つ以上の下位中心都市を従属させることができなくなり，上位中心都市の資格を失うものもある．
　このようにして選ばれた上位中心都市を連携中枢都市と比較すると，山口市を除くすべての県庁都市が連携中枢都市に指定されており，両者の整合度は比較的

高い。上位中心都市でない連携中枢都市には，函館，いわき，長岡，静岡，富士，豊田，四日市，姫路，倉敷，呉，下関，佐世保の12市が含まれ，逆に連携中枢都市でない上位中心都市には沼津，豊橋，山口の3市がある。静岡県では沼津市の代わりに富士市，愛知県では豊橋市の代わりに豊田市，山口県では山口市の代わりに下関市が，それぞれ連携中枢都市に選ばれたことになる。

　北海道では札幌・旭川・函館3市が連携中枢都市に指定され，旭川市は辛うじて上位中心都市となるが，函館市は札幌市を指向する下位中心都市となる（表I-9参照）。北海道では例外的に10市町を下位中心都市（通勤中心地）として追加したが，それでも広大な面積に居住する人々に都市的サービスを十分に供給することはできない。しかも，旭川市に従属する名寄市，士別市，富良野市（半分）を除くすべての下位中心都市は札幌市に従属しており，空間的な距離[2]や経済成長を牽引する札幌市の中心都市としての負担量からしても問題を孕んだ異常な地域と考えられる。北海道における「経済成長の牽引」はDID人口5万人以上の下位中心都市をも含めて考えるべきであろう（表III-10参照）。

　このようにして，本研究ではできるだけ小規模なものを含めて広い範囲に都市的サービスを供給しようとした結果，表III-10に示す377の中心都市が認定された。その数は定住自立圏の264市や都市雇用圏の233市と比べて著しく多く，将来の人口減少や国の財政事情を考えると過剰といえる。しかし，どのような施策が講じられるかどうかは別として，客観的な方法によって得られた結果は貴重なものといえる。

　表III-10に示すように，377の中心都市は人口規模が大きく異なり，機能的にも差異がある。下位中心都市をDID人口によって示すと，DIDを欠くものからDID人口62.5万人の静岡市まで人口規模では大きな差異がある。上位中心都市のなかにも，つくば市（7.5万人）や上越市（8.4万人），鳥取市（9.9万人）などのように，DID人口が人口10万人に充たないものもあり，人口規模においては上位中心都市と下位中心都市の人口とが逆転する場合もある。また，旭川や太田，伊勢崎，上越，松本，福山，北九州，久留米などの上位中心都市は自県の県庁都市を上位都市とするので，一般の上位中心都市よりも低い位置にある副次中心的なものと考えられる。

　下位中心都市についても人口規模に大きな差がある。したがって，DID人口の

表Ⅲ-10 著者の提案する都市圏

都道府県	合計	上位中心都市	下　　位　　中　　心　　都　　市 (DID人口, 2010年)		
			1万人未満または欠	1万～5万人	5万～10万人	10万人以上
北海道	32	札幌	江差町, 砂川	余市町, 留萌, 伊達, 石狩, (富良野), 美唄, 紋別, 根室, 美幌町, 遠軽町, 新ひだか町, 稚内, 深川, 滝川, 網走, 倶知安町, 岩内町, 土別, 名寄, (富良野)	岩見沢, 室蘭, 北見, 千歳	小樽, 函館, 釧路, 帯広, 苫小牧
青森	7	旭川*		五所川原, むつ		弘前
		青森		十和田, 三沢		
岩手	9	八戸*	久慈, 二戸, 大船渡	花巻, 宮古, 北上, 一関, 奥州		
		盛岡				
宮城	8	仙台	登米, 栗原, 加美町	気仙沼, 大崎, 白石	石巻	
秋田	10	秋田	北秋田, にかほ, 仙北	横手, 大館, 湯沢, 由利本荘, 大仙, 能代		
山形	7	山形		米沢, 新庄, 寒河江, 長井	鶴岡, 酒田	
福島	13	福島	田村, 本宮, 会津坂下町, 棚倉町	二本松, 南相馬, 白河, 須賀川, 喜多方	会津若松	いわき
		郡山				
茨城	15	水戸	常陸大宮, 常陸太田, 下妻	鹿嶋, 石岡, 龍ヶ崎, 筑西, 神栖, 守谷	古河	日立
		つくば			土浦	
		東京				
栃木	7	宇都宮*	日光	佐野, 大田原, 沼田	栃木, 小山	
群馬	12	前橋*	中之条町	渋川, 富岡, 藤岡, 大泉町, 館林		
		高崎*				
		太田*				

4. 著者の都市圏設定　195

県	数	中心都市						
千葉	8	千葉**	匝瑳, 旭		茂原, 東金	成田		市原
東京	2	東京**			香取, 館山	あきる野		青梅
神奈川	3	東京**						平塚, 厚木, 小田原
新潟	15	新潟	魚沼, 佐渡, 南魚沼	柏崎, 十日町, 村上, 阿賀野, 新発田, 燕		三条		長岡
富山	4	上越*	妙高 (砺波)	糸魚川				
石川	4	富山	羽咋	魚津		高岡		
福井	4	金沢		七尾, 小松				
山梨	6	福井	都留, 韮崎, 甲州, 北杜	敦賀, 小浜, 越前 富士吉田				甲府
長野	13	東京	駒ヶ根, 大町, 飯山, 木曽町	飯田, 伊那, 佐久, 須坂, 中野		上田		
岐阜	11	長野 松本* 東京	美濃, 瑞浪, 恵那, 中津川, 下呂	関 高山, 美濃加茂		大垣		
愛知	11	岐阜 名古屋	伊豆	湖西, 袋井		磐田 三島 (藤枝)		静岡, 富士
静岡	10	浜松 沼津 東京 名古屋**	新城 熊野, 尾鷲	御殿場		西尾		刈谷, 豊田, 安城 岡崎, 半田 豊川
三重	9	豊橋* 津 大阪 名古屋	高島	田原 名張, 伊賀		伊勢, 松阪 桑名		四日市
滋賀	8	大津* 京都		甲賀, 近江八幡 長浜, 東近江		草津 彦根		

県	数	中心市					
京都	5	京都**	宮津, 京丹後	福知山, 綾部		舞鶴	
大阪	0	大阪**					
兵庫	13	神戸**	養父, 丹波, 朝来, 淡路, 南あわじ, 加東, 作用町 (宍粟)	洲本, 豊岡, 西脇			加古川, 姫路
奈良	2	大阪	大淀町				奈良
和歌山	6	和歌山	御坊	新宮, 海南, 田辺			
鳥取	3	大阪		橋本		米子	
島根	7	松江	安来, 江津, 大田	浜田, 出雲, 益田			
				倉吉			
岡山	9	岡山	井原, 高梁, 新見, 真庭, 備前, 美作	津山			倉敷
広島	9	広島 福山*	庄原	三原, 三次, 東広島 府中, 尾道			呉
山口	9	山口 広島 北九州	長門	萩 (柳井)	宇部, 周南, 防府 岩国		下関
徳島	4	徳島	美馬, 三好, 阿南				
香川	5	高松	土庄町	丸亀, 坂出, 観音寺			
愛媛	9	松山	西予, 愛南町, 大洲	宇和島, 八幡浜, 西条, 四国中央		今治	
高知	4	高知	安芸, 須崎	四万十			
福岡	11	北九州* 福岡	朝倉	直方, 田川, 行橋		飯塚	大牟田

	福岡					
長崎	6	長崎	壱岐	島原，五島		諫早	佐世保
	福岡			唐津			
熊本	9	熊本	阿蘇，菊池	天草，人吉，玉名，山鹿，水俣		八代	
大分	8	大分	竹田，豊後高田，宇佐，豊後大野	中津，日田，佐伯			
宮崎	7	宮崎	小林	日南，日向，高鍋町		都城，延岡	
鹿児島	10	鹿児島	さつま町，徳之島町，出水，指宿，南さつま	鹿屋，薩摩川内，奄美		霧島	
沖縄	4	那覇		名護，宮古島			沖縄
合計	377	51	95	156		41	34

（カッコ）は第1位の総移動先として県内の下位中心都市を指向し，第2位・第3位の総移動先として上位中心都市である．

その他にも，第1位の総移動先として県内の小規模な都市や中心都市以外の都市を指向して第2位・第3位の総移動先として上位中心都市を指向するものは多いが，それには特別な記号付けをしていない．身延町は例外的に甲府市（下位中心都市）を指向する．

*印は県内の上位中心都市を指向する上位中心都市で，相互の上位中心都市を指向する前橋市と高崎市を除くと，副次的な上位中心地とみなす．

**印は三大都市圏に含まれる上位中心都市を指向するので上位中心都市を県内上位中心地とみなす．大津市は京都市を圏域とする．伊勢崎市は桐生市と太田市を圏域に含め，上位中心都市を示す．

注1) 表Ⅲ-8に掲載された三大都市圏周辺の都市と小規模な通勤中心地（旧35町村）を除くかわりに，北海道の10市町といわき市を加える．

注2) 通勤圏人口2.5万人未満（2000年）の通勤中心地を除く．

注3) 太田市の第1位の総移動先は伊勢崎市であるため，伊勢崎市は桐生市と太田市を圏域に含め，日本各地の経済圏（都市雇用圏2010年）による．

資料：国勢調査（2000年，2010年），定住自立圏一覧表，日本各地の経済圏（都市雇用圏2010年）による．

規模によって人口1万人未満を「機能の一部を欠く下位中心都市」，1万〜5万人を「通常の下位中心都市」，5万〜10万人を「上位中心都市の機能の一部をもつ下位中心都市」，さらに10万人以上を「上位中心都市と同等の下位中心都市」に区分することができる[3]。

表III-10によると，県庁都市を上位中心都市として，県内にいくつかの下位中心都市が分布する県が多いが，上位中心都市と下位中心都市との関係はさまざまである。札幌市は29.5の下位中心都市を従属させるのに対して，旭川市（2.5），八戸市（2），福島市（2），つくば市（3），太田市（2），伊勢崎市（2），上越市（2），富山市（3），金沢市（3），福井市（3），松本市（2），浜松市（3），沼津市（2），豊橋市（3），鳥取市（2），福山市（2），徳島市（3），久留米市（2），那覇市（3）など少数の下位中心都市だけを含むものもあり，平均すると4〜5の下位中心都市を従属することになる。上位中心都市の中には県庁都市を上位都市とする副次的な上位中心都市だけでなく，圏域が狭いために少数の下位中心都市しか持ちえないものもある。

また，青森県や群馬県，福岡県など9県では二つ以上の上位中心都市が含まれるのに対して，埼玉県，神奈川県，山梨県，奈良県のように大都市圏に近接した県では，県の全域が他県の大規模な上位中心都市の圏域に属し，上位中心都市を欠く県もある。山梨県では甲府市に属する通勤中心地は身延町だけであり，下位中心都市の資格を欠くことになる。静岡県では浜松市と沼津市が上位中心都市の資格を得るが，静岡市に属する通勤中心地（下位中心都市）は藤枝市だけなので，上位中心都市の資格を欠くことになる。

「札仙広福」の名で知られる広域中心都市の場合には，北海道を除いて，他県の県内中心都市を従属させることになる。仙台市では7市（東北5県の県庁都市のほか八戸市・郡山市），広島市では5市（鳥取市，松江市，岡山市，山口市，松山市），福岡市では各県庁都市の6市をはじめ北九州市，久留米市を従属するのに対して，大阪市は神戸市と和歌山市の2市[4]，名古屋市は豊橋市と岐阜市，津市の3市を従属するだけである。大阪市と名古屋市は広域中心都市に近い位置にあるが，その圏域が著しく狭いのが注目される。

これに対して，東京特別区の場合には広域中心都市をはじめ，広域中心都市（大阪・名古屋両市を含む）に従属する以外の上位中心都市はすべて東京特別区

に従属することになる。東京周辺の県では広域中心都市に従属することなく，直接東京特別区の圏域に属するのが当然であるが，四国や北陸のように広域中心都市が十分に発達しない地方や沖縄県においても東京特別区に直接従属することになる。したがって，東京特別区に従属するのは大阪・名古屋両市をはじめ四つの広域中心都市と 11 の上位中心都市だけなく，25 の下位中心都市が従属することになる。それゆえに，東京特別区は大阪・名古屋や広域中心都市から飛び抜けて最高階層の地位にあるといえる。わが国の都市システムは①東京特別区，②大阪，名古屋を含めた広域中心都市，③上位中心都市（副次的上位中心都市を含む），④下位中心都市（4 タイプに区分される）からなるが，各階層都市間の「距離」は等間隔ではなく，①東京特別区と②広域中心都市との間には大きな開きがある[5]。

　また，下位中心都市の都市圏を上記のように類型化した場合にも，著しい地域差がみられる。DID 人口 1 万人未満の「機能の一部を欠く下位中心都市」にとっては雇用の創出は困難であるが，木曽町（長野県）などにみられるように，広い都市圏をもった下位中心都市もあり，中心都市として特別に考慮すべきであろう。それはまた，国土交通省の掲げる「小さな拠点」や町村役場集落とも連携することによって，人口減少を阻止する砦として機能することが望まれる。

　このような区分によって各中心都市の交付税額の格付けを行い，少ない財源を有効に利用するのが望ましい。「機能の一部を欠く下位中心都市」や「通常の下位中心都市」に比べて重要な機能をもつ「上位中心都市の機能の一部をもつ下位中心都市」や「上位中心都市と同等の下位中心都市」は，北海道におけるように「経済成長の牽引」の一部を担うべく多額の交付税を与えるべきである。上位中心都市は，それに従属する下位中心都市の圏域の経済成長を牽引することになるので，その圏域人口を加算した交付税を受け取ることになる[6]。これに対して，「上位中心都市と同等の人口規模をもつ下位中心都市」は「経済成長の牽引」の一部を担うとしても，他の圏域を従属することはないので[7]，上位中心都市よりも少ない交付税額となる。上位中心都市圏がいくつかの下位中心都市圏を従属するかたちで，国土の広い範囲を覆うのが本研究の特徴である。

　このように設定された各階層の中心都市の振興は—圏外地域を除いて—都市的サービスの充実や雇用の創出を図り，地方住民の生活を守り，地域格差の是正に貢献するであろう。しかし上述したように，地方における中心都市の振興が「人

口のダム」の役目を十分に果たすためには，東京特別区からその他の都市への機能分散が必要であり，同様に，広域中心都市や県内中心都市から地方中小都市への施設移転のような抜本的な措置が講じられるべきである。このような措置は，地方の中小都市や農村部町村における厳しい人口減少を抑制することに役立つであろう。もちろん，人口減少が進むにつれて中心都市の機能が低下し，中心都市の資格を奪われるものも現れるので，これまでよりも目の粗い中心地システムの構築が必要となるであろう（Pütz u. Spangenberg 2006，BBSR 2012b：213）。

定住自立圏設定においてその他問題になるのは，行政地域との関係である。たとえば，山口県では山口市以外に北九州市を上位中心都市とする下関市，広島市を上位中心都市とする岩国市があり，岩国市・広島市に従属する柳井市がある。山口県では上位中心都市に必要な施設を設置する場合に，他県の施設を利用して自県の施設を利用しない地域が現れるし，自県の施設利用者が少ないために運営に支障を来すこともありうる[8]。この問題を根本的に解決するのは行政地域と定住自立圏域との齟齬をなくすことであり，困難な問題である。

このほかにも，表Ⅲ-10に示すように，茨城県，千葉県，長野県，岐阜県，静岡県，三重県，滋賀県，和歌山県，佐賀県，長崎県では下位中心都市の一部が他県の上位中心都市に従属するので，同様の問題が生ずるだろう。さらに，県のほぼ全域が他県の上位中心都市の都市圏域に属する山梨県や奈良県のような場合には，こうした問題とは異なって，他県の政策に追随しなければならないという問題が起こるであろう。

［注］
1) 通勤圏によって定められた中心地を人口移動によって上位中心都市，下位中心都市に区分して，先にあげた中心地間の階層的な上下関係をみるというのは問題があるかもしれないが，資料的限界もあって最適の方法と考える。
2) 例えば，札幌・根室間の時間距離は最速の JR で 4 時間 15 分，札幌・釧路間は 3 時間 6 分となる。
3) 著者がこれまで研究してきたドイツでも，「上位中心地の一部の機能をもつ中位中心地」など中間階層を設けている州もあるが，東京大都市圏の異常な発達や圏外地域の存在など，わが国はドイツではみられない特異な現象を抱えた地域と考えられる。

4) 神戸市の最大総移動先（2005〜10年）は明石市（19,099人）で，西宮市（15,420人），大阪市（13,679人），東京特別区（12,032人）がそれに続く。神戸市からみると大阪市と東京特別区との総移動量の差は小さく，大阪市に対する従属度が強いとはいえない。近畿圏という場合には京都市も含まれるが，上述したように，京都市の最大の総移動・純移動先は大阪市ではなく東京特別区であり，近畿大都市圏の一体性を喪失している。ただし，これには5年前常住地の高い不詳率が関係しているかもしれない。
5) 下位中心都市の下に位置する市町村の役場集落や「小さな拠点」との関係については省略する。
6) 上位中心都市のもつ下位中心都市としての圏域人口と従属する他の下位中心都市圏の人口とはサービスの質が異なるので，人口数だけによって単純に計算することはできない。
7) 上位中心都市の機能をもった自給的中心地（Selbstversorgerort）とみることも出来る。
8) 山口県政策企画課の説明によると，住民の生活圏と県域との不一致は存在するが，それによって県予算の執行に地域間で差異が生じることはないとのことである。

5. 圏外地域や多自然居住地域，過疎地域の諸問題

　繰り返し述べるように，わが国ではドイツとは異なり，地形や交通の関係から中心都市の都市的サービスを享受できない地域（圏外地域）が広く存在するので，その地域に対する対策が地域政策の重要な課題となる。本節では，圏外地域を中心として，それに関連する過疎地域や「小さな拠点」，多自然居住地域の状況について考察したい。

1) 多自然居住地域とその振興

　「21世紀のグランドデザイン」（五全総）に掲げられた多自然居住地域は「地方中小都市と中山間地域を含む農山漁村等の豊かな自然に恵まれた地域」で，都市的サービスとゆとりある居住環境をあわせて享受できる自立的圏域を創造することを目指すものであった（国土交通省 2013）。それは人口の自然減少段階の課題を意識して設定された地域であり，そのためには，①農林水産物生産，②二次的自然環境の保持（里地里山の荒廃），③農地・森林などの国土保全機能，④歴

史文化の保持，⑤都市農山村交流・農山村居住の場，⑥循環型社会としての役割（例：バイオマスなど）の強化や振興が考えられ，環境省，農水省，国交省，総務省など関係各省がそれぞれの問題について施策を講じてきた．小規模町村の一部には UJI ターンによる田園回帰の現象がみられるものの，いずれの事業も自立的圏域創造という基本的目標の達成には至らず，多自然居住地域は人口減少も高齢化も最も激しいものとなった．

多自然居住地域は市町村の人口規模や地方中小都市など都市的サービスを提供する場所との近接度，傾斜地などの地形的条件などによって決められるが，具体的な地域設定はなされていない[1]．仮に，多自然居住地域を DID 人口 5 万人以上（2000 年国勢調査）の中心都市から 90 分以上離れた市町村とすると，各道府県には，DID 人口 5 万人以上（2000 年）の中心都市が 1 市以上現れるが，その都市のなかには，新居浜市や別府市のように，通勤圏をもたない地方都市や太宰府市や府中町（広島県）のような衛星都市も含まれる．岩手，秋田，石川，福井，山梨，和歌山，島根，徳島，香川，高知，佐賀，鹿児島の 12 県では中心都市は県庁都市に限定される．

これらの中心都市から 90 分以上離れた市町村は（国土交通省 2013：1），ほぼ半径 40 km の円の外側の地域に匹敵する．岩手県では盛岡市を中心に半径 40 km の円を描くと，市町域の半分が圏外に属するものが 5 市町あり，青森県の八戸市の圏内に属する二戸市など 4 市町村がある．残りの 17 市町村のうち久慈市，宮古市，大船渡市，北上市，奥州市，一関市は著者の提案する下位中心都市であり（表 III-10 参照），宮古，釜石，大船渡，北上，奥州，一関の 6 市は定住自立圏の中心市の資格をもつ（表 III-8 参照）．したがって，多自然居住地域は県庁都市の生活圏域を除く一般の地方圏に当たり，都市的サービスを享受できない圏外地域（岩泉町など）はそのうちのごく一部にすぎない．

その点では，多自然居住地域と圏外地域とは大きく異なる．県庁都市の生活圏域を除く地域をわざわざ「地方中小都市と中山間地域を含む農山漁村などの豊かな自然に恵まれた地域」として多自然居住地域を設定するのは，田代（1999）によると，どうせ止まらぬ過疎化の逆手にとって，多自然地域を「21 世紀の新たな生活様式の実現を可能とする国土のフロンティア」にするという逆転の発想だという．DID 人口 5 万人以上（2000 年）の都市の多くは合併後の人口 10 万人以

上（2010年）の都市に該当するが，人口10万人以上（2010年）の都市の圏域とそれ以下の小都市の圏域の間に機能的にどれほどの差異があるだろうか。多自然居住地域の一部に圏外地域が含まれるので，その地域内における地域差の方がむしろ大きいであろう。いずれにせよ，多自然居住地域には圏外地域や過疎地域を除く地域が広く含まれており，特別に指定すべき有効な地域概念とは思えない。

[注]
1) 国土交通省国土政策局総合計画課の説明による。

2） 過疎地域の現状

過疎法（正式には過疎地域対策緊急措置法）が10年間の議員立法として初めて成立したのは，農村部町村から多くの人口が大都市に流出していた高度経済成長末期の1970年であった。したがって，過疎地域においては今日注目される人口減少や高齢化現象は1970年頃から経験してきたことになる。過疎地域の指定は人口の急減と財政力指数によって判定され[1]，過疎地域に指定されると，過疎債によるインフラの整備や産業振興など国からの支援が受けられる。

2000年に制定された第4回目の過疎地域自立促進特別措置法は，法制定当初から11年間延長されて2020年まで続く予定である。過疎地域は新たな過疎法の制定の都度見直しが行われ，1970年には3,280市町村中776（23.7％）市町村であったが，2014年には1,719市町村中797（46.4％）市町村へと増加した。「平成の大合併」では「過疎市町村」（本則適用）と過疎地域以外の市町村が合併することもあったので，新しい市町村域全体が過疎地域とみなされるようになった「みなし過疎」（33条1項）の市町村や，一部の過疎地域を抱え込む「一部過疎」（33条2項）の市町村も誕生した。

過疎地域における人口減少は1980年頃には一時低下したこともあったが，それは大都市の人口吸引力低下によって起こったもので，全総の過疎対策の成果によるものではなかった。田代（1999）によると，①中央政権が中央の観点から全国を地域区分し，②一貫して過疎地域の外部に存在する拠点がもつ外部経済効果に依存した計画，あるいはその溢出効果によって過疎地域の活性化を図ろうとしたものであったので，過疎地域の役場集落や県庁都市への一層の集中を招いただ

けであったという。

　過疎関係市町村は国土の縁辺部に多く分布する。全市町村の90％以上を占める鹿児島県（95.3％）や島根県（90.5％）から10％未満の茨城県（9.1％），埼玉県（6.3％），愛知県（8.8％），大阪府（2.3％），さらには皆無の神奈川県までさまざまである。表III-11によって人口増減率（2010〜15年）をみると，「過疎市町村」の平均人口増減率が最も低く，通常「みなし過疎」，「一部過疎」の順に高くなる。市町村合併によって過疎地域を含むようになった県庁都市もあるので，「一部過疎」の人口増減率が高くなるのは当然である。

　過疎法に類似した法律には1965年に制定された山村振興法がある。これも10年の時限立法で，「国土の保全，水源の涵養，自然環境の保全等に重要な役割を担っている山村[2]」の産業基盤，生活環境整備の低位性の克服を目指したものであり，人口減少の抑制を目的とした過疎法と違って，山村振興法は農業を中心とする産業基盤の整備を重点としたものである。

　過疎対策事業としては，1970〜79年度においては交通通信・情報化が事業費の49.6％を占め，次いで産業の振興22.2％，教育文化の振興12.0％，生活環境の整備11.3％の順であったが，2014年度には産業の振興23.6％，保健福祉18.3％，交通通信・情報化14.3％，教育の振興11.3％となり[3]，交通通信・情報化が大きく減少した代わりに保健福祉の比率が上昇したのが注目される。ハードな施設整備からソフト中心の時代に移行してきたといえる。

　第I章1節において指摘したように，各都道府県における人口増減率と過疎関係市町村率との相関係数はr = -0.640（n = 47）となり，予想していたほど高くない。各都道府県の過疎関係市町村率が高くなるにつれて平均人口増減率は低下するが，両者の関係はそれほど緊密とはいえない。また過疎関係市町村率とその平均人口増減率との相関係数を求めるとr = 0.158（n = 45）となり，過疎化の著しい都道府県ほど人口減少が激しいとはいえない。人口減少率がそれほど高くない「一部過疎」をもった市町村が含まれるためであろう。過疎関係市町村がそれほど多くない県でも―過疎地域支援の効果かどうかは別として―過疎地域以外の市町村において人口増減率が著しく低いものがある。過疎地域以外の市町村の人口増減率の最低が過疎関係市町村の平均人口増減率より低い場合が9県あり，その他にも，過疎関係市町村の最高値よりも低い人口増減率を示す市町村が多い。したがって今日

5. 圏外地域と多自然居住地域，過疎地域の諸問題　205

表Ⅲ-11　都道府県における過疎関係市町村とその人口増減率（2010～15年）

都道府県	市町村数	人口増減率	過疎関係市町村 合計	%	「過疎市町村」 市町村	増減率	「みなし過疎」 市町村	増減率	「一部過疎」 市町村	増減率
北海道	179	-2.2	149	83.2	144	-8.6			5	-3.2
青森	40	-4.7	28	70.0	21	-11.1	2	-6.7	5	-3.8
岩手	34	-3.8	22	64.7	18*	-8.8	1	-4.7	3	-3.7
宮城	35	-0.6	9	25.7	5*	-10.5	1	-7.0	3	-4.1
秋田	25	-5.8	21	84.0	16	-9.4	4	-6.2	1	-2.5
山形	35	-3.9	21	60.0	18	-9.3	2	-5.8	1	-4.4
福島	59	-5.7	29	49.2	25*	-8.5	1	-5.6	3	-4.4
茨城	44	-1.7	4	9.1	1	-9.6			3	-6.8
栃木	27	-1.6	3	11.1	2	-10.1			1	-7.4
群馬	35	-1.7	14	40.0	9	-10.7			5	-3.2
埼玉	64	0.9	4	6.3	1	-12.2			3	-6.8
千葉	54	0.1	6	11.1	5	-8.5			1	-5.1
東京	40	2.7	6	15.0	6	-9.5				
神奈川	33	0.9	0	0						
新潟	30	-2.9	14	46.7	9	-9.7	1	-6.0	4	-4.7
富山	15	-2.4	3	20.0	1	-10.4	1	-6.2	1	-0.7
石川	19	-1.3	9	47.4	5	-8.9			4	-5.0
福井	17	-2.4	6	35.3	2	-13.4			4	-3.5
山梨	27	-3.2	15	55.6	7	-11.9			8	-3.6
長野	77	-2.4	37	48.1	29	-9.7			8	-2.9
岐阜	42	-2.3	14	33.3	7	-9.7	1	-7.5	6	-4.6
静岡	35	-1.7	8	22.9	4	-11.3			4	-3.5
愛知	57	1.0	5	8.8	3	-11.7			2	-2.6
三重	29	-2.1	9	31.0	7	-10.6			2	-2.2
滋賀	19	0.2	2	10.5	0				2	-4.8
京都	26	-1.0	9	34.6	5	-11.1	1	-5.8	3	-2.5
大阪	43	-0.3	1	2.3	1	-10.6				
兵庫	41	-0.9	9	22.0	5	-7.7			4	-6.0
奈良	39	-2.6	15	38.5	13	-17.0	1	-10.0	1	-9.1
和歌山	30	-3.8	18	60.0	15	-9.1	2	-4.2	1	-5.1
鳥取	19	-2.6	12	63.2	8	-10.0			4	-4.2
島根	21	-3.2	19	90.5	15	-6.9	2	-5.1	2	-0.5
岡山	27	-1.2	20	74.1	13	-6.8	1	-5.7	6	-2.6
広島	23	-0.6	16	69.6	10	-7.4			6	-1.7
山口	19	-3.2	12	63.2	6	-9.5			6	-3.3
徳島	24	-3.7	13	54.2	11	-10.7			2	-4.2

香川	17	-1.9	8	47.1	6	-6.7		2	-3.2
愛媛	20	-3.2	17	85.0	10	-8.1	1	-3.1	6	-4.1
高知	34	-4.7	28	82.4	24	-10.0			4	-4.5
福岡	60	0.6	21	35.0	15	-7.1	3	-5.9	3	-2.5
佐賀	20	-1.9	9	45.0	5	-6.5			4	-2.5
長崎	21	-3.4	13	61.9	10	-8.1	1	-6.6	2	-2.7
熊本	45	-1.7	27	60.0	22	-8.2	2	-4.7	3	-4.0
大分	18	-2.5	16	88.9	12	-7.3	1	-6.2	3	-3.5
宮崎	26	-2.7	17	65.4	13	-8.3			4	-3.5
鹿児島	43	-3.4	41	95.3	35	-7.0			6	-1.6
沖縄	41	3.0	18	43.9	17	-4.6	1	-1.6		
合計	1,728	-1.9	797	44.7	616	-8.8	30	-5.6	151	-3.5

注1) 川内村,葛尾村,飯舘村(福島県),大槌町(岩手県),南三陸町(宮城県)の人口増減率は異常に低いので,東日本大震災の影響を受けたものと考えて省略した.
資料：過疎地域2014年4月現在(Wikipedia),国勢調査(2015年)による.

では，人口増減率については両者間に画然たる境界線は設定できない状況にある．

今後は過疎関係市町村であるか否かを問わず，人口増減率は一層低下するはずである．総務省は「過疎地域等の集落対策についての提言」を受け，2008年には「過疎地域等における集落対策の推進」(総務省2013)を各県に通知して，①集落支援員の配置，②集落点検の実施，③集落のあり方に関する住民同士・住民と市町村の話し合いを提案し，集落対策に乗り出した．集落点検では，人口・世帯の動向，医療・福祉サービスや生活物資の調達など生活の状況，清掃活動や雪処理など集落内での支え合いの状況，農地・山林・公共施設などの管理状況，集落における有形・無形の地域資源，他の集落との協力の可能性などを調査して集落の現状とその課題を点検し，集落の現状，今後の課題，将来的なあるべき姿などについて共通認識の形成を図り，話し合いを通じて住民と市町村がともに集落の現状等についての理解を深める措置を講じている．

第Ⅱ章3節の「集落維持活動」のところで述べたように，消滅の可能性が高い限界集落は，集落規模が小さく，高齢化が進み，山間地や地形的末端にある集落，役場(本庁舎)から離れた集落とみられる．第Ⅱ章2節で述べた山﨑(2011)のように，費用対効果の数値が低下するなかで，インフラ施設の更新を峻別しなければならないときが近づいていると考える人もあるが，住民が少なくなって手間がかかるから移住させようという発想は，残った農山村の衰退を早めることに

なり，限界集落の線引きをするのは適切な措置とはいえない（奥野 2008：115）。限界集落の住民には地元居住の意識が強いし，周辺には他出家族もあって，集落消滅への進行には抵抗がみられる[4]。

しかし，ある段階を過ぎると集落の再生措置は有効性を失うことになる。作野（2006）は，島根県の限界集落では自然消滅を待っている状況にあり，集落限界期から集落消滅期にある集落では活性化策の効果はなく，活性化策よりもむしろ整然と「むらおさめ」を行い，「秩序ある撤退」が重要であると考えている。

次の法改正が行われる 2020 年には過疎地域の改正は問題になるであろう。とくに「一部過疎」の場合には，市町村の「地区」に対する財政力指数の資料は得られないので，認定方法においても問題がある。上記のように，2010〜15 年には過疎関係市町村以外でも人口減少率が高い市町村が現れており，今から 10 年後には無住居地域や人口減少地域が大きく拡大するので，過疎地域だけを問題地域として特別扱いにはできないことになるであろう（山﨑 2011：133）。しかし，過疎法をまったく排除することにも問題があり，厳しい人口問題に対処するためには，新たな地域政策が必要であろう。

[注]
1) 5 年間の人口減少率 10％以上，財政力指数 0.4 未満が認定基準とされているが，その都度若干の変更がある。
2) 山村とは「林野面積の占める比率（林野率 0.75 以上，人口密度 1.16 人未満）が高く，交通条件および経済的，文化的諸条件に恵まれず，産業の開発の程度が低く，かつ住民の生活文化水準が劣っている山間地である（田代 1999）。
3) 田代（1999）および平成 26 年度版「過疎対策の現況」について（http://www.soumu.go.jp/main_content/000392823.pdf）による。
4) 徳野（2015）の集落調査によると，「人口は減る，高齢化は進む，跡取りはいない，将来はたいへん不安だ」と答えながら「将来もずっとこの地域に住み続けたい。体力の続く限りは住み続けたい」という回答が全回答者の 80〜90％を占めており，条件悪化のなかでも現実に暮らしている人々の生活基盤の研究が必要であるという。

3）圏外地域と「小さな拠点」

繰り返し述べるように，2000 年の国勢調査において二つ以上の市町村から第

1位通勤先として5％以上が通勤する場合に通勤圏をもつ通勤中心地とし，通勤中心地以外の市町村のうち，いずれの通勤中心地にも5％以上の通勤者が通勤することのできない市町村を圏外地域とする。交通の発達によって都市の通勤圏は次第に拡大してきたので，2000年の時点では圏外地域は狭い範囲に限定され，圏外地域に居住するのは268.4万人（全人口の2.1％）だけである。宮城，山形，埼玉，神奈川，滋賀，大阪，岡山，佐賀の府県ではすべての市町村が通勤圏に属し，圏外地域の市町村は皆無である。それに対して，圏外地域人口の都道府県に対する人口比率が1％以上の県は27道府県で，高い比率を示すのは北海道（12.2％），鹿児島県（9.4％），岩手県（7.8％）の順となる[1]。

　圏外地域を第1位通勤先への通勤率5％未満という数値でもって区分することには抵抗があるとしても，圏外地域は中心都市から遠く離れているため，都市的サービスを享受できにくい地域とみなすことには異論はないであろう。第Ⅱ章3節において北海道の一部事務組合の実態でもみたように，今後は道路，橋梁，上水道の更新や学校統合，医療施設の廃止，一部事務組合の運営などに，問題の深刻化が予想される。

　これまでにも述べてきたように，圏外地域の活性化を中心都市の振興に頼ることは困難であるが，人間の居住地である以上都市的サービスの供給は必要である。国土交通省の「小さな拠点」がとくに必要なのはこの地域である。「小さな拠点」は小学校区など複数の集落を包含する地域であるが，廃校跡地などを利用した「小さな拠点」にサービス機能を集中させる場合には，ある程度の人口規模が必要である。「小さな拠点」に医療施設まで含めた生活必需機能すべてを整備することはできないので，町村役場集落などより上位の中心地との関係を考慮すべきである。「小さな拠点」は中心地システムの末端を担うものでなくてはならない。

　定住自立圏の設定によってその圏域の衰退阻止の努力がなされるのに対して，圏外地域はその効果を受けることなく，衰退のままに放置されることは避けねばならない。観光をも含めた産業振興[2]や人的交流の促進など，定住自立圏に対すると同等の支援が必要である。多くの問題点を抱えた現行の地方交付税制度の改善は必要であるが（森川2015a：422），山下（2014：235）が説くように，みんなが少しずつ我慢して少額に薄められた地方交付税の交付を続けるべきであろう。国家予算も減少するなかにあって費用対効果の劣る僻地の小規模町村を支援

する余裕はなく，都市の生活水準の維持に努力すべきという人もあるが，限界集落の老人たちは子供の住む遠方の都市に移住するだけでなく，前住地近くの中心部に居を構えて土地や森林を管理する場合も多い（山下 2012：182）。たとえ限界集落が消滅しても周辺地域の集落が存続することにより，広大な無住の「砂漠地域」の形成は避けるべきである。

　第Ⅱ章 2 節で述べたように，人口減少のもとでは費用対効果を考慮してインフラ施設の更新を行い，インフラ施設の更新できるところに住民が移動すべきだとする主張が実施されるべきではないであろう。「むらおさめ」に向けて進行している地域もあるが（作野 2006），2008 年度以後集落支援員や地域おこし協力隊が設立され[3]，他出した跡継ぎの努力もあるので，自然災害を受けない限り，簡単には消滅集落とはならないだろうと考える人もある（小田切 2014a：31）。圏外地域の一部をなす中山間地域や離島では，2015 年の国勢調査でも田園回帰現象が継続しているので，今後もその成長を図るべく努力がなされるべきである（坂本 2014b）。

[注]
1) 通勤圏をもたないいわき市（360,138 人）を県外地域に含めると福島県の比率は 19.0％となるが，実質的に圏外地域が広く分布するのは 85 市町村，69.4 万人からなる北海道である。
2) わが国の林業は衰退して久しいが，森林資源の活用は復活しないだろうか。戦後植林された杉や檜は十分に成長しているし，藻谷・NHK 広島取材班（2013：42，67，105）によると，バイオマス・CLT の活用やオーストリアにおける森林管理状況などの報告があり，将来に向けた希望が感じられる。
3) 山下（2014：194）も地域おこし協力隊は過疎対策の中では近年の優良事業として評価している。

6. 小規模町村のかかえる問題

1) 小規模町村の実態

　小規模町村の多くは圏外地域に立地するので，都市的サービスの供給や産業の活性化が重要課題であるが，その他にももう一つ検討すべき課題がある。そ

れは小規模町村の合併問題である（森川 2015c）。「平成の大合併」では，「昭和の大合併」のように目標とすべき最小人口規模が明確には設定されなかったが，人口1万人未満の小規模町村の消滅が目標であったとみられる。自治省行政局（1999）の『市町村の合併の推進についての指針』によると，複数の市町村から構成される中山間地域や離島では人口1〜2万人程度の新市町村を形成すべきとされていた。しかし，「合併への制約が大きい地域」といわれる小規模町村の中には「合併すれば市町村域の周辺部に置かれて地域が寂れる」との理由で，非合併のままにとどまった町村も多い。これらの小規模町村は取り残された状態にあり，少なくとも行政的には地域差別を受ける可能性が高く，将来に向けて改善が必要となるであろう。

　表 III-12 に示すように，合併町村を含めると人口1万人未満の小規模町村は 481（27.9％，2010 年 3 月）となる。その人口はわずか 240.1 万人に当たり，全人口の 1.9％に過ぎないが，面積は 91,441 km^2 で国土の 24.2％を占める。

　「平成の大合併」は市町村財政を改善し，住民サービスを向上させ，自治体の将来に明るい希望を与えたとはいえないが，大規模化によって解決できた問題も皆無ではなかった。行政組織が大規模化して従来できなかったことができるようになったところもある。したがって，多くの市町村が合併によって規模を拡大したなかにあって，小規模町村の存続は市町村間の行政能力格差を一層拡大することとなった。しかも「平成の大合併」は地方圏に偏るかたちで実施され[1]，小規模町村も地方圏のいくつかの道県に著しく偏在する。人口的には北海道（10.3％），高知県（10.0％），長野県（8.8％）などに多く，面積的には奈良県（61.6％），北海道（54.3％），沖縄県（44.4％）などに集中する。

　残存する小規模町村にとってとくに問題となるのは土地保全，人口維持，町村経営などであるが，ここでは町村経営について考察する。周知のように，2002 年 11 月に発表された西尾私案は小規模町村を半人前扱いにするものとして大反対に遭ったが，第 30 次地方制度調査会の答申（2013 年 6 月）では，道県の支援による広域連携の導入が有効なものと考えられている[2]。そこで，小規模町村の問題を検討するに当たっては，まずその実態を理解しておきたい。

　1 万人未満の 481 の小規模町村は「平成の大合併」との関係からみると次の三つのタイプに分類される。

6. 小規模町村のかかえる問題　211

表Ⅲ-12　小規模町村の存立状況（2010年）

都道府県	市町村数	小規模町村	比率	A	B	C	小規模町村 人口	%	面積 km²	%
北海道	179	118	65.9	5	86	27	567,266	10.3	45,343	54.3
青森	40	13	32.5	2	10	1	77,450	5.6	2,267	23.5
岩手	34	8	23.5	1	4	3	55,575	4.2	1,988	13.0
宮城	35	5	14.3		1	4	33,364	1.4	785	10.8
秋田	25	8	32.0	1	5	2	39,055	3.6	1,414	12.1
山形	35	14	40.0		11	3	11,518	1.0	3,504	37.6
福島	59	29	49.2		10	19	152,548	7.5	4,766	34.6
茨城	44	1	2.3		1		9,410	0.3	23	0.4
栃木	27	1	3.7		1	1	6,521	0.3	32	0.5
群馬	35	10	28.6	1	8	1	48,502	2.4	1,393	21.9
埼玉	64	3	4.7			3	21,831	0.3	117	3.1
千葉	54	7	13.0		7		55,510	0.9	282	5.5
東京	40	11	27.5			11	36,418	0.3	732	33.5
神奈川	33	2	6.1		1	1	11,671	0.1	78	3.2
新潟	30	6	20.0		4	2	33,489	1.4	762	6.1
富山	15	1	6.7			1	2,967	0.3	4	0.1
石川	19	2	10.5		1	1	15,882	1.4	198	4.7
福井	17	2	11.8	1		1	11,626	1.4	407	9.7
山梨	27	9	33.3		3	6	35,141	4.1	987	22.1
長野	77	41	53.2	3	18	20	188,374	8.8	4,832	35.6
岐阜	42	7	16.7		7		40,234	1.9	851	8.0
静岡	35	5	14.3	2	3		42,710	1.1	899	11.6
愛知	57	4	7.0	1	2	1	15,387	0.2	579	11.1
三重	29	5	17.2	1	3	1	44,395	2.4	479	8.3
滋賀	19	3	15.8		3		22,827	1.6	157	3.9
京都	26	6	23.1		6		29,754	1.1	291	6.3
大阪	43	2	4.7		2		14,100	0.2	42	2.2
兵庫	41	0	0				0	0	0	0
奈良	39	18	46.2		15	3	73,852	5.3	2,275	61.6
和歌山	30	11	36.7		10	1	58,844	5.9	974	20.6
鳥取	19	7	36.8		5	2	34,529	5.9	1,261	36.0
島根	21	8	38.1	4	4		36,189	5.0	1,379	20.6
岡山	27	4	14.8		2	2	13,858	0.7	273	3.8
広島	23	2	8.7	2			15,703	0.5	386	4.5
山口	19	3	15.8		2	1	13,453	0.9	161	2.6
徳島	24	7	29.2	2	3	2	38,083	4.8	1,287	31.0

香川	17	2	11.8		1	1	13,292	1.3	23	1.2
愛媛	20	3	15.0	2	1		21,669	1.5	713	12.5
高知	34	19	55.9	3	12	4	76,170	10.0	2,626	37.0
福岡	60	8	13.3	2	5	1	52,422	1.0	226	4.5
佐賀	20	5	25.0		5		42,329	5.0	159	6.5
長崎	21	2	9.5		2		11,752	0.8	100	2.4
熊本	45	15	33.3		11	4	75,875	4.2	1.624	21.9
大分	18	1	5.6		1		2,189	0.2	7	0.1
宮崎	26	8	30.8	1	6	1	33,754	3.0	2,137	27.6
鹿児島	43	17	39.5	2	13	2	108,088	6.3	1,613	17.6
沖縄	41	18	43.9	1	11	6	55,584	4.0	1,011	44.4
合計	1,728	481	27.8	38	308	135	2,401,160	1.9	91,441	24.2
%				7.9	64.0	28.1				

A：合併市町村
B：協議会の解散・離脱による非合併市町村
C：協議会不参加の非合併市町村
資料：国勢調査（2010年）および各都道府県の合併資料による．

A：合併によって誕生した新市町村のうち人口が1万人未満の町村．合併時には1万人を超えていたが，2010年の国勢調査の時点で1万人未満になったものも含まれる．

B：合併協議会（任意，法定）の解散や協議会離脱によって最終的に非合併となった人口1万人未満の町村．

C：合併協議会（任意，法定）に一度も参加しなかった小規模町村．協議会の前に行われた研究会（勉強会）の段階では協議に参加したものも含まれる．

この3区分のうち最も多いのはタイプB（64.0%）であり，タイプC（28.1%），タイプA（7.9%）の順となる．しかし表III-12に示すように，小規模町村比率は都道府県によって大きな偏りがあり，北海道（65.9%），高知県（55.9%），長野県（53.2%），福島県（49.2%），奈良県（46.2%），沖縄県（43.9%），山形県（40.0%）で高く，北海道だけで全国小規模町村数の24.5%を占める．その一方で，小規模町村をまったく欠く兵庫県をはじめ，茨城，栃木，埼玉，神奈川，富山，愛知，大阪，広島，長崎，大分などの府県でも10%未満となる．

表III-13に示すように，小規模町村の財政力指数(2010年)はさまざまであるが，協議会不参加（タイプC）の町村の財政力指数が若干高い傾向にある．このタイ

表Ⅲ-13 小規模町村の存立状況（A～C）と財政力指数（2010年度）および人口減少率（2010～40年），高齢化率（2040年）との関係

	合計	0.2未満	0.2～0.39	0.4～0.59	0.6～0.79	0.8以上	平均	人口減少率	高齢化率
A	38	20	15	2		1	0.24	-46.9	50.1
%	(7.9)	52.6	39.5	5.3		2.6			
B	308	147	117	29	8	7	0.25	-39.7	45.4
%	(64.0)	47.7	38.0	9.4	2.6	2.3			
C	135	47	58	9	5	16	0.37	-34.1	43.6
%	(28.1)	34.8	43.0	6.7	3.7	11.9			
計	481	214	190	40	13	24	0.29	-38.1	44.9
%	(100.0)	44.5	39.5	8.3	2.7	5.0			

注1) A～Cは表Ⅲ-12と同一．
資料：国勢調査（2010年），総務省自治財務調査課：平成22年度財務指数表，国立社会保障・人口問題研究所（2013）および各都道府県の合併資料による．

プには発電所（原子力，火力）の立地その他の経済活動によって財政的に恵まれた町村が含まれるからである．しかしその一方では，「合併すれば周辺部に置かれて地域が寂れる」とか「隣接市町村から敬遠された」などの理由によって，財政状況が厳しいにもかかわらず，協議会に参加しなかった非合併町村もある．そのため，協議会不参加の非合併町村のすべての財政力が豊かとはいえず，タイプC町村の財政力指数0.20未満はやや低いが，それでも34.8％を占める．

これに対して，A・B両タイプでは財政力指数0.20未満の町村が多く，財政力の上昇とともに町村数は減少する．タイプAとタイプBとの間には財政的にそれほど差がないが，合併町村（タイプA）において0.2未満の町村がとくに多いのが注目される．したがって，タイプAの小規模町村にとっては，合併しても財政的効果がまったくなかったものが多いということになる[3]．一方，タイプBにとって財政力指数の低い町村が多く存在することは，合併への強い意欲をもちながらも合併が不調に終わった町村が多いものと推測される[4]．

人口減少率予測（2010～40年）や高齢化率予測（2040年）をみた場合にも，全市町村平均はそれぞれ-27.7％と40.7％であるのに対して，上述したように，小規模町村ほど人口減少や高齢化率が高く，小規模町村の将来はきわめて厳しい

ものとなる（表Ⅲ-13参照）。とくにタイプAの町村は合併算定替期間の終了や合併特例債の支払いを考えると，将来の町村運営は他のタイプB・C以上に厳しい状況が予想される。

最後に，通勤圏の中心をなす通勤中心地の規模と通勤率（2000年）[5]によって小規模町村の通勤圏における位置づけをみることにする。表Ⅲ-14に示すように，都市人口を考慮して人口30万人以上または県庁都市に10％以上通勤する町村は条件1に該当するものとし，人口10万人以上の都市に10％以上通勤する町村を条件2aとする。このように都市の人口規模と通勤圏の状況とを考慮すると，表Ⅲ-14の1～7の条件に類型化される。1～3は中規模中心地または人口10万人以上の都市の通勤圏に属する町村であり，4～5は小規模中心地の通勤圏に属するか自町村が小規模中心地に該当する場合である。それに対して，6～7は小規模中心地を指向しないか通勤圏外に属する中山間部や離島に属する「合併への制約が大きい地域」とみなされる町村である。

これらの条件の構成比率からみると，タイプA～Cともに通勤条件の厳しい町村の比率（条件6～7）が比較的高く，タイプ間の差異はそれほど大きくない。

表Ⅲ-14 小規模町村のタイプと通勤圏（2000年）における位置づけとの関係

	計	1	2a	2	3a	3	1～3	4	5	4～5	6	7	6～7
A	38（7.9）	2	2		2	7	13（34.2）	11	1	12（31.6）	9	4	13（34.2）
B	308（64.0）	17	4	5	29	28	83（26.9）	85	4	89（28.9）	42	94	136（44.2）
C	135（28.1）	17	1	8	13	18	57（42.2）	22	2	24（17.8）	20	34	54（40.0）
計	481（100.0）	36	7	13	44	53	158（31.8）	118	7	125（26.0）	71	132	203（42.2）

1：人口30万人以上の都市および県庁都市に10％以上通勤する町村
2a：人口10万人以上の都市に10％以上通勤する町村
2：人口10万人以上の都市に5～10％通勤する町村
3a：大規模・中規模中心地に20％以上通勤する町村
3：大規模・中規模中心地に5～20％通勤する町村
4：小規模中心地に5％以上通勤する町村
5：小規模中心地となる町村
6：玉突状通勤圏，相互依存通勤圏，準通勤圏に5％以上通勤する町村
7：通勤圏外にある町村
注1）A～Cは表Ⅲ-12と同一．（カッコ）は％を示す．
資料：国勢調査（2000年，2010年）および各都道府県の合併資料による．

ただし，条件1～3に対する比率はタイプによって異なる．タイプCは中規模中心地以上の都市の通勤圏に属する町村に属する町村が多く，大規模な都市に近い位置にありながら，良好な財政状況のために合併を拒否したものが含まれる．それに対して，タイプBでは大規模な都市に近い町村は少なく，通勤条件の厳しい地域にある町村が比較的多いのが特徴といえる．

[注]
1) 合併によって財政の厳しい小規模町村の行政効率を高めることはできるが，住民に対する行政サービスが向上したかどうかは疑問である．合併後の旧小規模町村地区の行政が改善され，住民の満足感が得られたようには思えない．全国で均等に市町村合併が行われたとしても，市町村合併が「国土の均衡ある発展」につながったかどうかは不明である．岡田・京都自治体問題研究所編（2003：104）や小西（2005）のように，国が造った財政難のために地方圏だけが犠牲になったとみる人もある．
2) 佐々木信（2015：105）も，道州制の導入のもとで小規模町村は窓口業務などに限定して身軽な自治体に改める特殊町村制といった制度を認め，その他の基礎自治体の事務は州の垂直補完か近隣の都市自治体の水平補完によって実施すべきと考える．西尾私案の発想は―そのままではないとしても―存続しているように思われる．
3) 通常，合併すれば行政効率が高まり財政力指数が上昇するが，合併算定替の期間中は財政力指数の変更前の地方交付税を受け取ることになる．
4) 北海道では，本庁舎の位置決定問題で解散した任意協議会が多いといわれるが，真剣に合併の意図をもって合併協議会に参加した市町村ばかりではないともいわれる．辻道（2006）によると，任意協議会にだけ参加した市町村のうち60％以上が単独志向を希望し，合併を希望したのは4分の1に過ぎず，協議会参加のすべての町村が合併を強く希望していたわけではないという．
5) 通勤圏や通勤率については2000年の国勢調査を用いるので，その時点の旧町村が対象となる．したがって，合併以前の旧町村名を示す場合もある．

2) 各タイプの特徴

こうした一般的特徴とは別に，各タイプの町村の特徴をさらに細かく検討すると各タイプのなかにも種々な事例がみえてくる．

①タイプA　このタイプに属する38町村は2・3の町村の小規模な合併によって形成されたもので，東峰村（2,432人，福岡県），神流町（2,352人，群馬県），

豊根村（1,336人，愛知県）のような小規模な合併町村も含まれる。通勤条件では安芸太田町（広島市に12％通勤），外ヶ浜町（青森市に16％通勤），筑北村（松本市に22％通勤）などの通勤率の高い町村もあり，劣悪な通勤条件のもとで，日常生活圏の強い結束のなかで形成されたとはいえないものが多い。たとえば，久万町，面河村，美川村，柳谷村の合併により誕生した久万高原町（9,644人，愛媛県）では面河村と美川村から久万町に対して5％以上の通勤者がいるだけで，久万町と柳谷村の第1位通勤先はいずれも5％未満で，圏外地域に属する。津和野町と吉賀町（島根県），錦江町と南大隅町（鹿児島県）などのように，合併協議の途中で分裂してできた町もあり，協議会の解散なく最初の合併協議会がそのまま順調な合併によって形成された合併町村は少ない。上記の久万高原町や「平成の大合併」以前から2町村で合併協議を進めてきた神流町は例外といえよう。上述したように，これらの町村では合併特例債の使用はできても，合併による財政力の改善はなく，将来の人口減少率も高いものと予測され，合併の効果は認められない。

②タイプB　合併協議会が解散・離脱してできたタイプBに属する308の町村には種々なケースが含まれる。まず注目されるのは，滝川市，新庄市，茂原市，駒ヶ根市，美濃加茂市，彦根市，大和郡山市，御坊市，田川市，人吉市など中心都市を中心として設置された合併協議会が解散して，その構成市町村すべてが非合併となった場合である。これらの地域では非合併の小規模町村が集中して分布するため，彦根市のように定住自立圏を設置するなど新たな地域連携を構築しているところもあるが，合併協議のしこりもあり，将来これらの中心都市を中心とした合併が行われるかどうかは明らかでない。沼田市や成田市のように，通勤圏内の一部は合併し，その他の小規模町村が非合併にとどまる場合もある。成田市地区では合併を拒否したのは成田市であったが，沼田市の場合には周辺町村であった。

　市町村合併には各市町村の財政状況が大きく影響するので，財政状況の厳しい町村を外して協議会を設置する場合があるが，協議会設置以後財政的な理由のために協議会から離脱させる例は少ない[1]。協議会解散や離脱の大きな理由は本庁舎の位置や新市町村の名称，庁舎の方式などの問題である。一体的な日常生活圏をなす小国町と南小国町（熊本県）のように，本庁舎の位置をめぐって協議が難

航し解散した例もあるし，平泉町（岩手県）のように，由緒ある町名の消失のために協議会を離脱した例もある。明日香村（奈良県）や白川村（岐阜県）は単に名称の問題だけでなく，合併によってこれまでの個性的な行政が維持できなくなることを恐れて協議会を離脱した例である。

　表III-12に示すように，タイプBの小規模町村が多く残存する都道府県には北海道，福島，山形，長野，奈良，和歌山，高知などの道県がある。これらタイプBの多い道県は「平成の大合併」の目標達成度が低いため，近い将来再び合併協議が起こる可能性が皆無とはいえない。ただし，北海道にある86のタイプBの市町村では市町村面積が広く，合併の効果が得られないために合併協議を中止した町村が多く，当時から希望していた広域連携を強化する方向に向かう可能性が強い[2]。タイプBの18町村が残存する長野県でも広域連合との密接な関係を維持しており，合併に向かうかどうかは広域連合の運営次第といわれる。一方，高知県では合併調印後に合併不成立になった市町が3件（大月町，奈半利町・安田町・北川村，日高村）[3]もあり，微妙な経緯をたどって非合併にとどまった町村では合併協議が再開される可能性もあるだろう。

　③タイプC　このタイプには，これまで述べてきたように，財政力指数が著しく高い町村や合併が無理な僻地町村や離島など「合併への制約が大きい地域」の町村が含まれる。原子力発電所の立地などによって―今後のことは不明であるが―財政力指数の高い小規模町村の多くは非合併にとどまるが，なかには志賀町，大飯町，浜岡町，伊方町などのように合併したところもある。工場埋立地の造成によって膨大な収入が得られる飛島村（愛知県）や大工場の立地する日吉津村（鳥取県）や和木町（山口県）も非合併にとどまった。また，舟橋村（富山県）や久山町（福岡県）などのように，大規模な都市の周辺にあってその利益を守るために非合併にとどまるものもある。そのほかにも，大潟村（秋田県）や池田町（福井県），栄村（長野県），綾町（宮崎県）などのように，合併によってこれまでの個性的な行政が活かされなくなることを恐れて非合併にとどまった町村もある。上記の明日香村や白川村もこの類型に属する。

　そのほかでは，「合併への制約が大きい地域」にある町村が多い。東京都の11の離島では合併協議会はまったく設置されなかったが，南大東島や北大東島（沖縄県）では那覇市との合併協議会に参加しており，離島のなかにも協議会に参加

した町村もあった．協議会不参加の非合併町村のなかにも，矢祭町（福島県）のように，非合併宣言をした町村もあるが，最初の研究会（勉強会）の段階では参加して任意協議会には不参加という町村もあり，非合併町村のすべてが最初から非合併と決定していたわけではない．

以上のように，各タイプの小規模町村のなかにもさまざまな理由があるが，各タイプにはある程度共通性がある．

[注]
1) 川本町は邑智郡の中心町（旧郡役所所在）として求心力を取り戻すべく建設された文化の殿堂は多額の負債を抱えることになり，その負担をめぐって邑智町から攻撃され，川本町は合併協議会から離脱したといわれる（山陰中央新聞2004年10月16日）．
2) 北海道では合併に代わる広域連合制度の推進を強く要望したが，自治省によって受け入れられなかったという経緯がある（神原2003）．
3) グリグリ『市区町村変遷情報　詳細』(http://www.upd.uub.jp) による．

3) 小規模町村に対する将来のシナリオ

以上にみてきたように，小規模町村の形成にはさまざまなケースがあることを考慮しながら，小規模町村の将来を考える必要がある[1]．その場合に考えられるのは，
　①合併による市町村規模の拡大によって財政基盤を強化する．
　②人口は少ないが，財政が健全なのでこれまでの行政運営を続ける．
　③近隣の町村同士が自治体連合のような広域連携を構築するが，必要に応じて都道府県が支援する．
　④財政基盤が強固とはいえないが，個性ある行政運営を続けるために，都道府県が支援する．
　⑤財政基盤が脆弱であるが，市町村合併も困難なため都道府県が強く支援する[2]．

合併協議では町村長の交代など偶然的な成り行きや住民投票のわずかの票差によって非合併に終わった例もあった．合併が十分に目標を達成することなく合併

期間が終了した町村もあるし，将来は合併せざるをえないだろうと考えながらも非合併にとどまったところもある。上峰町（佐賀県）のように，合併が不成功に終わり，合併に対する強い希望をもつ町もある。また，「平成の大合併」終了後に合併した市町もあるが[3]，①に多くを期待することはできないであろう。ただし，人口が減少して行政運営に支障を来すようになると合併を余儀なくされる場合の起こるであろう。②は財政が豊かで今後も自立を希望する町村なので，その意思に任せるしかない。舟橋村や久山町のように都市近郊にあって自己利益を追求する場合にも，自己の決定に任せるしかないであろう。

③は新庄市などのように，中心都市を中心とした協議会解散地域の町村を対象とした場合には，広域連携が可能である。富良野市地区（北海道）は協議会を解散した地域ではないが，その通勤圏（日常生活圏）に属する4市町村でもって2008年に広域連合を設置し，最近では定住自立圏をも設置している。両者は業務内容を異にするので，業務の重複はないといわれる[4]。これまでにも広域連合を希望してきた北海道の小規模町村では，多くの小規模町村が隣接するため，種々の地域連携を通して行財政力を強化することが可能である。その場合には，今日まで種々の形態で活動してきた長野県の広域連合が手本になるであろう。

④と⑤は財政の脆弱な小規模町村のため，都道府県の支援が必要となる。しかし④の町村には自立して個性的な行政運営を行おうとする意思が強く，部分的支援は必要であるが，全面的な支援は却って迷惑となる。これに対して，⑤はより強力な支援を必要とする。その場合には小規模町村でできる範囲の業務を行い，できない部分を支援する補完性原理に基づくことになる。

④や⑤の町村は上位機関（道県）の支援による運営を計画するもので，フランスの市町村連合（communauté de communes）や種々の形態からなるドイツの市町村連合（Gemeindeverband）とは組織を異にする（森川2005：22）。小規模町村にとっては，自治体としての基本的権利を保持することが重要であり，フルセット行政を廃止することには抵抗が少ないであろう。しかし，上位機関の強力支援の場合には基本的権利に抵触する恐れがあり，西尾私案が実施されないよう注意する必要があるだろう。なお，③と違って小規模町村が県内に分散するので，共同役場（Amt）などを設置して共同の業務を推進することは地理的に困難である。県庁自身か交通的に便利なところに支庁を設置していくつかの町村を

まとめて業務を行うのが現実的である[5]。

　このように小規模町村の特性は一様でなく，それぞれの事情に応じたきめ細かな対策が必要であり，これらの選択肢を小規模町村自身が選択すべきである。

　わが国の市町村合併の歴史をみると，市町村合併と広域行政とが一定期間ごとに切り替えられており（伊藤2015），「昭和の大合併」後は広域市町村圏や広域連合を形成して合併の継続を避けてきたが，1999年になって急に「平成の大合併」に向けて舵が切られた。「平成の大合併」後も第29次地方制度調査会（2009年6月）において広域連携が選択肢の一つとして認められたし，定住自立圏（2008年）や連携中枢都市圏（2014年）も設置されるようになった。道州制の採用の際には大きな権限をもつ基礎自治体として再び市町村合併が必要と考えられているが（井堀2001：151，佐々木信2015：55）[6]，そのような方向に進むであろうか。行政効率からみて30万人の人口は適正規模といえるとしても，住民自治を考えると行政組織の拡大は芳しいこととは思えないし，県庁都市の衰退を防ぐためにも，小規模町村の機能補完のためにも，県庁にある程度の役目を残しておくのが適当と考えられる（森川2012：204）。

[注]
1) 佐々木信（2015：193）も，道州制への移行によって中小自治体は合併のほかに，①近隣自治体との共同処理（広域処理），②市町村連合（広域連合），③近隣自治体との連携協定（水平補完），④隣接の大きな市への委託（水平補完），⑤州による代行処理（垂直補完）に進むかもしれないと述べている。
2) 「平成の大合併」終了後2014年11月までに合併したのは7市町（西尾市以外は編入合併）であるが，小規模町村には藤沢町（岩手県）と西方町（栃木県）が含まれる。
3) 2014年改正自治法により，連携協約と事務の代行執行の二つの制度が創設され，条件不利地域の市町村は都道府県との間で連携協約を締結できるようになった。
4) 富良野市企画振興課の説明による。
5) 鹿児島県の十島村や三島村では村役場は鹿児島市の港近くに置かれる。分散する町村を統括する官庁としてこのような方法もあるであろう。三島村の4地区にはそれぞれ1名の嘱託職員がいて現地の業務を行う。役場が鹿児島市にあるため，現地に雇用の場を欠くことになる（三島村役場の説明による）。
6) 平岡（2015）は，道州制導入を意図した安倍政権の地方創生政策との関係から再度

の市町村合併を予想する。地方創生政策によって公共施設などの集約化や自治体間競争が強いられ，活性化の成果がすぐには発揮できない市町村が予想されるなかで，農村部町村を再編に追い込む方向に作用するとみる。しかし，無理に合併して人口30万人の基礎自治体を形成した場合には，多数の市町村が合併する必要があり，面積も広く，通常の自治体活動は成立しないものと考えられる。

7. 本章のまとめ

　第Ⅰ章では市町村人口の分析によってその現状と将来について考察した後，人口移動の分析によってわが国の都市システムの構造について検討した。第Ⅱ章では国土計画の変更に注目したのに次いで，新たな地域政策構想について考察し，人口減少時代においては「農村切り捨て」も止むなしとする主張が登場する中で，著者は憲法第25条の精神に照らしてこれまでの地域政策を踏襲し，限界集落をもできるだけ存続すべきであると主張した。
　本章では，第Ⅰ章，第Ⅱ章の結果を踏まえて，人口減少時代における地域政策には都市システムの改善がきわめて重要であるとの立場から，最近における地域政策（定住自立圏構想，連携中枢都市圏構想）について検討した後，著者独自の都市圏構想を発表した。それに付随して，都市システムの整備によって都市的サービスを享受できない圏外地域の問題や小規模町村のもつ行政的な問題点についても考察した。
　本章で考察したことは次のように整理される。
　①全総計画から国土形成計画への変更とともに「国土の均衡ある発展」という目標は撤去されたが，東京一極集中の抑制のために，三全総の定住構想を受け継ぐかたちで定住自立圏構想や連携中枢都市圏構想が発表され，実施されている。
　②定住自立圏構想には多くの問題がある。定住自立圏の中心市は昼夜間人口比率1以上とすることには問題があるし，少なくとも人口4万人以上とするだけで，人口の上限を決めないことにも違和感がある。さらに，264の有資格都市のうち10年近くを経たにもかかわらず定住自立圏の設置が半数にも充たないのは問題である。定住自立圏の設置が進行しない場合には地方圏内の地域格差を拡

大することにもなる。

　③定住自立圏構想発表から数年を経て連携中枢都市圏構想が発表され，定住自立圏の有資格都市のうち人口20万人以上の61市が連携中枢都市圏の有資格都市とされた。連携中枢都市圏の振興によって東京一極集中抑制の「人口のダム」になることが期待されているが，大阪・名古屋両市をはじめ広域中心都市や県内中心都市のほとんどすべての都市から東京特別区に向けて大量の人口流出が依然として継続していることを考えると，通常の振興策でもって人口流出を阻止して「人口のダム」の役目を果たすことができるとは思えない。連携中枢都市圏の振興が不要とはいわないが，東京一極集中を是正するのは東京特別区からの大胆な機能分散が必要である。それは「世界で一番企業が活躍しやすい国」を目指す安倍政権の方針にも背くものとなろう。適切な措置が講じられないまま行くと，東京一極集中はさらに進み，東京大都市圏とその他の地域との格差は大幅に拡大するであろう。

　④連携中枢都市圏と定住自立圏の両構想の関係を考えると，両構想が同時に発表されなかったことには問題がある。連携中枢都市圏の振興においては中心都市だけに集中することなく，広い圏域内に含まれるその他低次な中心地の振興が必要である。「経済成長の牽引」という役目が課せられた連携中枢都市圏の中心都市の振興は，今日みられる人口20万人未満の中小都市との格差をより顕在化することになるであろう。地域の「経済成長の牽引」のためには，人口10万人以上の中心都市まで振興の幅を広げる方が適当であろう。

　⑤国土交通省では「小さな拠点」，コンパクトシティ，高次地方都市連合のような階層性を考慮してはいるが，それぞれの都市階層のもつ機能についての説明はなく，階層構造としてのまとまりが不明である。著者が分析した都市圏のように，階層構造をもって上位中心都市が下位中心都市のサービス供給の不足をカバーする中心地システム全体の振興が適切な措置と考えられる。

　⑥著者の都市圏構想は2000年の市町村状況の分析による人口2.5万人以上の通勤中心地377市町からなる。2010年の国勢調査によって各通勤中心地の最大転出入先（2010年）を分析して上位都市を定め，上位中心都市と下位中心都市とに区分した（表III-10参照）。下位中心都市326の人口規模はさまざまであり，「機能の一部を欠く下位中心都市」から「上位中心都市の機能の一部をもつ下位中心

都市」まで4区分することもできる。上位中心都市についても県庁都市に従属する副次的中心都市もあるし，下位中心都市と上位中心都市とは人口規模において逆転する場合もある。下位中心都市と上位中心都市との関係は各都道府県によってもさまざまである。圏域振興のために交付税支給の際には，中心都市のもつそれぞれの条件を考慮することが必要である。

⑦わが国では都市的サービスを十分に享受できない圏外地域がある。これらの地域を振興対象地域から除外するべきではないと考えて，過疎地域や多自然居住地域について考察した。最近では過疎地域以外の市町村でも人口激減地域があるし，「一部過疎」は次期の認定が困難なので，2020年以後は新しい規準を設けて法律を継続する必要がある。一方，多自然居住地域については圏外地域以外の市町村が広く含まれており，その振興は無意味なものと考えられる。

⑧「平成の大合併」後も人口1万人未満の小規模町村が481もある。その多くは非合併の町村であるが，非合併の事情はさまざまであり，一律に合併や市町村連合を推進することはできない。道州制を導入した場合には人口30万人前後の基礎自治体が効率的といわれるが，自治体の大規模化は住民自治を考えると適当とは思えない。

文　献

秋山道雄（2009）：多様化と構造転換のなかの地域政策，経済地理学年報 55-4，pp.300-316.

熱田勇二（2008）：雲南市におけるコミュニティバスとデマンド型乗合タクシーの現状と課題，運輸と経済 68-2，pp.42-47.

阿部和俊（1991）：『日本の都市体系研究』地人書房.

阿部和俊（2014a）：東京の地位―世界都市との比較において―，地学雑誌 123-2，pp.315-322.

阿部和俊（2014b）：わが国の経済的中枢管理機能の立地と都市システム，地理科学 69-3，pp.12-24.

阿部和俊（2015）：経済的中枢管理機能からみた日本の主要都市と都市システム，季刊地理学 67-3，pp.230-253.

五十嵐智嘉子（2014）：未来日本の縮図・北海道再生への「地域戦略」―2040 年に総人口 473 万人を維持するために―，中央公論 2014-7，pp.54-67.

石川義孝編著（2001）：『人口移動転換の研究』京都大学学術出版会.

石川義孝（2016）：日本の国内引退移動再考，京都大学文学部研究紀要 55，pp.135-166.

伊藤敏宏（2003）：地方にとって「国土の均衡ある発展」とは何であったか，地域経済研究 14，pp.3-21.

伊藤正次（2015）：自治体間連携の時代？―歴史的文脈を解きほぐす，都市問題 106-2，pp.48-57.

伊藤喜栄（2009）：現代日本の地域政策試（私）論，経済地理学年報 55-4，pp.327-337.

井堀利宏（2001）：『財政再建は先送りできない』岩波書店.

入谷貴夫（2015）：地域経済　州都　中核と周辺―道州制の下での州都と周辺の産業連関分析による影響試算―，岡田知弘・榊原秀訓・永山利和：『地方消滅論・地方創生政策を問う』自治体研究社，pp.215-235.

内野澄子（1987）：高齢人口移動の新動向，人口問題研究 184-1，pp.19-38.

宇都正哲，植村哲士，北詰恵一，浅見泰司編（2013）：『人口減少下のインフラ整備』東大出版会.

浦川邦夫（2011）：社会保障の地域間格差と自治体行政，塩見英治・山﨑　朗編著（2011）：

『人口減少下の制度改革と地域政策』中央大学出版部，pp.77-101.
江崎雄治（2002）：Uターン移動と地域人口の変化，荒井良雄，川口太郎，井上　孝編：『日本の人口移動―ライフコースと地域性―』古今書院，pp.15-33.
江崎雄治，西岡八郎，鈴木　透，小池司朗，山内昌和，菅　桂太，貴志匡博（2013）：地域の将来像を人口から考える―社人研『地域別将来推計人口』の結果から―，『E-journalGEO』8，pp.255-267.
遠藤秀紀（2002）：日本の都市圏に関する一考察，日本福祉大学経済論集24，pp.159-181.
大友　篤（1996）：『日本の人口移動』大蔵省出版局.
大友　篤（1999）：高齢期における居住移動の形態，都市問題90-12，pp.17-28.
大野剛志（2014）：幌加内町母子里地区における道庁の集落総合対策モデル事業について，北海道自治研究542，pp.10-19.
岡田知弘（2003）：農山村自立の経済学―市町村の自立と地域産業政策のあり方，加茂利男編著：『「構造改革」と自治体再編―平成の大合併・地方自治のゆくえ』自治体研究社，pp.219-250.
岡田知弘（2014）：さらなる「選択と集中」は地方の衰退を加速させる―増田レポート「地方拠点都市」論批判，世界2014-10，pp.64-73.
岡田知弘・京都自治体問題研究所編（2003）：『市町村合併の幻想』自治体研究社.
岡田　豊（2014）：『人口減少対策活性化策に限界―移住促進政策も選択しにすべき』みずほ総合研究所．(http://www.mizuho-n.co.jp/publication/research/pdf/.../pl140328a.p.）
奥野信宏（2008）：『地域は「自立」できるか』岩波書店.
小田切徳美（2014a）：『農山村は消滅しない』岩波新書.
小田切徳美（2014b）：「農村たたみ」に抗する田園回帰―「増田レポート」批判，世界2014-9，pp.188-200.
賀来和典（2015）：過疎山村における交通問題―大分県日田市中津江村の事例から―，徳野貞雄監修牧野厚史・松本貴文編：『暮らしの視点からの地方再生』，九州大学出版会，pp.155-174.
閣議決定（2014）：『まち・ひと・しごと創生総合戦略について』．(http://www.kantei.go.jp/jp/singi/sousei/.../20141227siryou5.p...)
金本良嗣・徳岡一幸（2002）：日本の都市圏設定基準，応用地域学研究7，pp.1-15.
加茂利男，岡田知弘，鶴田廣巳，角田英明編著（2009）：『幻想の道州制　道州制は地方分権改革か』自治体研究社.
神原　勝（2003）：なぜ北海道で合併が進まないか，北海道自治研究410，p.17.

貴志匡博（2014）：非大都市圏出生者の東京圏転入パターンと出生県への帰還移動，人口問題研究 70-4，pp.441-460.

クリスタラー，ヴァルター著・江沢譲爾訳（1968）：『都市の立地と発展』大明堂.

経済産業省（2014）：『2005 年国勢調査に基づく都市雇用圏について』．（http://www.meti.go.jp/committee.materials2/.../g81225c07j.pdf）

小池司朗（2008）：地域別将来人口推計における人口移動モデルの比較研究，人口問題研究 64-3，pp.87-111.

厚生労働省（2010）：『平成 21 年度無医地区等調査・無歯科医地区等調査の概況について』．（http://www.mhlw.go.jp/stf/houdou/...img/2r9852000000ult1.pdf）

高知県（2011）：『高知県過疎地域自立促進計画（平成 22 〜 27 年度）』．（http://www.pref.kouchi.lg.jp/uploaded/attachment/46356.pdf）

国土交通省（2013）：『多自然居住地域の今後の展開方向に関する資料』．（http://www.mlit.go.jp/singikai/kokudosin/---/shiryou4-2.pdf）

国土交通省（2014）：『国土のグランドデザイン 2050—対流型国土の形成—』．（http://www.mlit.go.jp/common/001047113.pdf）

国土交通省（2015）：『新たな国土形成計画（全国計画）』．（http://www.mlit.go.jp/report/.../kokudoseisaku03_hh_000079.html）

国土交通省総合計画課（2015）：新たな国土形成計画（全国計画）の概要，人と国土 21，41-4，pp.18-25.

国土交通省広域地方政策課（2016）：新たな国土形成計画（広域地方計画）の概要，人と国土 21，42-2，pp.6-9.

国土交通省・総務省（2007）：『国土形成計画策定のための集落の状況に関する状況把握調査』．（http://www.mlit.go.jp/common/000029254.pdf）

国立社会保障・人口問題研究所（2013）：『日本の地域別将来推計人口（都道府県・市区町村）』．（http://www.ipss.go.jp/syoushika/tohkei/Mainmenu.asp）

小西砂千夫（2005）：市町村は自律しているか—単純な合併推進・反対論議を超えて，都市問題 96-3，pp.56-68.

坂本　誠（2014a）：「人口減少社会の罠」，世界 2014-9，pp.201-216.

坂本　誠（2014b）：人口減少対策を考える—真の「田園回帰」時代を実現するためにできること，JC 総研 REPORT32，pp.2-11.

作野広和（2006）：中山間地域における地域問題と集落の対応，経済地理学年報 52-4，pp.264-282.

作野広和（2016）：地方移住の広まりと地域対応—地方からみた「田園回帰」のとら

え方―，経済地理学会共通論題シンポジウム「地方創生と経済地理学」発表要旨，pp.52-69.

佐々木敦朗（2015）：新春雑感―人口減少社会，議会，監査について―，地方自治 806，pp.2-17.

佐々木晶二（2015）：『本年1月に実施された連携中枢都市圏構想に対する批判的検証』．（http://www.minto.or.jp/print/urbanstudy/pdf/research_12.pdf）

佐々木信夫（2015）：『人口減少時代の地方創生論―日本型道州制がこの国を元気にする』PHP研究所

佐藤正志（2012）：市町村合併下での非営利組織によるまちづくり事業の継承―鳥取県旧鹿野町の事例―，経済地理学年報 58-3，pp.198-218.

重森　暁（2003）：都市・農村共生型財政システムをめざして，日本地方自治学会編：『自治制度の再編戦略―市町村合併の先にみえてくるもの』敬文堂，pp.103-117.

時事通信社編（2015）：『人口急減と自治体消滅』時事通信社．

自治省行政局（1999）：『市町村の合併の推進についての指針』．（http://www.soumu.go.jp/gapei/gshishin.html）

島根県（2012）：『島根県中山間地域活性化計画（平成24～27年）』．（http://www.pref.shimane.lg.jp/shimanegurashi/chusankan_k/chusankan-keikaku/keikaku_new.html）

清水昌人（2013）：大都市圏における転出入と進学移動，人口問題研究 69-2，pp.74-87.

清水昌人・板東里江子（2013）：大学進学にともなう地域間移動の動向，人口問題研究 69-3，pp.62-73.

下平尾　勲（1995）：地方地方中小都市に於ける過疎化の一研究―産業・経済の変化との関連において―，行政社会論集 7，pp.63-102.

生源寺真一（2005）：農業問題と地域資源，森地　茂編著：前掲，pp.159-203.

杉浦芳夫（2015）：中心地理論とナチ・ドイツの編入東部地域における中心集落再配置計画，都市地理学 10，pp.1-33.

総務省（2008）：『定住自立圏構想推進要綱（2008年12月26日制定）』．（http://www.soumu.go.jp/main_content/000220378.pdf）

総務省（2012）：『多自然地域を後背地とする居住拠点都市の振興について』．（http://www.soumu.go.jp/main_content/000166198.pdf）

総務省（2013）：『過疎地域等における集落対策の推進要綱の策定について』．（http://www.soumu.go.jp/main_content/000215845.pdf）

総務省（2015a）：『全国の定住自立圏構想の取組状況ついて』．（http://www.soumu.go.jp/main_content/000319695.pdf）

総務省（2015b）:『中心市情報』.（http://www.teijyu-jiritsu.jp>...>)
総務省（2015c）:『連携中枢都市圏構想推進要綱（一部改正）』.（http://www.soumu.go.jp/main_content/0003370091.pdf）
総務省地域自立応援課（2009）:『地域おこし協力隊Q&A』.（http://www.soumu.go.jp/main_content/000035202.pdf）
総務省地域力創造グループ過疎対策室（2011）:『過疎地域等における集落の状況に関する現況把握調査報告書』.（http:www.soumu.go.jp/main_content/000113146.pdf）
田代洋一（1999）:中山間地域政策の検証と課題，田畑　保編:『中山間の定住条件と地域政策』日本経済評論社，pp.178-221.
橘木俊詔・浦川邦夫（2012）:『日本の地域間格差—東京一極集中から八ケ岳方式へ』日本評論社.
舘　稔（1961）:『日本の人口移動』古今書院.
田原裕子（2007）:引退移動の動向と展望—団塊の世代に注目して—，石川義孝編著:『人口減少と地域—地理学的アプローチ』京都大学出版会，pp.43-67.
田原裕子・岩垂雅子（1999）:高齢者はどこへ移動するのか—高齢者の居住地移動研究の動向と移動流—，東京大学人文地理学研究13，pp.1-53.
辻　琢也（2015）:人口減少社会における定住自立圏構想の現状と課題，地域開発609，pp.35-40.
辻道雅宣（2006）:市町村は合併にどう取り組んだか—全道市町村合併調査から，北海道自治研究452，pp.26-47.
鶴田廣巳（2015）:日本の税財政のかたち，岡田知弘・榊原秀訓・永山利和:前掲，pp.189-214.
徳野貞雄（2015）:人口減少時代の地域社会モデルの構築を目指して—「地方創生」への疑問—，徳野貞雄監修牧野厚史・松本貴文編:前掲，pp.1-36.
富田和暁（1975）:わが国大都市圏における人口・産業の動向とそのパターン，地理学評論48-5，pp.331-350.
豊田哲也（2013）:日本における所得の地域間格差と人口移動の変化—世帯規模と年齢構成を考慮した世帯所得の推定を用いて—，経済地理学年報59-1，pp.4-26.
豊田哲也（2016）:地域間格差と人口移動から見た地方創生の課題，経済地理学会共通論題シンポジウム「地方創生と経済地理学」発表要旨，pp.33-43.
中川聡史（2001）:初婚に関わる人口移動と地域人口分布の男女差，人口問題研究57-1，pp.25-40.
中川聡史（2016）:人口移動は地域格差を是正させたか，地理60-1，pp.46-50.

中澤高志（2016）:「地方創生」の目的論，経済地理学会共通論題シンポジウム「地方創生と経済地理学」発表要旨，pp.9-32．
中村良平（2015）：域外資本と地域経済循環，都市問題 106-2，pp.9-15．
中山　徹（2015）：人口減少社会に向けた農村・都市・国土計画，岡田知弘・榊原秀訓・永山利和：前掲，pp.85-98．
西尾　勝（2007）：『地方分権改革（行政学叢書 5）』東京出版会．
西原　純（1981）：企業の事業所網の展開からみた日本の都市群システム，地理学評論 54-1，pp.1-25．
根岸裕孝（2009）：グローバリゼーションの進展と地域政策の転換，経済地理学年報 55-4，pp.338-350．
八田達夫編（2006）：『都心回帰の経済学―集積の利益の実証分析―』日本経済新聞．
原田　泰・鈴木　準（2005）：『人口減少社会は怖くない』日本評論社．
日野正輝（2001）：『日本の地方中枢都市の拠点性に関する比較研究』平成 12 ～ 13 年度科学研究費研究報告書．
平井　誠（2007）：高齢者による都道府県間移動の地域性，石川義孝編著：『人口減少と地域―地理学的アプローチ』京都大学出版会，pp.129-147．
平井　誠（2015）：東京圏における高齢人口移動の実態，都市問題 106-10，pp.10-15．
平岡和久（2003）：地方交付税と農山村自治体，加茂利男編著：『「構造改革」と自治体再編―平成の大合併・地方自治のゆくえ』自治体研究社，pp.165-217．
平岡和久（2015）：地方財政と「地方創生」政策，岡田知弘・榊原秀訓・永山利和：前掲，pp.163-187．
広島県（2010）：『過疎地域自立促進方針』．（http://www.pref.hiroshima.lg.jp/uploaded/.../9744pdf）
藤本典嗣（2015）：東京一極集中を加速する中枢管理機能の構造と情報通信の高速化，都市問題 2015-2，pp.22-28．
北海道（2006）：『北海道市町村合併推進構想本編』北海道．
北海道（2013）：『北海道における集落対策の方向性』．（http://www.pref.hokkaido.lg.jp/file.jsp?id=617149）
保母武彦（1999）：中山間地域活性化と市町村財政，田畑　保編：『中山間の定住条件と地域政策』日本経済評論社，pp.223-249．
増田悦佐（2006）：「均衡ある発展」がゆがめた日本経済―ポスト高度成長期の地域経済の衰退，八田達夫編：前掲，pp.41-84．
増田寛也ほか（2014）：ストップ「人口急減社会」―国民の「希望出生率の実現，地方

中核拠点都市圏の創成」―，中央公論 2014-6，pp.18-31.
増田寛也編著（2014）:『地方消滅―東京一極集中が招く人口急減』中公新書.
松浦　司（2011）: 人口減少がマクロ経済に与える影響と地域政策，塩見英治・山﨑朗編著: 前掲，pp.3-27.
松岡洋子（2015）: エイジング・イン・プレイスからみた高齢者の地方移住，都市問題 106-10, pp.27-32.
松尾容孝・江崎雄治（2010）: 現代日本の過疎地における生活様式と地域支援，専修大学人文科学研究所月報 244，pp.1-43. (pdf)
御厨　貴（2005）: 国土づくりの系譜，森地　茂編著: 前掲，pp.1-20.
藻谷浩介・NHK 広島取材班（2013）:『里山資本主義―日本経済は「安心の原理」で動く』角川書店.
森川　洋（1974）:『中心地研究―理論・研究動向および実証―』大明堂.
森川　洋（1985）: 人口移動からみたわが国の都市システム，人文地理 37-1, pp.20-38.
森川　洋（1988）:『中心地論（III）―西ドイツにおける地域政策への応用―』大明堂.
森川　洋（1990）: わが国の地域的都市システム，人文地理 42-2, pp.97-117.
森川　洋（1994）: 銀行支店網の分析に基づくわが国都市システムの構造，人文地理 46-2, 166-186.
森川　洋（1998）:『日本の都市化と都市システム』大明堂.
森川　洋（2005）:『ドイツ市町村の地域改革と現状』古今書院.
森川　洋（2006）: 主要都市間の人口移動からみたわが国の都市システムの構造と変化，地理科学 61-4, pp.243-257.
森川　洋（2009）:「二層の広域圏」の「生活圏域」構想に関する考察と提言，人文地理 61-2, pp.111-125.
森川　洋（2012）:『地域格差と地域政策―ドイツとの比較において―』古今書院.
森川　洋（2014a）: 定住自立圏構想と定住自立圏の設置の問題点，地域開発 597, pp.58-63 ; 598, pp.52-59.
森川　洋（2014b）: 定住自立圏は人口減少時代の地方圏を支えうるか，自治総研 433, pp.79-96.
森川　洋（2015a）:『「平成の大合併」研究』古今書院.
森川　洋（2015b）: 連携中枢都市圏構想の問題点，都市問題 106-8, pp.88-98.
森川　洋（2015c）: 小規模町村の特性と将来の運営，産業立地 2015 年 7 月号，pp.38-43.
森川　洋（2015d）: 人口減少時代の地域政策，経済地理学年報 61-3, pp.202-218.

森川　洋（2016a）：2010年の人口移動からみた日本の都市システムと地域政策，人文地理 68-1，pp.22-43.

森川　洋（2016b）：人口減少への転換期における日本の中小都市―ドイツとの比較において―，地理科学 71-1，pp.1-17.

森川　洋（2016c）：連携中枢都市圏構想の問題点について再度考える，自治総研 456，pp.50-64.

森川　洋（2017）：地域政策における都市圏設定の諸問題と新たな都市圏設定，人と国土 21，42-5．pp.66-73.

矢田俊文（1988）：所得・資金の地域構造，千葉立也，藤田直晴，矢田俊文，山本健児編著（1988）：『所得・資金の地域構造』（日本の地域構造 6）大明堂，pp.224-234.

矢田俊文（2015）：『矢田俊文著作集第 2 巻　地域構造論　下，分析編』原書房.

矢野桂司（2007）：全国年齢階級別市町村間人口移動パターンの経年変化，石川義孝編著：前掲，pp.91-128.

矢作　弘（2009）：有限責任法人を自治体内自治組織として活用―旧明宝村（岐阜県），地域開発 2009-6，pp.31-34.

山﨑　朗（2009）：人口減少時代の地域政策，経済地理学年報 55-4，pp.317-326.

山﨑　朗（2011）：人口減少時代の地域政策，塩見英治・山﨑　朗編著：『人口減少下の制度改革と地域政策』中央大学出版部，pp.127-143.

山﨑重孝（2004・2005）：新しい「基礎自治体」像について（上，下），自治研究 80-12，pp.36-66；81-1，pp.62-88.

山下祐介（2012）：『限界集落の真実―過疎の村は消えるか―』筑摩書房.

山下祐介（2014）:『地方消滅の罠―「増田レポート」と人口減少社会の正体』ちくま新書.

山本健児（1993）:『現代ドイツの地域経済―企業の立地行動との関連―』法政大学出版局.

吉田敬一（2015）：持続可能な地域経済再生の展望と課題―多国籍企業の国際競争拠点から住民本位の地域経済再生への転換―，岡田知弘・榊原秀訓・永山利和：前掲，pp.237-257.

吉田良生（2011）：人口減少時代における地域社会の持続可能性，吉田良生・廣嶋清志編著：『人口減少時代の地域政策』原書房，pp.149-169.

ARL (Akademie für Raumforschung und Landesplanung) (2011): *Grundriss der Raumordnung und Raumentwicklung*, ARL, Hannover.

BBR (Bundesamt für Bauwesen und Raumordnung) (2005): *Raumordnungsbericht 2005*, BBR, Bonn.

BBSR (Bundesinstitut für Bau-, Stadt- und Raumforschung) (2012a): *Klein- und Mittelstädte in*

Deutschland — *eine Bestandsaufnahme*, BBSR, Bonn.

BBSR (Bundesinstitut für Bau-, Stadt- und Raumforschung) (2012b): *Raumordnungsbericht 2011*, BBSR, Bonn. (http:www.bbsr.bund.de/BBSR/DE/Veroeffentlichungen/Sonderveroeffentlichungen/...)

Blotevogel, H.H. (1982): Zur Entwicklung und Struktur des Systems der hochrängigen Zentren in der Bundesrepublik Deutschland. Bundesforschungsanstalt für Landeskunde und Raumordnung: *Entwicklungsprobleme der Agglomerationsräume. Referate zum 43. Deutschen Geographentag in Mannheim*, S.3-34.

Blotevogel, H.H. (1995): Zentrale Orte. ARL (Hrsg.): *Handwörterbuch der Raumordnung*, VSB-Verlagsservice, S.1117- 1127.

Blotevogel, H.H. (2014): Mittelstädte in NRW-Stadttyp zwischen ländlichen und metropolitanen Räumen. *NRW.BANK.Kolloquim 2014*. (http://www.nrwbank.de/de/.../101_ Blotevogel= Mittelstadte...-NRW.Bank)

BMBau (Bundesministerium für Raumordnung, Bauwesen und Städtebau) (1995): *Raumordnungspolitischer Handlungsrahmen (HARA)*: Beschluss der Ministerkonferenz für Raumordnung in Düsseldorf am 8. März 1995, BMBau, Bonn.

Brachat-Schwarz, W. (2006): Die Gemeinden Baden-Württembergs nach Grössenklassen — gibt es signifikante Strukuturunterschiede? *Statistisches Monatsheft Baden-Württemberg* 8/2006, S.47-51.

BVBS (Bundesministerium für Verkehr, Bau und Stadtentwicklung) (2006): *Perspektiven der Raumentwicklung in Deutschland*, BVBS, Bonn. (http://edok.ahb.niedersachsen. de/07/ 525963316.pdf)

Galpin, C.T. (1915): *The Social Anatomy of an Agricultural Community*. Research Bulletin Vol.34, Agricultural Experiment Station of the University of Wisconsin.

Hänsgen, D. Lentz, S. Tzschaschel, S. Hrsg. (2010): *Deutschlandatlas* — *Unser Land in 200 thematischen Karten*, Wiss. Buchgesell., Darmstadt.

Leibniz-Institut für Länderkunde Hrsg. (2004): Nationalatlas Bundesrepublik Deutschland — Unternehmen und Märkte, Spektrum Akademischer Verlag., München.

Liaw, K-L. 2002. Major theoretical perspective on elderly migration. 人口学研究 30-1, pp.1-22. Belhaven Press. (未見)

Murayama, Y. (2000): *Japanese urban system*. Kluwer Academic Publishers, Dordrecht.

Otomo, A. 1981. Mobility of elderly population in Japanese metropolitan area. *Journal of Population Studies* 4-1, pp.23-28. (未見)

Otomo, A. 1992. Elderly migration and population distribution in Japan, Rogers, A. ed: *Elderly Migration and Population Redistribution: A Comparative Study,* London, pp185-202.

Pred, A. R. (1971): Large-city interdependence and the preelectronic diffusion of innovations in the U.S.. *Geographical Analysis* 3, pp.165-181.

Priebs, A. (2013): *Raumordnung in Deutschland* (Das Geographische Seminar), Westermann: Braunschweig.

Priebs, A. (2015): Klein- und Mittelstädte als Stützen der ländlichen Räume, *Zukunftsforum Niedersachsen*, Arbeitsperiode 2015/16.（発表要旨）

Pütz, T. u. Spangenberg, M. (2006): Zükunftige Sicherung der Daseinsvorsorge. Wie viele Zentrale Orte sind erforderlich?, *Informationen zur Raumentwicklung* 6/7-2006, S.337-344.

あとがき

　退職老人には研究費を得にくいので調査に出かけることは困難であり，電話やメールなどで済ませることが多いが，最近では容易に入手できる情報量が非常に増えてきた。したがって，研究機関に属さないものにとっても，この種の研究を続けることができるようになった。国勢調査をはじめ各種の統計資料はパソコンから引用できるし，最近論議されている政府機関の情報など多くの情報をパソコンから得ることができる。パソコンに再掲された論文もみることができる。また，市立図書館でも他の図書館との相互貸借（Fernreihe）の制度が導入され，1・2週間のうちに注文の書物が無料で取り寄せられる。この制度は著者が留学したルール大学では1969・70年当時すでに導入されており，驚かされたものであった。

　パソコンの普及は数十年前のことであるが，それ以前のことを思うと原稿の作成は著しく便利になった。手書きの原稿とは違って，パソコン原稿は何回書き直してもきれいに修正できる。「検索」を使用すれば索引の作成だけでなく，同じ語句をどこで使用しているかが直ちにわかり，語句の統一を図ることもできるし，前の章節で書いた説明の重複を避けることもできる。エクセルの使用によって複雑な計算も簡単にできる。

　時間をもてあましている退職老人にとって，長時間は続けることはできないとしても，研究は一時集中できる格好の仕事である。毎日仕事があると思えば生活に張りができる。幸いにしてこれまで健康に恵まれ，研究の中途放棄を余儀なくされることなく，本書を無事上梓することができたことをなによりもありがたく思う。

　私は1980年代に国土庁の地方都市問題懇談会の委員を勤めたことがあったが，当時はこうした問題は議題にならず，中心地や都市システムに関する考え方を十分に発言することはできなかった。本書はそのときの思いをこめて執筆したものでもある。内容的には先に発表した森川（2012）に続くもので，強く関連したものとなった。

高齢化とともに物忘れがひどくなり，同じ表現の繰り返しが多くなった。何度も読み返して修正に努めたが，本書には読みづらいところが多く残されているであろう。著者の意図が読者になんとか通じ，ご理解いただければありがたいと思う。調査に協力いただいた方々に心から謝意を表したい。

2017 年 2 月 19 日
森川　洋

索 引
(太字のページ数は主要なもののみ示したもの)

[ア 行]
足による投票(vote with their foot) 117
アメニティ移動 70, 72, 75
一全総 101
医療圏 126, 143, 155, 176
引退移動 5, 61, 70～75, 99
大型量販店 85, 91, 92

[カ 行]
下位中心都市 **29～34, 192～194**
開発中心(Entwicklungszentrum) 180, 184
改良ブレッド型 15, 16, 27, 36, 37, 42, 56, 98
過疎関係市町村率 2, 3, 114, 204
合併1市圏域(型) 135, 136, 140, 144, 145, 153, 157, 172, 177
合併算定替期間 14, 214, 215
合併特例債 214, 216
帰還移動→Uターン
居住満足度 95, 120
空間整備政策(Raumordnungspolitik) ii, 86, 91～93, 97, 105, 134, 149, 182～184
クリスタラー型 15, 16, 27, 37, 98, 105
クリスタラー(の中心地)理論 35, 153, 155
「吸水ポンプ」 15, 48, 50, 53, 55, 76, 98, 172
郡制 93
経済成長の牽引 168, 171, 174～180, 222
結節流(nodal flow) 17, 19, 44, 56
限界集落 98, 113, 114, 118, 183, 206～209, 221

広域市町村圏 220
広域連合(制度) 142, 217～220
高学歴(者) 55, 120, 175
合計特殊出生率 7, 14
耕作放棄 114
高次地方都市連合(構想) 129～133, 169, 184, 222
高次都市機能 **43～47, 81, 183**
高齢期の反騰現象 70
国土形成計画法 102
「国土の均衡ある発展」 86, 101～103, 108～112, 115, 119, 130, 133, 215, 221
国民の機会均等 116, 130
五全総 101, 102, 137, 201
コンパクトシティ 104, 106, 112～114, 169, 170, 184, 222
「コンパクト＋ネットワーク」 104, 169

[サ 行]
「災害王国」 118
「札仙広福」 35, 198
三全総 101, 134, 143, 221
山村振興法 204
GDP 103, 121
市町村連合(Gemeindeverband) 94, 111, 219, 220
シャッター通 91
首位都市卓越型(primate city type) 21, 37
首都移転 175

州間財政調整（Länderfinanzausgleich）　103, 131, 175
就業中心地（Arbeitszentrum）　165, 180, 184
従属人口指数　6, 7
集落支援員　122, 129, 206, 209
住民移住　118
縮小都市（schrumpfende Stadt）　87
上位中心都市　29〜34, 192〜194
消極的（な）再開発（passive Sanierung）　118, 121, 166, 167
「消滅可能性都市」　13, 14, 94, 107, 129, 178
消滅集落　122, 123, 130, 166, 178, 209
「昭和の大合併」　210, 220
所得の均衡化運動　118
新産都　101, 115
新全総　101
「人口のダム」　50, 53, 55, 94, 98, 111, 172
人口のブラックホール現象　4, 118
「衰退の拠点（Rückzugsbastion）」　165, 167, 184
スーパー・メガリージョン　7, 13, 42, 43, 112, 180
ステップワイズ移動（step-wise migration）　56
成長目標　92
選択的移動（selected migration）　55, 118, 176
「選択と集中」　103, 110, 177, 179
早期退職移動　76
「相当に手荒な措置」　107, 175

[タ行]

大学進学率　103
大企業本社　90, 95, 96, 175, 180, 185
「団塊の世代」　12, 60, 115, 119
地域エゴ　179
地域おこし協力隊（制度）　122, 123, 129, 209
地域格差　**108〜117, 179, 199**
地方交付税（交付金）　14, 117, 119, 208, 215
地方交付税制度　112, 208
地方拠点都市地域　133, 137
「中心的産業」　10
中核市　46, 54, 168, 171, 172
昼夜間人口比率　**84**
通勤中心地　**26〜29**
DID（人口）　26, 137, 150, 157, 162, 165〜169, 193, 199, 202
定住構想　134, 137, 143, 221
定住圏　134
田園回帰　1, 5, 13, 17, 60, 85, 104, 107, 113, 130, 178, 181, 202, 209
「点と軸による開発構想（punktachsiales Entwicklungskonzept）」　14, 92, 133, 134, 182
東海道メガロポリス（地域）　8, 37
道州制　37, 93, 97, 98, 102〜107, 111, 175, 179, 182, 215, 220
「同等の生活条件（gleichwertige Lebensverhältnisse）」　ii, 11, 14, 92, 93, 126, 182
特例市　46, 54
都市形成因子　83
都市雇用圏　26, 54, 129, 169, 186〜188, 192, 193
都市雇用圏構想　130, 133
都鄙共同社会圏（rurban community）　137

[ナ行]

ナショナル・ミニマム　109, 112, 116, 119, 120
西尾私案　143, 154, 210, 215, 219
「21世紀のグランドデザイン」→五全総

「二層の広域圏」 111, 112, 133, 135, 144, 167, 177
日本版 CCRC 構想 127, 129, 180
「農村たたみ」（論） 108, 111 〜 113

[ハ 行]
半従属中心地（圏） 140, 143, 145, 150, 154, 156
費用対効果（論） 108, 110, 112, 116, 130, 167, 206 〜 209
「小東京(プチ)」 176, 177
「プレミアム世代」 7
分散的集中（dezentrale Konzentration） 182
「平成の大合併」 **9, 16, 28, 121, 145, 150**
本社移転 183, 199

[マ 行]
増田レポート 110, 129
まち・ひと・しごと創生総合戦略 101, 106, 153, 170, 179
まち・ひと・しごと創生長期ビジョン 7
都鄙共同社会圏（rurban community） 137
無医地区 127, 128
むらおさめ 207, 209

[ヤ 行]
優遇措置期間→合併算定替期間
U ターン 58, 60, 62
UJI ターン（者） 60, 67, 74, 99, 185, 202
「呼び寄せ移動」 71, 72, 75, 99
ヨーロッパ大都市圏 91, 96
四全総 101, 102

著者

森川　洋　もりかわ　ひろし

［経　歴］
   1935 年　広島県生まれ
   1962 年　広島大学大学院文学研究科博士課程単位習得期間満了退学
   1972 年　文学博士（広島大学）
   広島大学文学部教授，福山大学経済学部教授を経て現在広島大学名誉教授

［主な著作］
   『中心地研究―理論，研究動向および実証―』大明堂
   『中心地論（Ⅰ）（Ⅱ）（Ⅲ）』大明堂
   『都市化と都市システム』大明堂
   『ドイツ―転機に立つ多極分散型国家』大明堂
   『日本の都市化と都市システム』大明堂
   『人文地理学の発展―英語圏とドイツ語圏との比較研究』古今書院
   『ドイツ市町村の地域改革と現状』古今書院
   『行政地理学研究』古今書院
   『地域格差と地域政策―ドイツとの比較において―』古今書院
   『「平成の大合併」研究』古今書院

書　名	人口減少時代の都市システムと地域政策
コード	ISBN978-4-7722-4202-8 C3025
発行日	2017 年 4 月 17 日　初版第 1 刷発行
著　者	森川　洋 Copyright ©2017 Hiroshi MORIKAWA
発行者	株式会社古今書院　橋本寿資
印刷所	株式会社太平印刷社
製本所	渡邉製本株式会社
発行所	古今書院 〒 101-0062　東京都千代田区神田駿河台 2-10
電　話	03-3291-2757
FAX	03-3233-0303
振　替	00100-8-35340
ホームページ	http://www.kokon.co.jp/

検印省略・Printed in Japan

いろんな本をご覧ください
古今書院のホームページ

http://www.kokon.co.jp/

★ 800点以上の**新刊・既刊書**の内容・目次を写真入りでくわしく紹介
★ 地球科学やGIS，教育など**ジャンル別**のおすすめ本をリストアップ
★ 月刊『**地理**』最新号・バックナンバーの特集概要と目次を掲載
★ 書名・著者・目次・内容紹介などあらゆる語句に対応した**検索機能**

古 今 書 院
〒101-0062　東京都千代田区神田駿河台 2-10
TEL 03-3291-2757　FAX 03-3233-0303
☆メールでのご注文は order@kokon.co.jp へ

「平成の大合併」研究

平成の大合併により実施された日本全国の市町村合併を網羅。それぞれの経緯からその結果による影響，問題点を詳述。

森川　洋著　2015年2月20日古今書院発行
ISBN978-4-7722-71394　B5判 480頁
定価　本体 15,000円＋税

目次

I・II：研究目的と市町村合併

III～XI：北海道～沖縄までの各都道府県の市町村合併に対する県の対応，合併の経緯

XII・XIII：「平成の大合併」の一般的特徴：市町村合併に至るまでおよび合併の実施状況と結果

XIV：市町村の将来に向けて（市町村人口，「平成の大合併」の特徴，小規模自治体，大都市圏地域，人口減少社会における市町村運営，道州制の導入）

内容説明

通勤圏や財政力指数，合併パターンなどに着目し，都道府県ごとの市町村合併の実態とその特徴，合併にいたる経緯を詳述。人口減少社会における自治体運営や道州制の導入など市町村の将来に向けて提言する。

地域格差と地域政策－ドイツとの比較において－

地域格差はなぜ生まれるのか。その是正に何をすべきなのか。農村地域でも都市的なサービスが供給されているドイツの政策に学ぶ。

森川　洋著　2012年3月20日古今書院発行
ISBN978-4-7722-5257-7　A5判246頁
定価　本体6,500円＋税

目次
第1章：地域格差の理論と実証的研究
第2章：戦後のドイツにおける空間整備と地域格差対策
第3章：日本の近代化と地域格差の形成
第4章：地域システムとその変化
第5章：戦後における地域格差対策
第6章：「平成の大合併」と定住自立圏構想
第7章：「二層の広域圏」構想と道州制構想
第8章：むすびー都市システムの改善に向けて

内容説明
東日本大震災によって東京一極集中のリスクは一層切実になった。いまや情報も人材も資本も施設も東京に集中し、地方には過疎地域が広がり、「東京と日本砂漠」が顕在化している。地方を活性化させ地域格差を是正するには、中小都市の強化を中心とする都市システムの改善が必要である。これに対し、早くから空間整備が政策課題として検討され、農村地域にも低次中心地がよく発達し都市的サービスが十分に供給されているドイツでは、地域格差は比較的小さいレベルにとどまっている。このようなドイツとの比較において、日本の戦後の地域政策がどのように実施されてきたのか、あるいは実施されようとしているのか、さまざまな事例を掲げ考察する。

行政地理学研究

効率化を優先した「大合併」がもたらした域内地域格差の拡大を踏まえて、あるべき行政の姿と今後の対応を直言。

森川　洋 著　2008年8月20日古今書院発行
ISBN978-4-7722-3116-9　A5判 320頁
定価　本体7,500円＋税

目次
1：人文地理学における行政区域研究の重要性（地域の変化と地域に対する考え方の変化、テリトリー研究の重要性、行政地理学の研究とその学問的位置づけ）
2：わが国の行政区域とその改革（地理的空間の特色、わが国における地方行政制度の歴史、「平成の大合併」の実態、「平成の大合併」の事例－広島県庄原市、「平成の大　合併」の問題点と今後の問題、道州制と30万都市構想）
3：ドイツにおける行政区域と行政区域改革（国家体制の特徴、ドイツの市町村地域改革と市町村の現状、郡および特別市の任務と改革、新連邦州メクレンブルク・フォアポメルン州における行政改革計画とその進行、大都市圏連合「レギオン・ハノーファー」）
4：西ヨーロッパ諸国と合衆国における地方行政組織（研究目的、西ヨーロッパ諸国の地方行政組織、西ヨーロッパ諸国の地方行政組織に関する比較考察、アメリカ合衆国の地方行政組織）
5：要約と問題点（本書の要約と問題点、行政地理学における重要課題の整理）

内容説明
行政地域改革における市民近接性と行政の効率化，行政区画と集落空間との関係，合併による域内・国内地域格差の拡大等，具体的には国土の均衡ある発展や地域民主主義を犠牲にした行政の効率化等の問題について，日本（明治以降の合併や道州制等），ドイツ（市町村，郡等）およびヨーロッパ5国・合衆国を比較研究し，行政地理学の意義を説き，社会科学として貢献しうるものと位置づける。

人文地理学の発展－英語圏とドイツ語圏との比較－

ドイツ地理学が取り残された経緯，計量革命・実証主義地理学の発展・批判，新しい地誌学，空間・地域・場所などについて論じる。

森川　洋 著　2004 年 9 月 20 日古今書院発行
ISBN4-7722-4053-5　A5 判 226 頁
定価　本体 5,400 円＋税

目次
第 1 章：英語圏諸国における人文地理学の発展（計量革命と実証主義地理学，実証主義地理学批判とその後の地理学，新しい地誌学の台頭）

第 2 章：ドイツ語圏における人文地理学の発展（戦後のドイツ語圏地理学の体系と社会地理学，バーテルスの人文地理学とキール大会事件，キール大会後のドイツ語圏地理学，ヴァーレンの社会地理学）

第 3 章：現代社会の認識と地理学（現代社会の認識，隣接科学の空間研究と地理学の重要性）

第 4 章：地理学の主要概念－空間（哲学的空間概念，地理学における空間概念の発展，社会と空間の関係）

第 5 章：地理学の主要概念－地域，場所，ロカリティ，テリトリー（地域概念，場所概念，ロカリティ研究，テリトリー）